에게

우울할 때 곁에 두고 읽는 책

It's not ok to feel blue and other lies

스칼릿 커티스 외 지음 · 최경은 옮김

하루 한 장 내 마음을 관리하는 습관

윌북

프롤로그 |
트리거 워닝

이 책은 힘든 책이다.

이야기와 이미지는 상당한 영향력을 지닌다. 우리는 이야기에 감정을 위로하고 불러일으키고 만들어내는 힘이 있다고 믿는다. 그게 바로 우리가 이 책을 펴낸 이유다. 이야기와 이미지는 좋은 일에 쓰이기도 하지만 때로는 작가나 창작자의 의도와는 상관없이 극심한 고통을 유발하기도 한다. 나는 조지 오웰의 〈1984〉 연극을 관람하던 중 내 생애 가장 심각한 공황 발작을 겪은 적이 있다. 정말 훌륭하고 인상적인 공연이었지만, 그 당시 나의 정신 상태로는 누군가가 무대 위에서 고문에 시달리고 가스라이팅을 당하는(젠장, 〈1984〉가 그럴 줄이야!) 광경을 30분 동안이나 지켜보기가 상당히 버거웠다. 내가 더 잘 알아봤어야 했는데, 내 생각이 짧았다. 그런 일이 있고 난 뒤로 나는 내가 접하는 콘텐츠에 좀 더 신중하게 되었다.

사람들은 트리거 워닝trigger warning*이 새로운 현상이라고들 한다. 애착 이불을 원하고 누군가 자신의 손을 잡아주기를 바라는 감정 과잉 세대의 특징인 것처럼 말이다. 그런데 사실 트리거 워닝이라는 개념은 60년대에 처음 출현했다. 그 당시 '셸 쇼크shell shock(포탄 충격)'로 불리던 외상 후 스트레스 장애PTSD가 베트남 전쟁 이후 트라우마 증상에 시

* 글이나 영상에 트라우마를 자극할 수도 있는 요소가 포함되어 있음을 미리 알리는 표시.

달리던 군인들을 진단하는 병명으로 부상하던 시기였다. 그 무렵 페미니스트 활동가들은 성적 학대를 경험한 여성들이 플래시백flashback과 침투 사고intrusive thought 등의 증상을 재경험하지 않도록 도우려는 취지에서 '트리거 워닝'과 '안전한 공간safe space'에 관한 언어를 개발하기 시작했다.

이제 트리거 워닝은 트라우마를 재경험하게 할 가능성이 있는 특정 콘텐츠에 취약한 사람들을 보호하는 데 쓰인다. (나는 성격이 상당히 소극적인 편이라) 웬만한 것에는 크게 화를 내지 않는데, 트리거 워닝에 대한 비난을 들으면 미친 듯이 화가 나서 귀에서 연기를 내뿜는 페미니스트 헐크로 변해버린다. 혹시 트리거 워닝이 불편하거나 어떤 방식으로든 예술의 순수성을 '저해한다'는 생각이 들면 잠시나마 이렇게 생각해보길 바란다. 책을 읽고 뉴스를 보거나 극장에 갈 때마다 매번 생애 최악의 순간으로 내던져질까 봐 불안에 떨어야 한다면 얼마나 더 불편할까? 트리거가 눌린다는 것triggered*은 투덜거리거나 '소중한' 척하는 것이 아니다. 너무나도 고통스러워서 몸이 도저히 견뎌내지 못하는 기억으로 인해 복부에 총상을 입은 듯한 충격을 받는 일이다. 트리거가 눌리는 일은 다시 자기 자신을 추스르고 일으킬 수 있는 수단 하나 없이 과거의 어떤 순간으로 무참하게 내팽개쳐지는 것이다.

때로는 자신의 트라우마를 떠올리게 하는 예술 작품과의 만남이 아름다운 경험이 될 수도 있다. 그 작품 덕분에 조금은 덜 외로울 수도 있고, 내가 직접 겪었던 일이 반사되어서 되돌아오는 것을 지켜보는 순간에만 느낄 수 있는 특별한 아름다움도 분명 있다. 하지만 동시에 감당하기가 버거울 수도 있다. 피곤하거나 언짢거나 그냥 그럴 기분이 아닐 수

---

* 트라우마를 재경험하게 하는 자극을 받게 되는 상황.

도 있다. 그런 날에는 책을 덮고, TV를 끄고, 극장을 떠나도 괜찮다.

만일 트리거 워닝 때문에 불편하거나 '요즘 사람들은 지나치게 예민하다니까'라며 혼잣말을 한 적이 있다면, 정치적으로 올바른 표현에 눈을 부라리거나 쯧쯧 혀를 찬 적이 있다면 한마디만 해두겠다. 제발 잠시라도 입 좀 닥치시라. 트리거 워닝은 지나치게 민감한 사회의 증상이 아니다.

트리거 워닝은
우리 문화가 이제야 비로소
트라우마 또는 외상 후 스트레스 장애로
고통받는 사람들의 실질적이고 긴박한 필요에
부응하고 있다는 것을 보여주는 중요한 표시다.

다시 말하지만, 이 책은 힘든 책이다. 재미있고 기쁨이 넘치는 부분도 있고 슬프고 가슴이 미어지는 부분도 있다. 모든 이야기가 어떤 방식으로든 정신건강을 다루고 있다. 우리는 이 책에서 사람으로 산다는 것의 장단점을 중점적으로 짚어보고자 한다. 하지만 여기에는 읽기 버거운 글들도 있다. 여러분이 이 책을 탐색하는 데 이 트리거 워닝이 도움이 되었으면 한다.

시간을 들여서 천천히 읽어라.
심호흡을 하는 것을 잊지 마라.
여기 실린 **특별한 이야기**들에서
자신에게 필요한 것을 얻어가기를
간절히 바란다.

차례

4. 도움을 청해도 괜찮아

5. 괜찮을 거야

1

괜찮지 않아도
괜찮아

괜찮지 않아도 괜찮아

나는 열일곱 살 때 처음으로 '미쳤다crazy'는 말을 들었다. 가장 멋진 표현도, 정치적으로 가장 올바른 표현도 아니지만 그게 내가 택한 단어였다. 그때는 '미쳤다'는 말이 내가 아는 전부였으니까. 나는 '미쳤고', '고장 났다'.

정신건강과 관련된 나의 경험을 헤아려보니 '미친 사람'의 범주에 상당 부분 들어맞았다. 공황 발작으로 2년간 거의 두문불출했고, 1년간 치료 시설을 들락날락했다. 수많은 약을 써보고 상담치료사를 만나봤다. 기차 화장실 칸에서 공황 발작을 여러 번 겪기도 했다. 나는 고장 난 수도꼭지처럼 눈물을 펑펑 쏟아냈다. 세상에, 사람이 그렇게 많은 눈물을 흘릴 수 있다니! (그게 내가 물을 많이 마시는 이유다. 쏟아낸 눈물만큼 수분을 보충하려고.)

나는 날이 갈수록 더 깊고 어두운 수렁 속으로 빠져들었다. 어둠에서 벗어나기 위해 지푸라기 하나라도 잡아보려고 부단히 애쓰며 4년간 고군분투했지만 침대에 물웅덩이가 생길 만큼 펑펑 울었던 스물한 살의 어느 날, 고통스럽게도 인생은 결코 내가 바라는 대로 흘러가지 않으리라는 사실을 깨달았다. 아무런 걱정 없이 행복하게 일하고 결혼하고 아이들을 키우면서 기쁨으로 가득 찬 삶을 살지 못하고, 대신 매일 머릿속의 악마들과 싸우며 침대에서 일어나기 위해 끝없는 사투를 벌이는 삶을 살게 될 거란 사실을.

눈앞에 그려진 나의 미래는 일곱 살 때 끼적인 낙서 속 '어른'이 된 내 모습과는 딴판이었다. 나의 뇌가 나를 저버렸고 이제는 이게 내 삶이라는 사실을 서서히 받아들일 수밖에 없었다.

우울증, 불안장애, 외상 후 스트레스 장애(세 가지 다 재밌는 것들만 모였네!) 진단을 받았을 때는 이 세상에 정신건강과 관련된 문제를 겪는 사람이 오직 나 하나뿐인 것만 같았다. 나랑 똑같은 일을 겪는 사람들의 이야기를 찾아서 인터넷을 샅샅이 뒤지곤 했고, 그렇게 헤매다 알게 된 트윗과 블로그 글 하나하나가 내게는 생명줄처럼 여겨졌다.

정신건강에 문제가 생긴 사람은 서로 다른 두 가지 측면을 경험하게 된다. 첫 번째는 생리학적·신경학적인 부분으로, 뇌에 문제가 발생해서 정상적인 기능을 저해한다. 치료는 복잡하고 미묘하며 사람마다 다르다. 비록 이 책이 그 부분을 해결해줄 수는 없지만, 현재 선택 가능한 방안들과 해당 분야에서 놀라운 연구를 수행하고 있는 사람들을 더욱 널리 알리는 데 도움이 되기를 바란다.

두 번째는 심리적·감정적인 부분으로, 세로토닌이나 유전학과는 무관하게 '고장 난' 뇌를 지닌 사람이 사회 안에서 느끼는 수치심이 존재한다. 사실 부끄러움은 사회 전체와 우리 모두의 몫이다. 수치심을 초래한 것도, 이를 반드시 바로잡아야 하는 것도 우리다. 바로 이 수치심 때문에 사람들이 차마 도움을 요청하지 못하고, 누군가가 요즘 잘 지내냐고 안부를 물으면 '난 괜찮아'라며 중얼거리게 되는 것이다. 마음속으로 몸부림칠수록 수치심은 점점 더 썩어가는 아픈 덩어리가 된다. 혼자서 감당하자니 너무 고통스럽고 누군가에게 털어놓자니 너무 위험해 보인다.

수치심은 사람을 죽음에 이르게 할 수도 있다. **이 책이 수치심과 관련된 문제를 해결할 때 도움이 되었으면 좋겠다.**

스물한 살이 되어서야 나는 내 인생이 지금껏 그려왔던 모습과는 상당히 다를 것이라는 사실을 받아들이기 시작했다. 3년간 상담을 100차례 받고, 다섯 가지의 약을 복용하고, 50번의 신경쇠약과 98번의 공황 발작을 겪고, 한없이 많은 눈물을 흘렸는데도 나의 기분은 여전하다. 정신건강은 언제까지나 내 삶의 일부가 될 것이다. 나의 뇌는 언제까지나 잡초가 무성하게 우거진 별나고 거친 정원이겠지만, 이 정원을 잘 가꾸고 길들여서 살 만한 곳으로 만들기 위해 나는 매일 노력할 것이다. 아마도 평생 '고장 난' 뇌와 씨름해야겠지만 그 과정에서 내가 점차 깨닫게 된 것이 있다. 이런 삶을 인정하고 받아들이고, 더 나아가 기꺼이 마음에 새길 만한 '괜찮다'는 믿음이다.

괜찮지 않아도 괜찮아.

울어도 괜찮아.

화나도 괜찮아.

도움을 청해도 괜찮아.

한참을 이불 속에 누워 있어도 괜찮아.

그게 이상하다는 생각이 들어도 괜찮아.

그런 이야기는 하기 싫더라도 괜찮아.

상담을 받아도 괜찮아.

약을 먹어도 괜찮아.

사람은 그런 존재니까 다 괜찮아.

신체의 건강과 마찬가지로 우리 모두의 정신에도 건강이 있다. 나는 이 책에 실린 글들을 읽고 나서야 비로소 이 말의 참뜻을 절감했다. 이 책에는 다양한 의미가 있겠지만 특히나 인간이라는 존재를 위한 러브레터다.

그러므로 이 책은 단지 한 권의 책이 아니라 허공에 울려 퍼지는 **외침**SHOUT이다. 당신은 혼자가 아니라는 사실을 모든 이들에게 일깨워주는 외침. 이 책은 지금 겪고 있는 문제를 겁내지 않아도 된다고 알려주는 안전망이다.

수년간 고통에 시달려온 사람들, 왠지 모를 불안감을 겪고 있는 사람들에게 이 책이 특별한 의미로 다가갈 수 있다면 좋겠다. 힘겨운 시간을 견디고 있는 누군가의 친구와 가족을 위한 길잡이가 되어주면 좋겠다. 정신건강에 문제가 있다 하더라도 그것이 인생 전부를 규정하지는 않는다는 사실을 여실히 보여주는 증거가 되면 좋겠다. 무엇보다도 이 책은 정신질환에 대한 수치심을 없애고 정신적으로 문제를 겪고 있는 모든 사람에게 그들이 혼자가 아니라는 사실을 알려주기 위한 전 세계적인 운동의 일환이다.

이 책은 수많은 정신과 의사들이 집필한 교과서가 아니다. 개인적인 이야기가 담긴 책이다. 사람들이 들려주는 솔직한 이야기에는 진정한 힘이 있다.

마지막으로 이 책은 나 자신을 위해 만들었다. 인류가 드디어 시간여행의 비밀을 알게 되는 날에 내가 하고 싶은 일은 딱 한 가지다. (상상은 자유니까) 시간을 거슬러 올라가 열여섯 살의 나를 만나고 싶다. (이미 수많은 일을 겪고 있을 테니 더 놀라지 않게) 변장을 한 채로, 부서진

껍데기밖에 남지 않은 그때의 나에게 이 책을 건네고 싶다. 너무나도 외로웠고 절망적이었으며 쓸모없게 느껴져서 수치심을 가졌던 그 여자아이야말로 내가 아는 그 누구보다도 이 책이 필요하기 때문이다. 이 책이 있었더라면 그 아이에게 분명히 도움이 되었을 것이다. 독자 여러분에게도 도움이 되기를 바란다.

내게 모든 것을 바라기 전에

내게 모든 것을 바라기 전에
내가 어떤 일들을 겪었는지 말해도 될까?
내 삶과 내가 본 가장 슬픈 일들에 관해서

지금 나는 이 무대 위에 서서
모두를 위해 노래를 부르지
다들 내가 어떤 사람인지 안다고 생각하나 봐
잘 알지도 못하면서

나는 시인도 언어학자도 아니야
이 시의 라임은 단순하지
네가 듣는 목소리는 내 안의 어린아이야
여전히 성장통을 겪고 여드름이 늘어가는

어제 나는 무대를 뒤로하고 떠났지
숨 쉬는 것조차 힘겨웠지
모든 일정을 취소해버리고
바다를 건너서 집으로 향했지

요즘 왠지 기분이 가라앉아
어둠이 나를 우울하게 해
마음 깊은 곳에선 항상 그런 기분이었어
너한테 들키지 않도록 꼭꼭 숨겨왔을 뿐

이제는 한계에 다다라 무너질 것만 같아
가슴이 너무 답답해
어딘가 잘못됐나 봐
이제 낮도 밤처럼 느껴져

이젠 의심이 들어
과연 내가 얼마나 살고 싶어 하는지
나는 부끄럽고, 수치스럽고, 겁에 질렸어
아직 주고 싶은 게 정말 많은데

그래서 나는 공연을 그만두고
술잔을 내려놓고 독을 쏟아버릴 거야
내가 정말 좋아하는 것을 등지고
기도하고, 눈물을 흘리고, 깊은 생각에 잠길 거야

"넌 괜찮아." 엄마는 가만히 속삭이시겠지
아빠는 내 머리에 입 맞춰주시겠지
동생들은 나를 웃게 하겠지
내가 안전하고 따스한 침대에 누울 때까지

친구들은 나를 이해하려고 애쓰겠지
나는 기쁨과 고통과 감사를 온전히 느끼겠지
서서히 충만해지겠지

주위를 둘러보면
이토록 기분이 가라앉고
불안해하는 사람들이 너무나도 많아

말할 수 있다는 게 나에게 유일한 위로가 돼
분필 자국으로 가득한 칠판 위에
내 감정들을 이렇게 적어 내려가는 게

만약 이런 분출구가 없었다면
나는 어떻게 됐을까?
지금처럼 네 곁에 머물 수 있었을까?

이런 질문들에는 답이 없어
이런 삶은 정말 최악이야
스스로 불러온 고통은 내가 감수해야겠지

그러니 이제 안녕
이 시가 너무 슬펐다면 미안해
내게 모든 것을 바라기 전에

기억해

나도 너처럼

제대로 미쳤다는 것을

수많은 밤들

수많은 밤들을

나 자신과의 대화 속에 갇혀 있었지.

귀가 먹먹해질 만큼 요란하고 시끄러운 생각들로 머릿속은 뒤죽박죽이 되어서 아무것도 할 수 없었어.

침실 바닥에 태아처럼 웅크린 자세로 누운 채

도대체 나는 어디가 잘못된 걸까? 곰곰이 생각해.

왜 마땅한 자유를 누리고 청춘을 만끽할 수 없는 걸까?

도대체 뇌의 어떤 부분이 고장 났기에 현재를 즐길 수 없는 걸까?

항상 안간힘을 쓰고 있어.

미래를, 결과를, 해답을 찾기 위해

항상 도망치고 있어.

몇 시간 동안 차를 몰고 마음의 평화를 찾아서 도시를 벗어나 끝없는 들판이 펼쳐진 곳으로 떠나보지만,

소음이 거기까지 나를 따라왔다는 것을 결국 깨닫지.

그 소음은 내 마음속에 있었으니까.

물론 좋은 날들도 있어.

더할 나위 없이 멋진 날들도,

삶의 흐름에 몸을 완전히 맡긴 채 행복을 느끼는 날들도 있어.

그럴 때는 불안하고 우울하거나 외롭고 기분이 가라앉는 일이 다시

는 없을 것만 같지.

하지만 어떤 날에는 나를 완전히 잃어버려.

낙천적이고 긍정적이며 활기차고 창의적인 모습은 온데간데없지.

어떤 날에는 잿빛으로 변해버려.

나 자신에 대한 의심과 증오로 흐린 잿빛이 되어버리지.

뭔가 잘못됐다는 불안한 기분이 들고

때로는 **도대체 이게 다 무슨 소용이지** 싶어.

아무런 일정도 계획도 없는 날에는 자주 그래.

강박장애OCD 때문에 '자연스러운 흐름'에 따르거나 마음 편히 지내질 못해.

그래서 나는 바쁘게 살아.

그러면 삶에 목적이 있는 것 같은 기분이 들어.

쓸데없이 분주하게 지내지. '내가 지금 뭘 하는 거지?'라는 생각을 하지 않으려고 시간을 꽉꽉 채우면서.

이렇게 미친 듯이 계획을 세우고, 돌아다니고, 준비하는 성격 덕분에 많은 것을 이루기도 하고 어려운 일을 보란 듯이 해내기도 해.

정말 힘들어. 나를 갉아먹는 행동인데도 막상 결과가 좋으면 계속 그렇게 해야 한다고 나 자신을 속이거든. 결국 비참한 기분만 남는데도.

그래도,

나는 나를 사랑해.

평소에는 잊고 지낼 때가 많지만 정말 그래.

깊이 사랑하고 이해해.

평상시에는 끔찍한 자기 회의, 자초한 스트레스, 혼란, 공황, 강박관

넘 때문에 그걸 실감하지 못할 뿐이야.

소셜 미디어는 나의 정신건강을 악화시키지. 의심의 여지가 없이. 하지만 나의 직업과 너무나도 밀접하게 연결되어 있어. 내 음악을 알리고 팬들과 소통하는 도구이자 플랫폼이니까. 사실상 나의 가치를 숫자로 측정하는 것과 어떻게 하면 건강한 관계를 유지할 수 있는지 이해하기 힘들어.

팔로어가 얼마나 많은지, 사진에 **'좋아요'가 얼마나 많은지**가 성공과 인기와 훌륭함과 가치의 척도가 된다니? 나처럼 강박적이고 불안한 사람에게는 진짜 악몽이야.

하지만 신체와 마찬가지로 정신도 노력하면 점차 건강해지고 강해질 수 있어. 다만 자기에게 효과적인 방법이 무엇인지 알아내기까지 더 큰 노력이 필요하지. 나는 내 마음을 가꾸고, 더 알아가고, 받아들이고 사랑하는 법을 배우고 있어.

매주 상담치료사를 만나고 매일 항우울제를 복용해.

모두에게 효과가 있지는 않지만 나한테는 도움이 됐어. 그 덕분에 이제는 삶을 감당하기가 조금은 수월해졌거든.

매주 몇 번은 운동하려고 노력해. 운동하는 것을 깜빡하면 내 정신건강이 더 나빠져. 잊지 않고 운동을 하면 마음이 개운하고 차분해지지. 하지만 기분이 나아지기 위해서 운동을 해야지 자기 몸에 대한 혐오 때문에 운동을 해서는 안 돼. 나는 예전에 거식증과 신체이형장애 body dysmorphia*로 고생한 적이 있거든. 그래서 나, 음식, 그리고 운동의 관계를 끊임없이 평가해야만 해. 내가 못생겼다는 기분이 드는지가 아

---

* 자신의 외모에 심각한 결함이 있다고 여기며 집착하는 정신질환.

니라 나에게 가장 좋은 것이 무엇인지에 따라 결정을 내려야 해. 부정적인 생각이 아니라 긍정적인 자기애로부터 우러나야 해. 몸을 어떻게 돌보는지는 정신건강과 직결되어 있어.

나는 매주 하루만이라도 시간을 내서 도시를 벗어나곤 해. 자연과 여행은 나에게 정말 중요하거든.

자기 자신을 위한 일을 하는 것, 그 순간 오로지 자신의 행복을 위해 일을 하는 것은 정말 중요해.

명상을 해봐. 나도 자주 깜빡하긴 하는데, 진짜로 큰 도움이 돼.

내 마음을 이해하기 위한 여정은 영원히 계속되겠지. 말썽꾸러기 강아지를 훈련하는 것처럼 뇌의 나쁜 습관들을 되짚어가며 고쳐야 해. 평생이 걸리겠지만.

나 자신에게 친절하게 대하라. 이것이 내가 얻은 가장 중요한 깨달음이야.

어떤 기분이 드는데 그걸 막을 수 없다고 해서 화를 내지는 마. 대신에 지금 느끼는 감정을 받아들여 봐. 그런 감정이 어디에서 생겨나는지 이해하려고 노력하고 잘 헤아려봐.

결국 모든 것은 다 지나가게 되어 있어.

희망

내가 경험한 우울삽화depressive episode에는 커다란 희망이 뒤따르곤 했다. 마치 크고 못생긴 검은색 민달팽이가 남기고 간 은빛 자국처럼 두툼하고 환한 희망이었다. 그 빛나는 희망은 여러 면에서 나를 구해주었을 뿐만 아니라 그 덕분에 나의 인생과 커리어는 완전한 미지의 세계로 나아갈 수 있게 되었다.

혹독한 구속에서 해방된 후에 미처 예상하지 못했던 좋은 점은 내가 다른 사람들을 돕기 위해 노력한다는 것이다. 스티븐 프라이Stephen Fry를 비롯한 현대 사회의 이단아들이 시작한 대화를 이어나가고, 내 이야기를 솔직하게 털어놓음으로써 다른 이들에게 위로를 건네는 과정에서 가볍게 여길 수 없는 깊은 공감을 느낀다. 물론 나는 이 중 그 어느 것도 예상하지 못했다. 처음으로 우울증을 다룬 『해피Happy』라는 책을 썼을 때 내가 무엇을 바랐었는지 잘 모르겠다. 나는 그저 구덩이에서 빠져나오기 위해 글을 썼을 뿐이다.

노트북 키보드를 누를 때마다 무거웠던 짐이 조금씩 가벼워졌다. 내 안에서 뜨거운 용암처럼 터져 나오던 단어들을 소중하게 다룰 때마다 열기가 조금씩 식어갔다. **나는 그저 밖으로 모든 것을 쏟아내야만 했다.**

그동안 나라는 사람에 관해서 수많은 추측이 난무했지만, 그 책을 쓰면서는 모든 것이 달라지리라는 사실을 알았다. 그러면서도 모두가 나를 더 심하게 이러쿵저러쿵 판단하고 진정으로 이해하지는 못할까 봐 내심 두려웠다.

첫 책을 세상에 내놓은 후에 사람들이 나에게 베풀어준 너그러운 환대와 연대감을 떠올리면 지금도 감동에 사무친다. 세인스버리 Sainsbury's*에서 나의 어깨를 두드리며 내 책을 읽고 느낀 바가 많다고 말해준 멋지고 용감한 사람들, 시간을 내서 나에게 편지를 쓰거나 트윗으로 답장을 보내준 사람들에게 감사한다. 그런 연대감을 느낄 때마다 내가 지금 하는 일을 앞으로도 계속해나가야겠다고 굳게 다짐한다.

TV에 나오는 사람에 대해 다들 이런저런 추측을 하게 마련이다(나는 꽤 오래전부터 TV에 나왔다). 나도 가끔 그럴 때가 있다. 환상이 실체를 가리기도 하고, 스크린에서는 삶이 왜곡되어서 더욱 밝고 좋아 보이기도 한다는 사실을 알고 있는데도 말이다. 또한 우리는 소셜 미디어를 둘러볼 때도 이런저런 추측을 한다. 소셜 미디어는 우리를 멋지게 연결해주어서 다양한 주제를 논의할 수 있게 해주지만, 자신을 다른 사람들과 비교하게 만드는 파괴적이고 해로운 도구가 되기도 한다.

열다섯 살 때 처음 TV에 출연한 내 모습을 보고 사람들은 내가 항상 밝고 쾌활하다고 생각했다. 마치 내가 바보처럼 웃으며 끊임없이 막대사탕을 빨고 있는 정신 나간 만화 캐릭터라도 되는 것처럼 말이다. 20대 시절에 매일 라디오 생방송을 진행해서 그런지 사람들은 내가 항상 유행에 앞장서며 정신이 초롱초롱하고 행복하며 팝 스타들과 어울릴 것이라고 여겼을지도 모른다. 소셜 미디어 속 내 모습을 본 사람들은 아마도 나에게 아무런 문제가 없으며 내가 무엇이든 잘 헤쳐나가리라 여겼을 것이다.

* 영국의 슈퍼마켓 체인.

물론 TV와 라디오, 심지어 온라인에서 보이는 나의 단편적인 모습들은 삶 전체를 놓고 보면 한없이 작은 모래 몇 알에 불과하다.

　　실제로 일터 밖에서의 내 삶은 언제나 완전히 딴판이다. 부모님, 동생, 친구들, 내가 이룬 가정, 때로는 통제 불가능한 상황이 해일처럼 밀려온다. TV에 나온다고 인생에 면역이 생기지는 않는다. 삶은 너무나도 거대하고 아름답고 잔인해서 단순히 직업 하나로 희석하거나 길들일 수 없다. 나는 내가 정말 좋아하는 직업을 가진 것에 매일 마음 깊이 감사한다. 힘겨울 때면 기댈 수 있는 가족이 있어서 정말 다행이다. 또한 먹을 것을 살 수 있고, 집이 있고, 아이들에게 입힐 옷이 있어서 진심으로 다행이다. 나는 이 모든 것을 당연하게 여기면서 감사할 줄 모르는 사람이 아니다.

매일 삶에 감사할지라도
여전히
상황에 짓눌려 숨이 막히고
악마들에 시달려 쇠약해질 수 있다.

　　마음속 깊은 곳에서는 알고 있다. 깜짝 놀랄 만한 재능을 지닌 전설적인 사람들이 스스로 목숨을 끊은 사례가 얼마나 많은가? 뛰어난 능력과 카리스마를 갖췄던, 너무나도 찬란하게 빛났던 사람들. 평범함을 뛰어넘어 자신의 분야에서 최고의 자리에 올랐던, 진정 창의적이고 두뇌가 명석했던 사람들. 물론 내가 그런 사람들에 비견될 수 있다고도, 그들과 같은 부류에 해당한다고도 생각하지 않는다. 다만 이렇게 아름다운 영혼들이 세상을 떠나간 이야기를 꺼낸 이유는 명성과 성공, 숭배로도 충분하지 않다는 점을 보여주기 위해서다. 엄청난 찬사와 환호를 받으면 긍정적인 감정을 느낄 수도 있지만, 그런 것들이 우리의 중심을 꽉 붙들어줄 수는 없다. 우리가 균형 잡힌 안정된 생활을 유지할 수 있는 핵심적인 부분에 뿌리를 두고 있지 않기 때문이다.

오래전 블랙홀에 빠졌을 때, 빛을 찾아보려고 아무리 안간힘을 써보아도 내 눈에는 보이지 않았다. 절망의 구덩이에 단단히 빠져버려 꼼짝할 수 없이 갇혔다. 자기혐오, 수치심, 편집증에 사로잡혀 아무것도 할 수 없었다.

좋은 친구들, 약물치료, 그리고 삶에 대한 관점을 새롭게 바꾼 덕분에 가까스로 그 블랙홀에서 빠져나올 수 있었고, 그 과정에서 멋진 선물을 얻었다. 다 나은 것도, 전보다 나아진 상태를 영원히 유지할 수 있는 것도, 동화에서처럼 언제까지나 행복하게 살게 된 것도 아니지만, 이제 나는 전보다 아는 것이 많고 내가 활용할 수 있는 도구는 더 늘어났다. 다시는 그런 일을 겪고 싶지 않다. 솔직한 대화도 시작했기 때문에 예전에 내가 그랬듯이 다 비밀로 감추지는 못할 것이다. 나에게는 나를 이해해주고 함부로 재단하지 않으며, 나의 진심 어린 이야기에 기꺼이 귀를 기울이고 자신의 이야기도 들려주는 사람들로 이루어진, 절대 파괴되지 않을 그물망이 있다.

우울증이 있다는 것은
혼자 헤쳐나가야 한다는 뜻이 아니다.
빛이 전혀 없다는 뜻도 아니다.
다만 그 빛이 우리 눈에 보이지 않는 상태일 뿐이다.

여러분의 곁에도 도움의 손길을 건네는 좋은 사람들이 있을 것이다. 우리의 슬픔과 절망을 말로 표현하기가 불가능할 것만 같더라도, 결코 극복할 수 없을 것만 같은 중압감이 느껴지더라도, 우리는 **반드시** 말해야 한다.

희망은 나를 여전히 더욱 환하게 비추고 있다. 대화는 전 세계로 확대되고 있고, 자신의 약한 부분을 드러내고 진심으로 소통하고자 하는 용감한 사람들이 점차 늘어나고 있다. 나는 그 어느 때보다도 세상과 더욱 연결되어 있음을 느낀다.

자신의 감정을 온전히 느껴라

어린 시절에는 마음도 건강하게 돌봐야 한다는 사실을 실감하지 못했다. 신체적으로 심각한 문제가 있는 사람에게는 정신건강에 대해 묻지 않는 법이다. 적어도 15년 전에는 그랬다. 지금은 세상이 한 뼘 더 나아졌다. 이제는 나처럼 오랫동안 병원 신세를 진 사람이라면 정신건강에 관한 (가슴 따뜻한) 질문을 더 많이 받을 것이다. 하지만 그때 그 시절 세상에는 만신창이가 된 내 몸과 나 자신뿐이었다.

나는 스무 살 이전에 뇌종양, 장파열, 장폐색, 뇌낭종 및 수두증으로 수술을 열다섯 번이나 받았는데도 열두 번째 수술 직전까지 그 누구도 이 모든 상황을 겪은 심정이 어땠는지 나에게 물어본 적이 없었다. "죽는 게 두렵니?"라는 말은 질문이라기보다는 내 가슴을 쿡 찌르는 비수처럼 다가왔고, 당연히 나는 제대로 반응할 수 없었다. 결국 나는 내가 느끼는 모든 감정을 내면화하게 되었다. 설령 누가 물어봤더라도 10대 시절의 나는 내 기분이 어떤지 표현할 수 없었을 것이다. 아무것도 느낄 수 없는 무감각한 상태였기 때문이다. 내가 무슨 생각을 하는지조차 말할 수 없었을 것이다. 여러 차례 수술을 받게 된 것이 내 잘못인 것만 같다는, 가장 끔찍한 생각을 입 밖으로 꺼내는 것이 너무나도 두려웠다. 심지어 내 배에는 가장 고통스러운 기억을 상기시키는 수많은 상흔이 영원히 새겨져 있어서 아무리 발버둥을 쳐보아도 거울을 들여다볼 때마다 결코 벗어날 수 없는 과거가 나를 옥죄어오는 것만 같았다.

대학 졸업을 앞둔 스무 살 때 나는 외상 후 스트레스 장애라는 진단을 받았다. 그동안 쌓여온 모든 상처가 한꺼번에 터져버렸다. 지난 10년 동안 열다섯 차례의 수술을 받으며 내가 진작 느꼈어야 했던 감정들이 뒤늦게 봇물 터지듯 쏟아졌다. 내 평생 첫 심리치료를 받으러 가는 일이 가장 힘들었다. 나에게 도움이 필요하다는 사실을 인정하기가 고통스러웠다. 논리적으로나 이성적으로나 말이 안 된다고 생각했고 수치스럽기까지 했다. 결국 그 꿈은 이룰 수 없게 되었지만 심리학자가 되고자 했던 나인데!

**나는 이 모든 역경에서 오히려
살아갈 힘을 얻었고
그 힘은 내가 세상을 변화시키는 일을
해나갈 수 있는 원동력이 되었다.**

그래서 나는 '스카드 낫 스케어드Scarred Not Scared(상처는 있지만 두려움은 없다)' 캠페인을 시작했고 나와 비슷한 경험을 지닌 사람들이 자신의 신체적·감정적 상처를 이야기할 수 있는 장을 마련했다.

내가 마지막으로 외상 후 스트레스 장애 증상을 겪은 지도 5년이 되었다. '잔잔한 바다에서는 노련한 뱃사공이 절대 나오지 않는다'는 옛말이 있다. 그동안 정신적으로 무수한 폭풍우를 경험한 사람으로서 가장 중요한 조언을 몇 가지 들려주고 싶다.

1. 우리 모두에게는 정신건강이 있다.

정신건강을 좋은 상태로 유지하기 위해서는 꾸준한 관심과 관리가 필요하다. 긍정적인 습관과 일상을 무너지게 내버려 두면 결과적으로 정신도 무너지게 된다.

2. 부정적인 감정이란 존재하지 않는다.

우리는 어릴 때부터 부정적인 감정(분노, 슬픔, 죄책감, 두려움, 수치심)과 긍정적인 감정(행복)이 있다는 말을 들으며 자란다. 하지만 이는 사실이 아니다. 모든 감정은 긍정적이며 우리에게 중요한 정보를 제공한다. 예를 들어 분노는 누군가가 선을 넘었다는 신호다. 감정 자체는 잘못된 것이 아니지만 감정을 표출하는 방법이 문제가 될 수는 있다.

3. 당신이 겪는 문제는 진단 여부와 상관없이 진짜다.

꼭 진단을 받아야만 당신이 겪는 증상과 감정이 유효하고 중요한 것은 아니다.

4. 당신의 잘못은 아니지만, 책임은 당신의 몫이다.

당신의 인생에 일어나는 그 어떤 끔찍한 일도 당신 탓이 아니다. 당신은 그런 일을 겪을 이유가 없다. 그 누구도 그런 일을 겪어야 할 이유는 없으며 (머리로는 정반대의 생각이 들지라도) 그런 일이 발생하는 것을 당신이 막을 방법도 없다. 하지만 그런 일에 대처하는 방법을 바꾸는 것은 당신의 책임이다. 오직 당신만이 그렇게 할 수 있고, 그 일로 인해 가장 큰 영향을 받는 사람도 당신이기 때문이다.

5. 해로운 관계에서 벗어나라.

인생의 밑바닥을 경험하는 사람 주변에는 구세주 콤플렉스를 지닌 사람들이 모여들기 마련이다. 당신의 인생이 엉망진창일수록 이런 관계는 더욱 깊어진다. 해로운 사람은 없을지 몰라도 정신에 안 좋은 영향을 미치는 해로운 역학관계는 있다. 그런 사람들을 끊어내는 것이 모질게 보일지 몰라도, 자기 자신을 지키기 위해서 나쁜 사람이 되어야 한다면 그것까지도 감수해야 한다. '나'를 최우선으로 생각하는 것에 죄책감을 느끼지 마라.

6. 감정은 피하지 말고 온전히 겪어내라.

감정을 처리해야 한다는 말은 자주 듣지만 감정을 어떻게 처리해야 하는지 가르쳐주는 이는 아무도 없다. 몸의 어느 부분에 감정이 머무르는지를 파악하고 확인하라. 감정의 크기는 어느 정도인가? 따뜻한가? 무거운가? 뚜렷한 형태가 있는가, 아니면 흐릿한가? 감정을 자세히 파악하라. 어떤 감정을 오래 겪을수록 그 감정이 점차 휘어지고 형태가 변하는 것을 느낄 것이다. 이런 과정이 고통스러울 수도 있지만, 어떤 감정을 충분히 오래 느끼고 나면 그 감정은 결국 사라진다. 매번 이런 경험을 되풀이하면서 자신의 감정이 지레 겁먹었던 것만큼 무시무시하지는 않다는 사실을 깨닫게 된다. 그런 고통을 견뎌낼 수 있다면 다음번에도 견뎌낼 수 있다!

7. 불안은 미래에 대한 두려움이다.

무의식은 실제와 상상의 차이를 모른다. 그래서 레몬을 한 입 베어무는 상상을 하면 실제로는 레몬이 존재하지 않는데도 몸이 먼저 움찔하고 반응한다. 여행 불안을 겪는 사람들도 마찬가지다. 그들의 무의식은 실제로 발생하지도 않은 사고에 신체적으로 반응한다. 머릿속에 떠오르는 이야기와 마음속에 떠오르는 장면 때문에 두려움이 생긴다. 만약 이런 일을 겪는다면 현재에만 집중하라. 그러면 불안이 서서히 사라질 것이다. 생각은 언제나 감정을 앞서간다는 점을 잊지 마라. 감정이 아닌 생각이 문제다.

8. 경계선을 그어라.

경계선은 사람들이 당신을 어떤 방식으로 대할 때 받아들일 수 있는지, 또는 받아들일 수 없는지를 알려준다. "나한테 그렇게 말하지 마세요", "나를 이런 식으로 대하는 건 받아들일 수 없어요" 같은 말들은 정신건강을 지키는 데 중요하다. 정중한 대우를 받기 위해서는 사람들이 나를 좋아하기를 바라는 데서 생기는 공포에서 벗어나야 한다. 어떤 사람에게 경계선을 긋는 것이 두렵다면 당신이 반드시 경계선을 그어야 하는 대상이 바로 그 사람이다. 그 사람들의 반응은 그들이 감당해야 할 문제다. 당신이 그 사람들의 감정까지 돌보고 책임질 필요는 없다.

블랭크 33

지금까지 살아오면서 나는 놀라울 정도로 불안에 시달리는 사람들과 함께 일한 경험이 많다. 정신건강 분야에서 일한 지도 어느 정도 되어서 이제는 일이 어떻게 돌아가는지, 어떤 문제에 어떤 조치가 필요한지 전보다 훨씬 더 잘 알게 되었다. 여기에는 나만의 특수한 불안과 우울증에 대처하기 위해 스스로 실천해야만 했던 조치들도 포함된다. 사실 나는 기분 전환을 잘하고 재미있는 사람인데도 말이다.

하지만,

이런 것들을 알지 못했던 예전에는 불안에 시달리는 사람과 같이 일하거나, 살거나, 그런 사람을 사랑하기란 너무 힘들었다. 여기서 불안이란 '**이런, 버스를 놓쳐버렸네**' 정도의 일반적인 불안을 가리키는 것이 아니라 '**내일 내가 죽게 될까?**' 또는 '**왜 나는 항상 행복하지 않은 걸까?**'처럼 전반적이고 때로는 사람을 쇠약하게 만들기까지 하는 불안을 뜻한다. 가끔은 이렇게 내재화된 긴장감이 사회적 상호작용에까지 영향을 미쳐서 거만하고 무례하거나 무심한 태도로 나타날 수도 있다. 나처럼 극도로 예민하고 모든 것을 개인적으로 받아들이면서 속상해하는 사람은 상처를 받기도 한다. 우리는 때때로 자신의 고통에 대한 반응으로 그런 고통에 대응한다. 그러다 보면 결국 계속 쨰려본다고 불만을 토로하다가 서로의 눈을 찔러서 다친 아이들처럼 되고 만다. 하지만 나, 그리고 우리 안의 순수한 면을 들여다보면 이런 상황에 대한 가장 좋은 해결책이 공감, 연민 그리고 노력이라는 것을 알 수 있다. 그래서 나는 머릿속으로 다음과 같은 제목의 시를 써보았다.

「도대체 너는 왜 그렇게 멍청하게 구는 거야, 우리가 친구라고 생각 했는데 진짜 열 받아!」

마음에 들면 좋겠다.

내가 진짜 좋아하고 사랑하는 절친한 친구를 생각하며 이 시를 썼다. 머릿속으로 떠올리기만 하고 실제로 글로 적어본 적은 한 번도 없으니 글솜씨가 엉망이라면 미리 사과한다.

나는 인지적으로
인식하려고 했어
그 눈 뒤의 톱니들
수많은 파트너들이 안에서 길을 잃은 이유
궁금했어
너는 왜 절대로 웃지 않아?
너는 왜 울지도 않아?
대답은 언제나
자존심
질투심
그는 절대 친절하지 않았다는 암시
결코 마음은, 쓰지 않았어―그렇지?
어쩌면 그의 마음이 정상이 아닐지도 몰라
우리는 너무 예민하고 제약을 받아
우리가 사용하는 감각이
시력이라는 사실에

하지만 통찰력의 수준에는 빈 곳이 있어
그곳에 누워 있는 사람이 있지
여전히 내면에 간섭하고 있어
우리는 눈을 치켜뜨고 천장을 올려다봐
한 사람의 마음속에
욕구가 없다는 사실에 놀라워하며

마치 그가
얼마나 인간적인지조차
전달할 수 없는 것처럼

하지만 감정을 알아차리기란 어려워
심지어 우리가
다른 사람의 감정을 알아차릴 때도
그들이 말할 때
우리가 듣는 것으로만 판단하지
그들은 내내 기도할 뿐이야
이 무거운 짐weight이 사라지기를lift
우리가 수없이 버튼을 눌러도
그들은 여전히 엘리베이터lift를 기다리고 있어
심지어 우리가 체육관에서 역기weights를 밀어 올릴 때도
사람들은 날씬해질 때는 오래 수다를 떨지 않아
항상 무게weight에만 신경 쓴다면
너의 사고방식은 바뀌지는 않을 거야

얼마 전에 내가 온라인에서 본 밈meme에는 이런 말이 쓰여 있었지
'멍청한 사람들을 유명인으로 만들지 마.'

나는 이렇게 생각했어
'일리가 있네.'

하지만 이렇게 대답하고 싶었지
'이미지를 너무 떠받들지 마.'

하지만 여전히 우리는 모두
그런대로 괜찮은 사람이 아닐까 봐
두려움에 사로잡히기 쉽지

우리가 남들 앞에 나설 만한 사람이 아닌 걸까 의심해
그건 뛰어넘기가 정말 어려운 걸림돌이야
우리는 매사를 개인적으로 받아들이니까
매력적인 사람이 되는 건 어렵기도 해
하지만 내가 단지 하고 싶은 말은
어떤 사람의 핵심에 관해
본질 그 자체를 의심하기 전에
한 가지를 알아두라는 거야
너에게 상처를 주면서
그들은 분명히 자기 자신에게 더 큰 상처를 준다는 사실을

타니아 바이런 Tanya Byron | 임상심리학자, 작가, 저널리스트, 방송인

멋지고 엉망진창인

나는 임상심리학자이며 내 일을 사랑한다. 내가 아는 그 누구보다도 영광스러운 특권을 누리는 직업이라고 생각한다. 나는 매일 진료실에서 자신의 정신건강 문제를 해결하기로 결심한 용감하고 비범한 사람들을 만난다. 삶에서 가장 상처받기 쉬운 시기를 통과하고 있을지 모르는 사람들에게 함께 노력한다면 어둠을 헤치고 나와서 빛을 다시 만날 방법을 찾을 수 있을 거라는 믿음을 주는 일은 내가 결코 당연하게 여기지 않는 영광스러운 특권이다.

지금 이 글을 쓰면서 나는 임상 현장에서 지난 수십 년간 함께 일해온 수많은 사람들을 떠올려본다. 학대와 트라우마를 경험한 후에 나를 찾아온 사람 중에는 최근에 발생한 일들로 충격을 받아 여전히 몸서리치는 이들도 있었고, 그런 일을 겪은 지 몇 년이 흘러 모든 것을 가둬두려는 압력을 더는 감당할 수 없게 된 이들도 있었다. 예상치 못한 갑작스러운 사건이 발생해서 자신과 자신의 삶에 대해 그동안 안다고 생각했던 것이 모두 산산조각 난 이들도 있었고, 어린 시절에 겪었던 일들을 아직도 떨쳐내지 못하는 이들도 있었다.

겪고 있는 문제는 각기 다르지만 변함없는 공통점이 한 가지 있다. 모든 사람이 처음으로 도움을 요청할 때 수치심을 느낀다는 점이다. 실제로 그들을 괴롭히고 있는 어려운 문제들을 구체적으로 다루기 전에 나는 일단 그들이 **수치심을 느낄 필요가 없다는 사실**을 이해할 수 있

도록 돕는데 충분한 시간을 들인다. 만약 그들의 신체적인 문제 때문에 의사의 진료를 받는다면 수치심을 느낄까? 아니다. 몸은 피곤해지고 지치기도 하고 때로는 부서지기도 한다. 마음도 마찬가지다. **나는 사람들에게 그들이 정상이라고 말해준다.**

선진국의 경우에 신체 부문 건강 성과는 최고 수준이지만 정신 분문 건강 성과는 최악이다. 더 오래 살지만 그만큼 더욱 비참하게 사는 것이다. 어떻게 이런 상황이 발생한 걸까? 임상 경력이 30년이나 되는데도 나는 죽고 싶어 하는 아이의 눈을 바라볼 때면 여전히 심장이 쿵쾅대는 절망을 느낀다.

우리는 숨 가쁘게 돌아가는 세상에 살고 있다. 초 단위로 뉴스를 제공하는 수많은 플랫폼을 통해서 비극이 끊임없이 전해진다. 우리는 안전에 대한 공포 때문에 아이들을 가둬 키운다. 아이들이 자유를 누리며 위험을 감수하고 자기 자신과 세상에 대해 알아갈 기회는 줄어든다.

교육은 목표와 시험 위주로 이루어지며 우리는 EQ보다 IQ에 집착한다. 실수와 실패를 경험해서는 안 되며 성공은 감정이 아니라 물질로 측정된다. 주름을 완전히 없애는 데 열중하는 사회에서는 나이가 드는 것의 가치가 절하된다. 우리는 끊임없는 과잉 경계, 두려움과 분노 속에 살아가고 있다. 엄청난 분노 속에서.

그중에서도 가장 놀라운 사실은 이것이다. 그 어느 때보다도 심리학에 대한 인식이 높아 스스로 도움을 구하고, 깊이 생각하고 명상을 하고, 약을 복용하는 사람이 많은데도 나와 여러 실력 있는 동료들은 두려움, 분노, 자기혐오, 우울증이 늘어나고 있는 상황을 매일 접한다는 것이다. 기분이 나아지게 하는 방법을 더 많이 아는 시대에도 우리는 기분이 더욱 안 좋아지고 있다. 어떻게 이럴 수가 있을까?

(할머니가 살해당한 사건, 끔찍했던 산후 우울증, 사랑하는 아버지의

갑작스러운 죽음 등 일련의 사건들이 누적된 결과로) 한동안 임상 우울증을 겪고 지난 30년간 임상 경력을 쌓은 후, 52세가 된 지금에야 나는 무엇이 문제인지 이해한다. 문제는 불행한 상태로 어떻게 지낼 수 있는지를 우리가 모른다는 것이다. 임상에서는 이런 상황을 '고통 내성 distress tolerance 역량 부족'이라고 부른다.

비참함과 우울함은 서로 다르다. 스트레스를 받고 걱정하는 것과 불안장애는 서로 다르다. 다들 헷갈리는 걸까? 행복하고 생산적인 삶을 추구하는 과정에서 기분이 가라앉고 두렵거나 불행한 기분이 드는 시기가 찾아온다는 사실을 모두 잊어버린 걸까? 기분이 가라앉으면 자신의 나약함을 혐오하고 최고의 위치에 오르지 못했다며 스스로를 증오하면서 점점 더 어둠 속으로 빠져들게 되는 걸까? 마음도 몸처럼 부서질 수 있다는 것을 아는데도 정작 우리는 마음이 부서지면 사람으로서 실패했다고 판단하는 걸까? 이런 상황이 정신건강과 관련된 문제로 도움을 요청할 때 우리가 느끼는 수치심에도 영향을 주는 걸까? 어쨌든 실패했다고 생각하기 때문에 수치심을 느끼는 것이 아닐까?

이해가 간다. 나도 임상 우울증을 겪는 것이 싫었다. 솔직히 말하자면 끔찍했다. 나는 너무나도 불행한 기분이 들어서 견딜 수가 없었지만, 더욱 심각한 것은 내가 그렇게 불행한 기분이 든다는 사실 자체를 받아들일 수 없었다는 점이다. 내 얼굴을 정면으로 직시하고 있는 우울증을 마주하고 싶지 않았다. 정신건강 전문가인 나조차도 이런 병을 앓을 수 있다는 사실을 도저히 받아들일 수가 없었다. 이 분야에 대해 잘 알고 우울증에 걸린 사람들을 치료한 나한테 이런 일이 일어나서는 안 됐다. 다행스럽게도 내 병을 실패가 아니라 단지 병으로 바라본 주변 사람들 덕분에 나는 오만한 부정에서 벗어날 수 있었다. 남편의 사랑과 지지 속에서 나는 치료가 필요하다는 사실을 받아들였다. 그동안 나는 내가 치료한 사람들에게 수치심을 느끼지 말라고 이야기해왔는데 이제는 나 자신에게도 똑같은 말을 해야 하는 상황에 이르렀다는 것을 깨달았다. 그래서 그렇게 했고, 상담치료와 약의 도움으로 우울증에서 벗어나 빛 속으로 돌아올 수 있었다.

우울증을 겪기 전에도 내 일을 잘 해냈지만 직접 우울증을 겪은 후에는 훨씬 더 잘하게 되었다. 이제는 이해한다.

내가 어떻게 이해할 수 있게 된 걸까? 내가 우울해할 때 그 모든 것을 알 수 있도록 도와준 사람은 남편이었다.

남편은 이렇게 말했다.

"타니아, 당신은 정말 멋진 사람이야. 나는 당신을 사랑해. 당신은 정말 멋진 사람이지만 동시에 엉망진창이기도 해. 지금은 당신의 엉망진창인 부분이 더욱 기승을 부리고 있어. 다시 균형을 찾을 수 있도록 도움을 구해보자."

멋지고 엉망진창인. 전적으로 맞는 말이다. 우리는 모두 그렇다. 사람은 그런 존재다. **두려워하지 말고 기쁘게 받아들이자.** 인생의 역경들에 휩쓸려 엉망진창인 부분이 운전대를 잡더라도 절대로, 결코 수치심을 느끼지 말자. 그건 지극히 정상이다.

운동경기 그 이상

축구는 진짜 운동경기 그 이상이다. 나에게는 생명줄이자 건청인의 세상에서 살아가는 압박에서 벗어나는 기회다. 건청인의 세상에서 청각장애인으로 살아간다는 것은 너무나도 어렵다. 나는 학교에서 아이들을 대하는 일을 한다. 아이들의 말을 잘못 듣거나 알아듣지 못하면 나 자신을 자책하고 그 아이를 실망시킨 듯한 기분이 든다. 하지만 저녁에 축구 훈련을 하러 가거나 경기에서 뛸 때면 나는 해방감을 느낀다. 나만의 대응법이다.

2017년 7월에 나는 전 세계에서 가장 큰 청각장애인 스포츠 행사인 데플림픽Deaflympics에 국가 대표로 출전했다가 상당히 심각한 무릎 부상을 당했다. (다섯 시간을 경유해서 비행기를 두 번 타고) 영국에 돌아와서 지역 보건의GP의 진료를 받으러 갔다가 응급실로 이송됐다. 응급 MRI가 필요한 상황이었지만 인공 와우 때문에 찍을 수가 없었다. MRI를 찍기 위해 인공 와우 센터로 이동될 때까지 기다릴 수밖에 없었는데 그 기간이 무려 7주였다. 내가 쓸모없는 짐이 되어버린 것만 같은 무력감을 느끼며 고통 속에서 기나긴 시간을 견뎌야 했다.

그 후 얼마 지나지 않아 나는 청천벽력과도 같은 소식을 듣게 되었다. 인대와 연골에 수많은 상처를 입고 골 타박상을 입은 것도 모자라 전방십자인대ACL까지 파열되었다는 것이었다. 부상 후 3개월까지도 걷는 게 어려웠지만, 다행히 개인적으로 재건수술을 받을 수 있었다. 바르게 걷는 법을 다시 익히는 데만 3~4개월이 걸렸고 그 후로 2개월이 더 지나서야 비로소 조깅을 할 수 있었다. 전방십자인대 재건수술을 받은 후의 혹독한 재활 과정은 직접 겪어본 사람만이 알 것이다. 신체적으로나 정신적으로나 거대한 싸움이었다.

드디어 훈련에 복귀하던 날에는 내 어깨 위의 거대한 먹구름이 사라진 기분이었다. 예전보다 더 행복했지만, 또 다치지 않을까 두려운 마음은 여전히 남아 있었다.

우리는 사소한 것들을 당연하게 여긴다. 제대로 걷거나 앉고, 계단을 오르내리고, 직접 식사를 준비해서 가져오고, 차에 타고 내리고, 운전하고, 잠을 자고…. 나는 이 모든 기본적인 일과 활동을 전혀 할 수 없었다. 그중에서도 일을 할 수 없다는 사실이 가장 힘들었다. 나는 내 일을 사랑하고 즐거운 취미활동처럼 여긴다.

언젠가는 내가 더는 운동선수로 활동하지 못하리라는 생각에 마음이 심란했다. 팀 동료들과 같은 차를 타고 경기장으로 가는 일도, 경기 후에 여기저기 멍드는 일도, 시합 전 몸풀기도 없을 것이다. 훈련에 참여하지 못해 서로 만나지 않으면 팀 동료들과의 관계도 소원해질 것이다. 내가 스트레스를 풀고 건청인의 세상에서 벗어날 수 있는 유일한 방법이 사라질 것이다. 내 인생을 바꾸어놓았던 유일한 일이 사라져버리고 그저 추억만이 남을 것이다. 그건 정말 받아들이기 어려운 일이다. 나는 아직은… 도저히 받아들이지 못할 것만 같다.

힘겨운 노력을 수없이 기울이고 두 번째 수술까지 받은 후에야 나는 가까스로 국제 축구 무대에 돌아올 수 있었다. 그 과정에서 정말 느끼는 것이 많았고 이제는 나의 미래를 재검토할 수밖에 없다. 축구는 분명히 나에게 정말 중요한 부분이고, 언젠가는 축구화를 벗고 은퇴하는 날이 올 것이다. 그다음에는 어떻게 해야 할까? 경기 대신 나를 일상

생활에서 벗어날 수 있게 해줄 다른 일을 찾아야만 할 것이다. 몇 가지 염두에 두고 있는 일들이 있지만, 일단은 다시 즐겁게 경기에 임할 생각이다.

심각한 부상을 겪고 있는 사람들에게는 나쁜 날이 있더라도 괜찮다는 사실을 깨닫는 것이 중요하다. 나쁜 날들도 재활 과정의 일부이다.

아주 조금이라도 나아지면 기뻐하고
절대로 자신을 다른 사람과
비교하지 마라.
모든 사람의 회복 과정은
제각기 다르고 특별하다.

우리는 영웅이 될 수 있다

마음은 허비하기에는 끔찍하게도 아까운 것이다The mind is a terrible thing to waste.＊ 마음은 끔찍한 것이다. 마음은 정말 그렇다. 마음은 변화할 수 있는 아름다운 것이다. 마음은 아름다운 것이다. 마음은 정말 그렇다.

나 자신을 찾아가는 여정 속에서 이 모든 말에 진실이 담겨 있다는 사실을 깨닫게 되었다. 미국, 더 나아가 이 세상에서 살아가고 있는 흑인 남성인 나의 마음은 며칠, 몇 주, 때로는 몇 달 동안이나 끔찍한 것과 아름다운 것 사이에서 요동친다.

마음의 건강은 영원히 계속되는 질문처럼 느껴지기도 한다. 현실에 대한 인식은 평생에 걸친 가스라이팅처럼 여겨지기도 한다. 이것이 진짜일까? 내가 진짜로 이런 감정을 느끼는 걸까? 그러는 내내 흑인이라는 제약 안에 갇힌 사람이 매 순간 견뎌내야 하는 스트레스를 알아차리지는 못한다. 정신을 이루고 있는 천이 점점 닳아서 마지막 실 한 오라기마저 풀리고 나면 자신의 모습이 만천하에 공개된다. 사람들은 당신이 분노했다고, 폭력적이고 화를 삭이지 못한다고 비난할 것이다. 사람들은 당신을 비난하겠지만 정작 당신의 진짜 모습은 알아주지 않을 것이다.

＊　미국흑인대학기금(UNCF)의 슬로건이기도 하다.

빼앗긴. 부서진.

아름다운. 복잡한.

인간다운.

이렇게 때로는 끔찍하고 때로는 아름다운 마음을 지닌 나는 가능한 모든 방식으로, 그리고 불가능한 방식으로도 나 자신을 사랑하는 법을 배우기 위해서 평생에 걸친 여정에 나섰다. 그 과정에서 끊임없이 변화하는 내 마음을 밑바닥까지 몰아넣으려는 혼돈과 소음을 줄이는 법을 배우고 있다. 사람은 누구나 끔찍한 것을 거부하고 아름다운 것을 지키려는 경향이 있지만, 두 가지 모두에서 얻을 수 있는 지혜와 깨달음이 있다. 마음은 언제나 그렇게 존재한다. 우리가 아침에 일어나서 입을 옷을 고르면 그게 무엇이든 간에 그 옷을 입는 것과 같다.

이것이 마음의 진정한 아름다움이다.

마음은 어제, 그저께, 일주일 전, 한 달 전, 아니면 1년 전에 입었던 고통, 슬픔, 비애, 절망, 불안, 우울이라는 옷을 다시 입을 필요가 없다. 마음은 변할 수 있는 아름다운 것이기 때문이다. 때로는 변할 수 있다고 느끼고 그 사실을 깨닫기가 어렵다. 자기 마음의 드레스, 바지, 신발을 스스로 벗을 수 없을 때는 도울 수 있는 사람이 있다는 사실을 깨닫기 어렵다.

도울 수 있는 사람이 있다.

도울 수 있는 사람이 있다.

도울 수 있는 사람이 있다.

당신을,

나를,

우리를 도울 수 있는,
누군가가 반드시 있다.
마음은 잃어버리기에는
너무나도 소중한 것이기 때문이다.

결국 우리는 지금처럼, 이제껏 살아온 대로 매일매일 흔들리며 살아갈 수밖에 없다. 마음은 계속 이런저런 영향을 받게 될 것이다. 마음은 아름답고도 끔찍한 것이다. 우리는 이 깨달음으로 무장해야만 이길 수 있다.

우리는 자유로워질 수 있다. 우리는 행복해질 수 있다. 우리는 괜찮아질 수 있다. 우리는 좋아질 수 있다. 우리는 살아남을 수 있다.

우리는 영웅이 될 수 있다.

크게 소리 내어 말해봐

스칼릿이 이 책에 실릴 글을 기고해달라고 부탁했을 때 나는 그 자리에서 곧바로 승낙했다. 그런데 어떤 주제에 관해 글을 쓸지 고민하는 데만 거의 다섯 달이 걸렸다. 부탁을 받은 이후로 매일매일 그 생각만 했다. 이제 마감이 열두 시간쯤 남았는데도 여전히 어찌할 바를 모르겠다. '당신의 마음에 관해서 무엇이든 원하는 대로 쓰세요.' 지침은 이것뿐이었다. 그런데 그렇게 하기가 **왜 이렇게** 어려운 걸까?

이 글을 제출하기로 마음먹기까지 나는 깊은 슬픔에 관한 시부터 성적 수치심에 관한 에세이까지 수많은 주제로 글을 썼다.

일곱 살에 어머니를 잃은 나는 어린 나이에 깊은 슬픔을 경험했다. 그 당시에는 얼마나 심각한 일이 일어난 것인지 잘 몰랐을 수도 있다. 그런 상실의 경험에 관한 이야기를 늘어놓지 않으려고 애쓰지만, 지금 내 나이가 마흔이 되었는데도 매일 한 번씩은 그 일을 언급하는 것 같다. 이제는 내 몸속의 뼈대처럼 나의 일부가 되어버렸다는 사실을 인정해야겠다. 하지만 이 시는 이 책에 적합하지 않다고 생각했다. 너무 우울해서.

그래서 이번에는 성적 수치심에 관한 글을 썼다. 대학 시절의 자유분방한 성생활이든, 특이했던 원 나이트 스탠드든, 성 경험이 전혀 없든, 정도의 차이는 있지만 내가 아는 거의 모든 사람이 성적 수치심으로 괴로워한다는 내용을 담은 글이었다. 성적 수치심은 언제나 우리 문화의 일부이기 때문에 다뤄볼 만하다는 생각이 들었다. 하지만 나는 그에세이를 스칼릿에게 보내지는 않을 것이다. '걱정하거나 자책하지 마라'는 결론에 다다를 수밖에 없었기 때문이다. 그건 이 시대의 사람들에게 의욕을 북돋워줄 수 있는 말은 아니지 않을까? 물론 만약에 당신이 성적 수치심으로 괴로워하고 있다면 나는 정말로 걱정할 필요가 없다고, 절대로 자책하지 말라고 말해줄 것이다. 모두가 그런 문제를 겪는다. 괜찮다. 하지만 그 글도 삭제해버렸다. 너무 평범해서.

20대 시절에 나에 관한 이야기를 털어놓은 덕분에 나 자신을 놓아버리지 않을 수 있었던 경험에 관한 시도 끼적여보았다. 그 당시에 나는 일단 어머니를 잃었던 사건에 관해서 말을 꺼냈고, 들으려는 사람이라면 누구든 붙잡고 내 이야기를 털어놓았다. 그들에게는 성가신 일이었겠지만 나에게는 인생을 바꾸어놓은 일이었다. 하지만 그 어떤 방식으로 쓰더라도 왠지 내가 나르시시즘에 빠진 재수 없는 사람처럼 보일 것같았다(어쩌면 그게 사실일 수도 있지만). 그래서 그 글도 삭제해버렸다. 너무 자기중심적이라서.

그런 다음에는 둘째 아이가 태어난 후 내가 겪었던 불안에 대해서 몇 줄 적어보았다. 초대형 제트기가 내 차 위로 떨어지고, 수영장에서 상어의 공격을 받고, 슈퍼마켓에서 무장 괴한들의 총에 맞아 죽는 등 할리우드 블록버스터급의 시각적 상상에 시달렸던 경험에 관한 글이었다. 내 아이들, 남편, 내가 죽을 것만 같은 공포에 끊임없이 시달리면서도 그런 일이 일어나고 있다는 것을 부정했고 나는 잘 지낸다고 우겼다. 그런데 이런 주제에 관한 글을 쓰다 보니 나 자신과 나눠야 하는 대화는 책 한 권에 실린 몇 단락으로는 부족하다는 사실을 깨달았다. 더많은 시간을 들여서 세심하게 살펴봐야 하는 부분이었다. 그래서 그 글도 포기했다. 너무 개인적인 고백이라서.

하지만 바로 그게 문제 아닐까? 크게 소리 내어 말하기엔 너무 우울한 것 같고, 누군가를 자극하기엔 너무 평범한 것 같고, 인정하기엔 너무 자기중심적인 것 같고, 마음 편히 털어놓기엔 너무 개인적인 고백인 것 같은 기분이 드는 상황. 그 자체가 문제다. 그러니 사람들이 이렇게 말하는 것도 농담이 아니다.

정신건강에 대해서 이야기한다는 것은 정말 어렵다.

이 글을 쓰는 과정에서 나는 그걸 깨달았다. 내가 생각의 페이지들을 지워버린 것처럼 매일 수많은 사람이 자신의 감정을 지워버린다. 우리는 문제를 감춰버리고 그 문제에 관심 두지 않기로 한다. 우리가 워드 문서를 삭제하듯이 생각을 그냥 지워버릴 수는 없다. **우리는 더 많이 이야기하고 듣고 나누고 이해해야 한다.** 그렇게 하지 않으면 외로움과 두려움이 우리를 잠식해서 우리는 사회적으로 고립된 외톨이가 되어버릴 것이다. 온라인 페르소나를 통해서만 살아가고, 자신의 진짜 모습이 너무 두려운 나머지 진짜 인생을 살지 못할 것이다. 우리의 절박하고 외로운 진실한 모습이 너무나도 무서워서.

너무 과장된 이야기 같다고?

그럴 수도 있고, 아닐 수도 있다.

우리가 그 문제에 관해서 곰곰이 생각해볼 동안, 나는 휴지통 폴더를 다시 열어봐야겠다. 수많은 감정이 그 안에 들어 있어서 나는 다시 돌아가 봐야 한다. 그런 감정들이 없는 척하지는 않을 것이다. 마음속의 이야기를 모두 털어놓았을 때 내가 느끼는 존재의 기쁨을 피하지 않을 것이다. 그러기에 인생은 너무나도 짧다.

엘라 퍼넬 Ella Purnell | 배우

미친 여자의 일주일

월요일

나는 아침 일찍 잠에서 깬다. (거의) 새벽 무렵이다. 개운하게 푹 쉬어서 그런지 기분이 아주 좋다. 새들은 지저귀고 햇살은 빛난다! 잠시나마 가부장제에 관한 생각이 안 날 정도다! 아이라이너 양쪽이 똑같이 잘 그려졌다. 새로 산 흰색 신발을 신으니 내가 더욱 트렌디해 보이는 것만 같다. 솔직히 내가 좀 예쁘긴 하지. 빌어먹을 디즈니 영화처럼 세상 모든 것이 제대로 돌아간다. 월요일에는 뭐든 내 마음대로 되고 인생은 살 만한 가치가 있는 것처럼 느껴진다. 이번 주는 **내가** 접수했다. 나는 열의에 넘치고 뭐든 할 **준비가 됐다.** 맞다, 나는 똑똑히 그렇게 말했다. 다아아아 좋다. 모든 것이. 모오오든 것이. 말하자면 그렇다는 거다. 물론 안 그런 것도 있지만… 이런. 왔구나.

너도 굿모닝, 캐런.(지긋지긋한 년. 내가 얼굴에 주먹을 한 방 날릴 수 있는 그런 존재는 아니다. 눈에 보이지 않는 여자. 내 머릿속에서 내가 쓰레기라고 말하는 목소리다. 항상, 진짜 항상 그렇게 말한다. 캐런은 사라지지 않고 온갖 기발하고 창의적인 방법으로 나의 감정에 상처를 입힌다. 부모님 집에 다시 들어가서 같이 사는 것과 비슷하다. 다만 그것보다도 더 안 좋고, 부모님이 머릿속에 사는 거나 마찬가지다. 진짜 그렇다. 일단 여기까지 해두자.)

침투 사고에 이름을 붙이는 것은 내 상담치료사의 아이디어였다. 그녀의 도움 덕분에 나는 새 이름을 얻은 캐런에게 매우 정중하면서도 단호하게 꺼져버리라고 말하는 법을 배웠다. 상담치료사의 말이 맞다. 다른 사람이라면 나를 그따위로 대하게 내버려 두지 않을 텐데, 왜 나 자신에게는 그토록 못살게 구는 걸까? 물론 가해자의 이름을 직접 거론해서 창피를 주는 방법naming and shaming이 다소 도움이 되긴 하지만, 매일매일 자신의 마음과 싸워야 한다는 건 여전히 너무너무 지치는 일이다.

오늘은 여섯 시간 동안 싸움이 계속된다. 공황 발작 한 번, 읽지 않은 이메일 30통. 내가 졌다, 졌어(그녀가 오늘 교대를 한 번 더 뛰었으니까 당연한 결과겠지). 인제 보니 월요일이라고 뭐든 내 마음대로 되는 것이 아니다. 집에 올 때쯤 아이라이너는 땀으로 번졌고, 흰색 신발은 회색이 되었고, 일거리 두 개를 놓쳤고, 귀걸이가 한쪽도 잃어버렸다. 내 마음은 분주해졌고 나는 녹초가 되어버렸다. 평소처럼 자기 전에 허브차를 마시고 좋은 책을 읽으면서 하루를 잘 마무리하려고 애쓰는데 이런 젠장, 차를 쏟아버렸다. 이제는 정말 한계에 다다랐다. 너무나도 고통스럽다. 나는 유난스럽고 덜렁거린다. 바보 멍청이. 나의 뇌도 캐모마일향이 나는 나 자신도 진짜 싫다.

꺼져버려, 캐런.

화요일

조금 가벼운 마음으로 상담실을 나선다.

내 지갑은 이제 텅 비어버렸다. 만세! 우울한 것도 모자라 빈털터리라니! 2순위 모기지를 받는다. 도박이라도 할까 싶다. 아, 깜박했다. 나에게는 1순위 모기지도, 집도 없다는 사실을. 나는 **밀레니얼 세대**고 게으르며 **브렉시트**bReXiT 시대에 살고 있다. 아이폰에 중독됐으니까 어쩌면 **영영** 집을 사지 못할지도 모른다. 생각해보니 세금 문제도 어떻게 돌아가는 건지 잘 모르겠다. 버스에서 엉엉 운다.

아무것도 아닌 일에 대해 불안해하고 겁에 질려 어쩔 줄 모르는 상태로 하루를 보낸다. **나는. 생각을. 멈출 수가 없다.** 내가 이 모양이라서 답답하고 속상하다. 내가 왜 이 모양 이 꼴인지 알 수 없어서 답답하고 속상하다. 이 지경인 사람은 나 말고는 아무도 없는 것만 같아서 답답하고 속상하다.

답답하고 속상하지만 생각의 패턴을 바꾸어야만 한다. 내게 다정하게 대해야 한다는 생각이 든다. 지금은 나한테 친구들보다 내가 더 필요한 것 같아서 친구들과의 약속을 취소한다. 미안하긴 하지만 나는 나 자신을 돌봐야 하고 친구들도 이해해줄 거다. 아니면 쓸쓸하게 혼자 죽지, 뭐. 아무튼 일단 아이스크림이나 먹자!

내 팔의 흉터에 대해 누군가가 물어본다. 사람들을 불편하게 하는 게 싫어서 나는 밝은 목소리로 다 괜찮다고 말하며 그들을 안심시킨다. 나는 잘 지낸다고 되풀이해서 말하지만, 그들은 나를 이렇게 만든 상대방의 꼴도 봐야 한다.

수요일

오늘은 눈을 뜨자마자 내가 이렇게나 많은 심리적인 문제를 지닌 사람이라는 걸 알았다면 처음부터 나랑 사귀지 않았을 거라고 말했던 전 남자 친구가 문득 떠오른다. 하루의 시작부터 끝내준다며 캐런에게 고맙다고 말한다. 갑자기 그 인간이 셀러리 알레르기가 있다는 사실이 떠오른다. 이유는 모르겠지만 진짜 너무 웃기다. 나는 나의 뇌를 사랑한다. 늦잠 잤다는 사실을 깨닫는다. 나는 나의 뇌를 증오한다. 나중에 울어야지, 하고 마음속으로 생각해둔다. 일단은 지각이다.

집을 나서기 전에 나에게 기분 좋은 말을 해주고 싶다. 바쁘게 나가는 길에 마시는 피로회복제pick-me-up처럼. 지금은 내 엉덩이가 정말 예쁘다는 것밖에는 칭찬해줄 만한 일이 떠오르지 않는다. 원래 이런 건지는 모르겠지만 아무튼 효과가 있는 것 같다. 나는 새로운 사람이 된 듯한 기분이 들어서 거울 속의 나에게 윙크한다.

식기세척기에서 그릇을 꺼내다 말고 갑자기 심각한 절망감이 밀려온다. 삶의 의미에 의문을 품는다. 부모님이 나 대신 아들을 원했을지 의문이 든다. 피짓토이가 아직도 인기 아이템일까 궁금하다. 우체국에 가야 할 일이 있다는 것이 떠오른다. 8학년 때 학교 디스코 파티에서 생리를 시작했던 끔찍한 일이 떠오른다. 앞머리를 옆으로 넘긴 스타일이 다시 유행할까 봐 공포에 질린다. 내가 어떤 사람이 되어야 하는지 너무 궁금하다. 아빠가 말한 대로 중등교육자격시험GCSE*에서 종교학 대신 지리학을 선택해야 했던 건지 궁금하다. 내가 삶을 제대로 살고 있는 걸까? 고양이도 무릎이 있을까? 너무 빈정대는 어투로 이메일을 보냈나???? 소행성이 지구에 충돌할까?!?! 문득 내 친척이랑 몇 촌 관계인지 생각이 나질 않아서 겁에 질린 채 울면서 엄마한테 전화해서 소리친다. **"대체 친척 관계는 어떻게 따지는 거야?"** 모든 사람이 심각하게 걱정한다.

목요일

스트레스에 짓눌린 기분으로 잠에서 깬다. 나는 이유 없이 심술을 부린다. 할 일은 너무나도 많은데 그걸 다 할 시간이 없다. 거절하는 것이 나에게는 왜 이렇게 힘들까?! 나의 뇌는 뒤죽박죽 엉망진창이라 하

---

* 영국의 중등 교육과정에 대한 성취도를 평가하는 시험으로, 고등 교육과정 진학에 활용되며 대입에 반영되기도 한다.

나씩 꼼꼼하게 따져볼 수가 없다. 걱정거리들의 목록을 적어보니 일곱 페이지나 된다. 토할 것 같다.

호흡에 집중해본다. 예전에 쓰던 텀블러Tumblr 아이디를 떠올린다. '이 또한 지나가리라.' 열세 살 때의 개똥철학을 지금 내가 처한 상황에 적용해보려고 노력한다. 목록의 우선순위를 정하고 문제에 대한 해결 책을 적어본다. **그런 다음에는 감사한 일 세 가지를 적는다.** 그러기 싫 지만 그래야 한다고 나 자신을 설득한다. **그러면 신기하게도 매번 효과 가 있다.**

내가 이렇게 작은 자기 위로를 할 수 있다는 사실이 뿌듯하다. 자기 돌봄도 연습이 필요하며 정신건강은 꾸준히 유지하고 돌봐야 한다는 사실을 기억한다. 그 순간에는 그럴 필요가 없다는 기분이 들더라도 말 이다. 자신에게 친절하게 대하고 과거의 나를 용서하라는 말을 기억한 다. 내가 아직 치유되는 과정에 있다는 것을 기억하고, 좋은 날들과 나 쁜 날들을 겪도록 허락한다.

왜 나 자신보다 다른 사람들을 위해서 시간을 내는 것이 훨씬 더 쉬 울까. 왜 나의 뇌는 좋은 것들보다 나쁜 것들에 항상 더 집중할까. 내가 사랑하는 사람처럼 나 자신을 대하는 것이 왜 그렇게 어려울까.

남은 하루는 오롯이 나를 위해서 보내기로 한다. 밖에서 산책을 하 며 하늘의 색깔과 구름의 모양을 감상한다. 비타민을 다 챙겨 먹는다. 가장 좋아하는 가게에서 향초를 사서 나에게 선물한다. 침대 시트를 세 탁하고 휴지통을 비운다. (누가 뭐래도 마음을 위로하는 데 최고의 음식 인) 치킨 라멘을 주문하고 가장 좋아하는 프로그램을 본다. 몇 시간씩 이나 목욕을 하고 나서 물을 너무 낭비한 건 아닌지 살짝 찔린다. 페이 스마스크를 하고 발톱을 깎는다. 마음을 움직이는 이야기가 담긴 팟캐 스트를 듣고 몇 가지 목표를 적어본다. 소셜 미디어를 잠시 내려놓고,

더 나은 페미니스트가 되고, 할머니께 더 자주 전화를 드려야겠다고 다짐한다. 요가 수업도 예약하고 곤도 마리에*처럼 속옷도 싹 정리해본다.

자기돌봄은 효과가 있다. 내 기분은 확실히 더 나아진다.

금요일

인스타그램에 한없이 빠져든다. 그게 어떤 건지는 다들 알겠지.

다른 사람들은 모두 '기분 좋은 금요일'을 보내고 있구나. 그 사실이 내 존재를 송두리째 뒤흔들 정도로 위협적이다. 내가 그 정도로 불안정하기 때문이다. 그런 함정에 빠지는 나 자신이 너무 싫다. 끝없이 스크롤을 내리는 것을 멈추고 싶지만 마음대로 되질 않는다. 제멋대로 움직이는 듯한 엄지손가락을 탓해본다. 내 배는 왜 그 여자처럼 날씬하지 않은 걸까? 도대체 나는 왜 머리를 잘랐을까?!?!? 잠깐. 젠장, 내가 지금 뭘 하는 거지? 어디로 가고 있는 거야?!! 나는 부족한 사람인가 봐! 더욱 분발해야 하나 봐! 도대체 나는 누구지! 언젠가는 내가 **사실은 진짜 별로**라는 것을 모든 사람에게 들켜버릴 거라는 심각한 공포에 평생 시달리면서 살아야 하는 걸까!!!

제대로 할 수 있는 게 아무것도 없다. 내 몸의 흉터가 역겹다. 고장나고 연약한 나 자신이 부끄럽다. 엄마랑 통화하면서 고래고래 소리를 지르고 나서 곧바로 죄책감이 든다. 나도 안다. 사실은 엄마한테 화가 난 것이 아니라 나 자신에게 화가 난다는 것을. 나는 캐런한테 화가 난다. 모든 게 화가 난다. 이 세상의 모든 향초와 다운워드 도그downward dog 자세**로도 우울증이 낫지 않는다는 사실에 화가 난다. 내가 영화에

---

* 　　일본의 유명한 정리 수납 컨설턴트.
** 　엎드린 개의 모습을 닮은 요가 동작.

나오는 예쁜 여자들처럼 별다른 노력 없이도 멋진 사람이 될 수 없다는 사실도 화가 난다. 그런 여자들은 실제로 존재하지 않는데도 모두가 그런 사람이 이 세상에 있다고 생각하는 게 화가 난다. 나의 뇌가 부끄러워서 화가 난다. 사회가 그렇게 만들었다는 게 화가 난다. 우리가 마음에 대해 충분히 이야기를 나누지 않아서 화가 난다. 정신건강 서비스에 대한 지원금이 삭감되어서 화가 난다. 내 동생이 사람들 앞에서 울면 안 될 것 같은 기분이 든다는 게 화가 난다. 사람들이 내 팔뚝을 보고 나를 함부로 재단해서 화가 난다. 내가 '너무 감정적이다', '너무 복잡하다', '고장 났다', '미쳤다'는 말을 들을 때마다 항상 화가 난다. 나는 안다. 내가 슬퍼서 화가 난다는 걸. 제발 그냥 울 수 있으면 좋겠다.

다섯 시간 동안 두 번의 공황 발작을 겪은 후에 이불 속에 몸을 파묻는다. 솜털 같이 포근한 베개로 만든 감옥에서 다시는 나가고 싶지 않다. 이제부터는 이렇게 울적하고 불쌍한 신세 한탄 속에서 안전함을 느끼면서 모든 회의에 참여할 것이다. 세상이 제대로 돌아올 것이다.

이제 나는 화가 나지 않는다. 다만 슬플 뿐이다. 이 슬픔이 영영 사라지지 않을 거라는 걸 나는 안다. 그래도 괜찮다. 그저 그게 세상의 다른 사람들에게도 괜찮으면 좋겠다.

토요일

(어쨌든 나도 영락없는 영국 사람이니까) 곧바로 술에 취한다.

제일 친한 친구와 함께 하루를 보낸다. 배꼽이 빠지도록 웃어서 화장실에 가서 복근을 확인한다.

친구는 내가 짐이 아니라는 사실을 일깨워주고 남들 앞에서 강해 보이기 위해 쓰고 있던 가면을 벗을 수 있도록 도와준다. 나는 가면이 미칠 듯이 무거웠다는 사실을 새삼 깨닫고 한없이 운다. 도움을 요청하고 사람들을 받아들여도 괜찮다는 사실을 기억한다.

친구가 한 주를 어떻게 보냈는지 이야기하는 것을 듣다가 깜짝 놀란다. **나만 그런 게 아니었어!** 나는 그 친구에게 세상에서 가장 큰 사랑을 느낀다. 내 마음이 극한 상태의 감정들을 겪는 방식에 감동하고, 내 뇌가 얼마나 이상하고 멋진가를 떠올린다. 나는 이런 뇌가 있어서 감사하고 행복하다. 아무것도 느끼지 못하는 것보다는 차라리 한꺼번에 모든 것을 느끼는 편이 더 낫다.

인생은 바로 이런 것이구나.
작은 것에서 아름다움을 찾고
지금, 이 순간을 충실히 살아가는 것.

연약하면서도 열린 마음을 지니고, 친구의 얼굴에 입 맞추고, 치즈 토스트로 배를 채우고, 서로를 친절하게 대하기. 내가 어제의 울적함을 느끼지 않았더라면 오늘의 즐거움에 온전히 감사하지 못했을 것이다. 진부하고 유치하게 들릴지 몰라도 진짜로 그렇다. 우리는 마음만 먹으면 행운을 누릴 수 있다.

긴 여정 속에서 우리는 끊임없이 진화하고 있다. 모두 그럴 만한 가치가 있다. 모두 아름답다.

그리고 결국에는 모두 중요한 사람들이다.

일요일
감사한 일 세 가지.

1. 나의 고통에 감사한다. 그 덕분에 다른 사람들의 고통을 헤아리

고 세심하게 알아차릴 수 있고, 도움이 필요한 사람에게 공감을 베풀 수 있게 되었다.

2. 나의 과도한 상상력에 감사한다. 그 덕분에 항상 웃을 수 있고, 창의력을 발휘할 수 있고, 세상에 대해 호기심을 가질 수 있고, 독특한 관점으로 인생을 바라볼 수 있게 되었다.

3. 캐런에게 감사한다. 캐런 덕분에 내가 생각보다 더 강하다는 걸 깨닫게 되었고, 성찰하고 성장할 수 있었다. 또한 나 자신을 용서하고 자랑스러워할 기회를 얻었고, 내가 사랑과 존경을 받을 만큼 **좋은 사람**이라는 사실을 매일 기억할 수 있게 되었다.

평소처럼 자기 전에 허브차를 마시고 좋은 책을 읽으면서 하루를 잘 마무리하려고 하는데 젠장, 차를 쏟아버렸다. 덜렁거리는 내 모습에 웃음이 난다. 진짜 너무 웃기니까, 그리고 나는 멋지니까.

나는 다시 차를 준비한다.
나란 사람, 진짜 멋지네.

샤론 초킨 펠트스틴 Sharon Chalkin Feldstein | 사업가, 활동가, 의상 디자이너

정신 & 건강

일러스트레이터:
그레이시 워릭Gracie Warwick, @got.legs

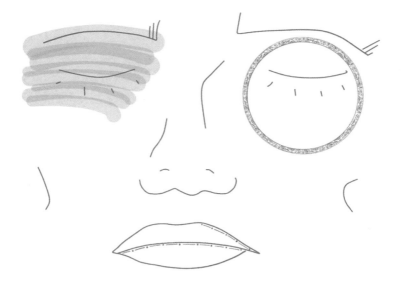

제1장 - 기상

정신이 말하길, "나는 침대에서 일어나기 싫어. 몸이 안 좋아."

건강이 말하길, "그러면 버스를 놓쳐서 학교에 지각할걸."

정신이 말하길, "알았어. 일어날게."

제2장 - 학교

정신이 말하길, "나는 불안해. 투명 인간이 된 기분이야."

건강이 말하길, "나는 괜찮아. 나는 혼자가 아니야. 나에겐 친구들이 있어."

정신이 말하길, "하지만 친구들이 항상 나를 이해하는 건 아니야."

제3장 - 점심

정신이 말하길, "점심시간이 되면 불안해져. 도대체 누구랑 같이 앉아야 할지 모르겠어."

건강이 말하길, "제인이랑 같이 앉을 생각이야. 나는 제인이 좋아."

정신이 말하길, "하지만 내가 바보 같은 소리를 하면 어쩌지?"

제4장 - 집으로 돌아오는 버스 안

정신이 한숨을 쉬며 말하길, "숙제가 너무 많아. 그게 다 무슨 소용이야?"

건강이 말하길, "하지만 가끔은 기분이 좋을 때도 있어. 가족이 나를 사랑한다는 걸 알아."

정신이 말하길, "하지만 이건 효과가 없어."

제5장 – 잠들기 전

정신이 말하길, "가끔은 아침에 이대로 깨어나지 않으면 좋겠다는 생각이 들어."

건강이 말하길, "가끔이 항상은 아니잖아."

정신이 말하길, "그런다고 기분이 나아지지는 않아."

나는 삶이 존재하는 한 희망이 있다고 믿는다. 우리는 아이들의 머릿속에, 침실에, 집에, 학교에, 예배 장소에, 그 밖의 많은 곳에 반드시 희망을 불어넣어야 한다. 나는 아이들의 정신건강을 위해서 다른 셀러브리티와 인플루언서의 엄마들과 함께 유어맘케어스YourMomCares를 공동 창립했다.

우리는
정신질환에서
정신건강으로
논의를 전환하고 있다.
이야기가 **바람직한 방향으로**
끝맺어질 수 있도록.

작별 인사

편집자 말로는 정신건강에 관한 내용이라면 어떤 글이라도 좋다고 해서… 추도사를 쓰기로 했다. 그래도 괜찮길 바란다. 죽음은 슬픈 주제이기는 하지만 영감을 불러일으킬 수도 있다. 적어도 우리가 추모하고 기리는 사람들의 삶이라면 그럴 수 있다. 여러분에게 우리 형 도널드를 소개하려한다. 내가 정신건강 서비스 및 인식 개선을 위한 활동에 참여하는 이유는 정신질환을 겪은 형이 있었기 때문이다. 형이 항상 그립다.

도널드 라클란 캐머런 캠벨, 1954년 5월 3일 요크셔주 키슬리 출생. 그런 이름을 가지고 태어났는데 백파이프 연주자가 되지 않을 수 있었을까? 스코틀랜드 근위대로 입대하지 않을 수 있었을까? 인생의 대부분을 글래스고에서 보내지 않을 수 있었을까? 형은 "앨러스터, 세상에서 가장 훌륭한 사람들이 글래스고 출신이야"라고 말했다. 형의 악센트가 너무 심한 나머지 우리가 진짜 형제라는 것을 의아해하는 사람들이 있을 정도였다.

먼저 정신질환이 심하더라도 일을 잘 해낼 수 있다는 사실을 알아준 글래스고 대학교에 감사 인사를 전하고 싶다. 도널드 형은 경비팀에서 일했고 주로 도서관에서 근무했다. 학생들에게 종종 "책상 아래 카펫 보이지? 발은 카펫 위에 둬야지! … 잘했어. 계속 그렇게 하도록"이라고 말하곤 했다. 형은 자신의 말에 힘이 실리는 것을 좋아했다. 하지만

형이 정말로 **사랑했던** 일은 대학 행정총장의 백파이프 연주자 활동이
었다. 형은 수백 차례의 기념식과 졸업식에서 연주했다. 평생 항정신병
약을 먹다 보니 호흡 문제가 생겨서 조기 은퇴를 하게 된 형은 송별회에
서 자랑스러운 목소리로 자신의 파이프 연주를 들은 수만 명의 학생 중
에서 "7,200명이 의사가 되었어"라고 말했다. 나는 나지막이 중얼거렸
다. "맞아. 그리고 형도 그동안 그런 의사들을 꽤 여럿 만나보았지."

글래스고 대학교는 도널드 형을 '조현병 환자'로 여기지 않았다. 그
는 단지 조현병을 앓고 있는 직원이었다. 여기에는 커다란 차이가 있다.
그의 병이 그를 규정하지 않았고 형도 병에 굴하지 않을 때가 많았다.
그의 일은 그의 행복에 너무나도 중요한 부분이었다. 형은 그런 지위를
좋아했고 의례 절차를 좋아했다. 연주를 좋아했고 **중요한 사람**이 되는
것을 좋아했다. 한 직장에서 27년을 근무했고 그동안 학생들과 한 세대
그리고 반의 시간을 보냈다.

형은 자신의 병이 자신의 인생을 규정하는 것을 거부했지만 백파이
프 연주는 그렇지 않았다. 어린 시절에 아버지가 형과 나에게 백파이프
를 가르쳐주셨다. 처음에는 식탁에서 백파이프 선율관으로 연습했고
나중에는 지하 창고에서 백파이프 연주를 했다. 형은 백파이프의 음악
뿐만이 아니라 문화와 동지애, 경연대회까지도 정말 좋아했다. 어머니
는 우리가 그 문화 중에서도 음주와 관련된 부분을 지나치게 좋아한다
며 걱정하셨고 그 말씀도 일리가 있었다. 하지만 형의 마음을 이끈 것
은 그 무엇보다도 음악이었다.

형이 마지막으로 연주한 자리는 글래스고 대학교에서 열린 찰스 케
네디의 추도식이었다. 찰스는 정계에서 만난 나의 친구이자 렉터rector*

◆   스코틀랜드의 일부 대학에서 학생들을 대표하는 선출직 행정 관리자.

를 역임했기에 형의 친구이기도 했다. 추도식에는 스코틀랜드의 정계 인사들이 거의 모두 참석한 듯했다. 형은 연주 시작 전부터 상태가 안 좋아 보이고 호흡이 불안했다. "형, 나 혼자서도 할 수 있어." 내가 말했지만, 형은 이렇게 대답했다. "아니야. 나도 연주할 거야. 찰리를 좋아했으니까."

우리는 선두에 서서 대학 안뜰로 추모 행렬을 이끌었다. 그런데 3분의 1 정도 갔을 때 형은 숨이 가빠져서 연주를 멈출 수밖에 없었고 나는 혼자서 연주를 마무리했다. 그 후로 형은 두 번 다시 백파이프를 연주하지 않았다. 조현병을 겪으면서도 그렇게 오랫동안 자신이 맡은 일을 잘 해왔는데, 이제는 건강이 좋지 않아서 일을 그만두고, 결국 백파이프 연주까지 그만두다니, 정말 가혹한 상황이었다. 하지만 형은 절대로 불평하지 않았다. 그저 연주하던 시절에 누렸던 수천 시간의 기쁨을 마음속에 쌓아두었다. 형은 수많은 장례식에서 추도곡을 연주해왔으니 자신이 화장장으로 향하는 날에 조카이자 수제자인 개빈이 형을 위해 백파이프를 연주했다는 사실을 알면 정말 행복해했을 것이다.

그러니까… 노동자, 교사, 군인, 백파이프 연주자, 남편(결혼 생활이 그리 길진 않았지만), 보험 판매원으로 일을 하기도 했다. 하지만 형은 돈과는 거리가 멀었다. 자신이 좋아하는 사람들에게 돈을 나누어주거나 사설 마권 업자들에게 돈을 넘겨주는 것이 돈을 가까이 하는 사람의 행동은 아니니까 말이다.

물론 도널드 형의 병이 그를 규정하지는 않았지만 조현병에 대한 언급 없이 형의 인생을 돌아볼 수는 없다. 하지만 그러기 전에 잠시 쉬어가고 싶다. 조카 제이미가 정신질환에 대해 작곡한 놀라운 곡 중 하나를 불러주면 좋겠다. 도널드 형에게서 영감을 받아서 작곡했고 그에게 헌정된 이 곡의 제목은 〈나의 마음My Mind〉이다. 추도식 순서 안내문에 가사가 실려 있다. 제이미가 노래를 부를 때 가사를 읽어주길 바란다.

나는 그런 곳에 가본 적이 있어
온종일 비가 내리면
당신이 원하지 않더라도
별들이 푸르게 빛나는 곳

밝은 것은 하나도 보이지 않아
지평선도 찾을 수 없어
이 세상에 나 홀로 남아
내 마음이 만들어낸 세상 속에

나의 마음이
나의 인생보다 더 커져버렸네

너무 시끄러운 목소리들
다른 소리를 모두 삼켜버렸네
나의 마음은 둥둥 울리는 북
악의 길이 승리했다고 말하네

군중은 나를 비웃네
내 눈에는 온통 암호와 단어뿐
농담도 웃음도 미소도 나눌 수 없네
세상이 부정하는 동안에는

나의 마음이
나의 인생보다 더 커져버렸네

이제 내 말을 들어봐
나는 광대가 아니라 사람이야
이 인생은 게임이 아니야
매일 내가 선택하는 싸움이야

내가 울적할 때는 기분이 나아지게 도와줘
과감히 나의 세상을 변화시켜줘
여기서 나와 함께 악마들과 싸워줘
아, 누가 내 곁에 있어줬으면

나의 마음은 더 커져버렸지만
내 인생은 아직 끝나지 않았어
안녕, 세상아
내가 기댈 수 있는 어깨를 빌려줘

내가 기댈 수 있는,
내가 기댈 수 있도록….

"나의 마음은 더 커져버렸지만… **내 인생**은 아직 끝나지 않았어."
그게 바로 자신의 병에 대한 도널드 형의 태도였다.

15년 전에 알고 지냈던 지역 보건의 중 한 명이 형이 세상을 떠난 후
에 나에게 편지를 보내왔다. "우리는 최고의 친구였어요." 글래스고에

있는 형의 정신과 의사 중 한 명은 나에게 이렇게 말했다. "도널드는 내 환자 중에서 가장 성공적인 사례였어요. 꾸준히 직장 생활을 하고 자기 소유의 집도 있고 혼자서 운전도 하고요. 음악에 대한 열정이 대단했고 우리 중 그 누구보다도 친구가 많았어요. 게다가 항상 긍정적인 마음가 짐으로 지냈죠."

마지막 그 말은 사실이다. "앨리, 어쩔 수 없어. 나는 형편없는 패를 쥐고 있지만 그래도 최선을 다해봐야지. 안 그래?"

어느 날 밤, 우리는 도널드 형이 다녔던 수없이 많은 병원을 세어보 았다. 이 모든 것이 시작된 사우샘프턴 근처의 군 병원에서 런던, 미들 랜드*의 레스터, 북부 지방의 헐, 스코틀랜드의 여러 멋진 곳들까지 다 헤아려보니, 마치 영국 전체를 아우르는 지도 같았다. 형은 생의 마지막 까지 국민보건서비스병원의 수많은 의료진에게서 정말 훌륭한 치료를 받았다. 밀브룩에서도, 형이 생을 마감한 맨스필드의 킹스밀에서도 마 찬가지였다.

조현병은 정말로 끔찍한 병이다. 눈에는 전혀 보이지 않는다. 목발 도, 갑작스러운 탈모 증상도, 붕대도, 흉터도 없다. 모든 것이 마음속에 서만 벌어진다. 조현병을 앓는 사람들은 사회에서 버림받은 외톨이가 되곤 한다. 직장에서 외면당하고 거리에서 비웃음거리가 되고 무례한 대우를 받는다. 또한 낙인 때문에 이에 관한 연구도 잘 진행하지 않는 다. 약의 도움을 받으면 조현병을 앓는 사람의 수명이 평균적으로 20년 줄어든다. 아버지는 82세에 돌아가셨고 도널드 형은 62세에 세상을 떠 났다.

조현병은 세상에서 흔히 말하는 '이중인격split personality'이 아니

•　　영국 잉글랜드의 중부 지방.

다. 어떤 사물이나 현상에 대해서 두 가지 관점이 존재하거나 기분이 좋았다가 나빴다가 오락가락한다는 뜻으로 '조현병적/정신분열적 schizophrenic'이라는 표현을 쓰는 사람들이 있는데 정말 끔찍한 관용구다. 제발 그런 말은 쓰지 말기를 바란다. 그런 표현은 단어의 의미를 축소하고 오해를 불러일으키며 낙인을 찍는다. 조현병은 마음의 작동이 자기 주변의 현실과 분리되는 심각한 **질병**이며, 조현병에 걸린 사람은 정말 무시무시한 상황을 마주칠 수 있다. 한번 상상해보라. 머릿속에서 수많은 목소리가 시끄럽게 비명을 지르고 평상시라면 하지 말아야 할 행동을 하라고 종용한다. 이번에는 플러그와 소켓과 전등 스위치, 도로 표지판과 상점 간판이 말을 걸어온다. 수많은 인파 속에서 모든 사람이 내뱉고 생각하는 단어 하나하나가 모두 자신에 대한 것이라는 생각이 든다. TV를 틀어보아도 모든 사람이 자신에 대해서 이야기하는 것만 같다. 바닥에서 뱀이 튀어나오고 들고양이가 벽과 천장을 뚫고 나와서 달려들 것만 같다. 형의 상태가 심각할 때는 이 모든 일을 겪었고 그보다 더한 일을 겪을 때도 있었다. 그런 일들 속에서도 정말 많은 사람이 형을 너무나도 사랑한 것을 보면 형의 성품이 얼마나 강인했는지 알 수 있다. 질병으로도 가릴 수 없던 형의 진면목을 알아보았던 그들은 형에게 동정이 아닌 사랑을 보냈다(형은 동정을 바라지 않았다). 정말 대단한 성과였다. 그런 성과를 이루기까지 의사들과 약이 큰 몫을 했지만, 무엇보다도 형이 가장 큰 역할을 해냈다.

그 어떤 상황에서도 형은 절대로 '불공평하다'는 말을 하지 않았다. 형과 달리 나는 아버지와 함께 네틀리 군 정신병원으로 처음 형을 보러 간 그날부터 40여 년간 그런 말을 했다. 낯선 눈빛으로 변해버린 채 누워 있는 형을 보고 충격을 받은 나는 이렇게 말했다. "이건 불공평해요. 왜 하필 도널드 형이죠?" 하지만 형은 아무말도 하지 않았다. 그때도,

그 이후에도, 지금껏 단 한 번도.

그렇게도 간절히 바랐던 근위대에 입대했지만 병으로 인해 커리어가 끝나버리고, 스코틀랜드 근위대 제1대대 백파이프 악대에서 연주하는 영예도 잃게 되었을 때 형의 심정이 어땠을까. 그런데도 형은 군에 대해 안 좋은 소리를 단 한 마디도 하지 않았다. 형은 그 시절을 사랑했다. 근위대에 관해 이야기할 때마다 애틋하게 생각했다. 동료 근위병들이 서로 연락을 주고받으며 지냈다는 걸 알았다면 정말 기뻐했을 것이다. 근위대에서의 커리어는 그렇게 안타깝게 끝나버렸지만 형은 잘 이겨냈다. 그런 상황을 잘 받아들이고 적응했고, 자신이 누릴 수 있는 최고의 인생을 살았다. 내가 검은 타이를 하지 않은 이유는 예전에 형이 글래스고의 가트네이블 병원에서 나에게 이렇게 말했기 때문이다. "네가 내 추도사를 한다면 나는 킬트에 근위대 제복을 입은 모습으로 관에 누워 있게 해줘. 글렌개리glengarry*도 잊지 말고. 그리고 너는 내 근위대 타이를 하도록 해." 우리는 형이 **그때** 세상을 떠나리라 생각했었는데 형은 그 후에도 몇 년을 더 버텼다.

형은 병이 깊어지기 전 얼마간은 (추도식 순서 안내문 뒷면에 실린 사진처럼) 그 어느 때보다도 건강하고 멋진 모습을 보여주었다. 하지만 서글프게도 끝이 다가올수록 우리는 형의 낯선 모습을 거의 처음으로 보았고 그런 형과 대화해야만 했다. 여러분이 그런 모습을 보지 못했다는 것은 도널드 형과 의사들이 형의 질병을 얼마나 성공적으로 관리해왔는지를 보여주는 증거다.

몇 주 전에 병원에 입원했을 때 형은 평소와는 딴판으로 난폭한 모습을 보였다. 거친 행동을 하고 약을 거부하고 산소 튜브를 떼어내고 모

---

* 스코틀랜드 군인 모자의 일종.

든 사람에게 으르렁거리며 고함을 쳤다. 오키드 병동의 의료진에게는 그런 모습이 도널드 형의 전부였다. 이곳은 형이 새로 치료를 받게 된 국민보건서비스 병원이었다. 그런데도 우리가 유족 센터에서 형의 시신에 작별을 고하고 병동에 유품을 가지러 가는데, 간호사들이 애써 우리를 찾아왔다. 조의를 표하기 위해서만이 아니라 그들이 얼마나 형을 좋아했는지를 알려주기 위해서였다. 그중 한 사람이 이렇게 말했다. "도널드는 정말 대단한 인물이었죠." 또 다른 사람은 이렇게 말했다. "웃으면 안 된다는 건 알지만 도널드는 정말 재미있는 사람이었어요." 형은 병원에서 백파이프 CD를 즐겨 들었다. 다른 환자들은 이제 백파이프 소리를 들으면 머리카락이 쭈뼛 서면서 도널드 형 생각이 난다고들 했다. 비록 머릿속에서 들려오는 목소리들과 환각 때문에 언행이 거칠어지기도 했지만 사실 형이 정말 좋은 사람이라는 걸 모두가 알고 있었다. 온종일 병실에서 형을 제지해야 했던 세 명의 간호사들까지도 형의 진짜 모습을 알아보았을 정도였으니까.

형에게 온 편지와 메시지의 양과 내용은 모두 굉장했다. 누구에게나 사랑받던 형이었기에 모두가 깊은 슬픔에 잠겼다. 우리가 그의 시신을 보러 갔을 때 **작별 인사**를 해야 했지만 나는 아무런 말도 할 수가 없었다. 내 마음은 산산이 부서진 상태였다. 동생 리즈는 형의 머리카락을 어루만지며 작별 인사를 건넸다. "오빠는 그 누구보다도 우리에게 많은 것들을 가르쳐주었어." 정말 그랬다. 회복력, 불굴의 의지와 용기, 그리고 친절. 그토록 끔찍한 질병조차도 형의 삶에 대한 열정과 사람에 대한 애정을 무너뜨릴 수는 없었다. 그렇게 힘든 삶을 살아내면서도 자신보다 다른 사람들을 먼저 생각했다. 여기저기 멍들고 창백한 모습으로 누워 있는 형을 보면서 나는 가장 큰 슬픔을 느꼈다. 형은 이제 다시는 눈을 뜨지 않을 것이다. 형의 백파이프 연주도 다시는 들을 수 없고,

형이 다른 사람들을 관찰한 이야기를 들으며 우리 아이들이 배꼽을 잡고 웃는 모습도 두 번 다시 볼 수 없다. 아직 태어나지는 않았지만 우리 아이들의 아이들이 도널드 형을 알고 지내는 기쁨을 결코 누릴 수 없다는 사실도 정말 슬프다. 이제는 '도널드 형'이라는 이름을 보고 전화를 받아서 "형, 한 시간 전에도 전화했잖아. 왜 또 전화한 거야?"라고 물으면 형이 "그냥 네가 한 시간 동안 어떻게 지냈는지 궁금해서. 괜찮은 거지?"라고 말하는 걸 듣는 일도 다시는 없을 테니까.

하지만 이제 형이 머릿속에 울리는 끔찍한 목소리들을 두 번 다시 듣지 않아도 된다니 안심이 된다. 형은 편히 잠들었다. 마지막으로 영안실에 갔을 때 나는 형에게 이렇게 말했다. "형은 이 세상 최고의 형이었어. 형을 아는 모든 사람은 형 덕분에 더 나은 삶을 살았어. 도널드 라클란 캐머런 캠벨이 그 삶의 일부였으니까."

나의 마음이 더 커져버렸지만… 내 인생은 아직 끝나지 않았어. 이제 형의 인생은 끝났지만 도널드 형은 우리 모두에게 앞으로도 매일 감동을 안겨줄 것이다. 우리의 인생이 끝나는 날까지.

눈물 70퍼센트, 농담 30퍼센트

나는 자메이카에 사는 로즈 이모할머니 댁의 뒤뜰의 선탠 의자에 앉아 이 글을 쓰고 있다. 태양은 빛나고 상쾌한 공기 덕분에 내 피부는 몇 달 만에 상태가 가장 좋다. 문명에서 멀리 떨어져 있지만 와이파이도 있다. 이 정도면 행복해야 할 텐데. 최소한 만족해야 할 텐데. 행복이라는 건 실제로 존재하지 않는다. 아니면 존재하는 걸까? 모르겠다. 적어도 나에게는 존재하지 않는다. 나는 눈물 70퍼센트와 농담 30퍼센트로 가까스로 하루를 버텨낸다. 엄마와 동생도 자메이카에서 함께 지내고 있는데 둘 다 각각 다른 방식으로 시끄럽다. 짜증이 날 정도로 시끄러운 건 아니고 그저 수다스럽고 살갑다. 이 둘은 내가 아는 사람 중에서 가장 웃기다. 때로는 우리가 가족이라는 게 믿어지지 않는다. 우리가 여기 머무는 동안에 두 사람은 다른 사람들과의 대화를 이끌고 가족들을 웃게 해준다. 나는 그러지 못한다. 나에게도 그럴 수 있는 능력은 있겠지만 좀처럼 발휘되지 않는다. 입을 열면 말이 나오지 않고 무미건조한 기분만 든다. 그래서 그냥 입을 다물고 다른 방으로 들어가 버린다. 이번 휴가 동안에 나는 이모할머니와 버즈 할아버지한테서 '조용하다'는 말을 자주 들었다. 하지만 이모할머니는 현명하신 분이라서 내가 우울증 때문에 조용하다는 것을 이해하신다. 이모할머니는 나에게 혼자만의 시간이 필요해 보이면 다른 사람들에게 나를 혼자 내버려 두라고 이야기해주신다.

"네가 조용해도 괜찮아. 나는 변함없이 너를 사랑한단다." 이모할머니는 언제나 이렇게 말씀해주신다.

물론 나도 사람들과 잘 어울리고 싶고 정상적으로 의사소통하고 싶다. 어느 파티에서든 분위기 메이커가 되고 싶은 건 아니지만 내가 말하고 싶을 때 말을 할 수 있기만 해도 참 좋겠다. 뭐라고 설명해야 할지 모르겠지만 이 에세이를 통해서 설명해보려고 노력하겠다. 글로 적어보면 나에게도 도움이 될지 모른다. 내 감정은 한마디로 엉망진창이다. 우는 게 나에게 도움이 된다는 건 알지만 정말 많이 운다. 아침에 눈을 떴을 때 오늘 하루가 아주 나쁘고 슬플 것 같은 예감이 들면 뭔가 구체적인 상황에 대해서 슬퍼할 수 있도록 분명히 나를 울릴 수 있는 영화를 본다. 영화가 끝나고 한바탕 울고 나면 이제 그만하고 생산적인 일을 할 때라고 자각한다. 그런 일은 자주 일어나지만 내가 걱정하는 건 눈물이나 슬픈 감정이 아니다. 그건 바로… 뭐라고 말해야 할까. 또 단어들을 찾지 못하겠다. 참 이상하다. 글 쓰는 게 내 일인데.

좋다. 그러면 내가 느끼는 감정의 **영향**에 대해서 간단히 말해보자. 내가 견뎌내야 하는 '우울한 시간들down bouts'이 찾아왔을 때 어떻게 사람들을 대하는지에 관한 문제다. 몇 년 전에 이런 일이 자주 일어난다는 사실을 깨달았을 때 내가 붙인 이름이다. 나는 마음속으로 침잠한다. 말을 할 수가 없고 사람들을 밀어낸다. 다른 사람들의 기분이 어떤지는 상관하지 않는다. 어쩌면 내가 혼자 떨어져 있는 게 모두에게 좋을 거라는 생각이 들어서다. 여러분도 확실히 알 수 있겠지만 나는 나를 별로 좋아하지 않는다. 하지만 그리 신경 쓰지는 않는다. 나만 그런 건 아닐 테니까.

사람들한테 얼마든지 심하게 대할 수도 있지만 그런 생각은 접어두고 좋은 친구가 되어주려고 노력한다. 나는 굳센 친구다. 그건 정말 힘든 일이다. 나는 무슨 일이 있어도 곁에서 지켜주는, 의리 있는 친구다. 친구가 어떻게 지내는지, 내가 친구를 위해서 무얼 해줄 수 있는지 생각한다. 나는 조언을 잘하는 편이다. 친구들과 가족들이 수천 번까지는 아닐지 몰라도 수백 번은 나에게 기대고 의지한 적이 있다. 나한테 오면 비난받지 않고 실용적이고 긍정적인 조언을 들을 수 있다는 것을 다들 아니까. 나는 최대한 사람들의 이야기를 들어준다. 사람들에게는 수많은 '이즘ism(주의主義)'이 있지만 나는 여전히 그들을 사랑한다. 우리는 모두 무수한 이즘을 지니고 가까스로 하루를 버텨내는 존재라는 것을 알기 때문이다.

누군가를 탓하고 싶지는 않지만, 자식은 부모를 쏙 **빼닮게** 마련이다. 엄마는 내가 아는 사람 중에 가장 기쁨이 넘치고, 정말 낙천적이어서 꿈속에 사는 듯한 분이다. 누구에게나 시간을 내어주고, 만나는 모든 사람을 사랑한다. 반면에 아빠는 심하게 과묵하신 분이다. 내가 아빠에 관해 알고 있는 것들은 다 언니가 알려줬다. 나보다 언니가 아빠와 훨씬 더 많은 시간을 보냈다. 예전에는 아빠가 과묵하고 무관심하고 나를 싫어한다고 생각했었는데, 어른이 된 지금에 와서 돌이켜보니 아빠는 항상 우울했던 거다. 이런 상황이 나에게, 그리고 나와 남자들 사이의 관계에 어떤 영향을 미쳤는지는 확실히 설명할 수 없지만, 이것만은 분명하다. 아빠 밑에서 자라지 않았는데도 나는 엄마보다 아빠를 더 많이 닮았다. 그게 나는 진짜 싫다. 하지만 그래도 엄마한테서 30퍼센트의 웃음을 받았으니 감사하다.

상담치료가 도움이 된다는 건 안다. 나도 예전에 받아봤다. 하지만 참 이상하게도 **나는 우울한 시간들을 싫어하지 않는다.** 그 시간들을 잘 알기 때문이다. 어떻게 헤쳐나갈지를 안다. 이제 더 놀라거나 실망할 여지도 없어서 그 시간이 불편하지 않다. **나에게 우울한 시간들은 안전**

하다. 슬픔은 안전하다. 하지만 이런 생각이 건전하지 않다는 것도 안다. 이렇게 심각하게 건전하지 않은 상태로 살아가는 건 절대 바람직하지 않다. 사실상 내가 어찌할 수 없는 부분이기에, 언젠가는 분명히 내 운이 다할 것이다. 친구들과 가족, 반려자들은 인내심의 한계에 다다라서, 종종 사라져 버리고 한동안 감정적으로 닫혀 지내다가 또 아무 일도 없었다는 듯이 불쑥 돌아오는 나를 더는 받아들일 수 없을 것이다. 솔직히 말하자면 그런 날이 오기 전까지는 지금처럼 내 운을 시험해보며 살 생각이다. 최대한 오랫동안 우울한 시간들을 견뎌내면서.

괜찮지 않아도 좋아

나에게 정신을 건강하게 돌보는 것은 몸의 건강을 관리하는 것만큼
이나 중요하다. 어떨 때는 건강한 마음이 더욱 중요하기도 하다. 이 두
가지를 별개로 취급해서는 안 되며 둘이 공존한다는 것을 기억해야 한
다. 우리 사회에 정신건강과 관련된 문제가 있는 사람들을 이해하고, 비
난하지 않고 도와주는 게 아니라, 낙인을 찍는 경향이 있다는 사실이
내 마음을 불편하게 한다.

나는 내가 어떤 상태인지 가늠하고 균형을 유지하기 위해 끊임없이
마음을 점검하는 법을 배웠다. 많은 사람처럼 나도 여전히 노력 중이지
만 이것만은 꼭 이야기하고 싶다.

리셋할 시간을 가져라.

하루하루에 충실하라.

도움을 구하고

자신의 이야기를 부끄러워하지 마라.

그 이야기가 다른 사람들에게

영감을 줄 것이다.

당신의 정신건강이

당신을 규정하지 않는다.

조 어윈 Jo Irwin | 블로거, 정신건강운동가

두 도시 이야기

우리가 정신적인 문제들로 힘들다는 말을 꺼낼 때, 상대방에게 그 의미를 설명하기는 상당히 어렵다.

일단 청중이 어떤 사람들인지 완벽히 알 수 없다. 우선 우리를 아는 사람들, 마음속에 미로를 지닌 채 살아간다는 것이 어떤지를 이해하는 사람들이 있다. 그리고 항상 모든 것을 잊어버릴 것만 같은 두려움 때문에 할 일 목록에 양치질까지도 적어둔다는 이야기를 하면 이해하지는 못하지만, 여전히 고개를 끄덕이고 웃어주는 사람들도 있다. 또한 페이퍼체이스 Paperchase * 문구용품 세트를 좋아하면 자신에게 강박장애가 있다고 생각하는 사람들도 있고, 맛있는 과자가 남지 않았을 때 드는 기분이 우울증 아니냐고 말하는 사람들도 있다.

이렇게 다양한 사람들이 있으니 누군가는 우리의 이야기에 귀를 기울여줄 테고 우리는 혼자가 아니라는 생각이 들 수 있다.

그럼에도 우리의 단편적인 모습만 알고 있는 사람들에게 정신건강과 관련된 마음 안의 복잡한 문제들을 명확하게 이야기하기란 정말 어렵다.

내 경우만 해도 그렇다. 나를 만나는 사람들은 내 머릿속에 그렇게 혼란스러운 미로가 있다고 상상하기가 어렵다고들 말한다.

* 영국의 문구 전문 브랜드.

나는 겉보기에는 직업도 좋아 보이고, 썩 괜찮은 친구들도 있고 가끔 사람들에게 웃음을 주기도 한다. 때로는 그들이 덜 슬프도록 도와주기도 한다. 정신건강과 관련된 사회적 활동에도 참여해왔고 무대 위에서, 라디오에서, 심지어 버킹엄 궁전에서도 연설한 적이 있다. 사람들은 내가 거침없고('자기주장이 강하다'는 뜻이겠지), 단호하고, 심지어 자신감이 넘친다고 생각한다.

하지만 그 밑에는 또 다른 진실이 숨어 있다. 나는 극심한 공황에 시달리고 있다. 자기 불신으로 가득 차서 머릿속에서는 내가 구제 불능이라는 목소리가 거의 항상 들려온다. 공황 발작 때문에 병원에 입원한 적도 있다. 한동안 일하러 나가거나 왕자와 대화를 나누는 것은 고사하고 샤워조차 못 할 정도로 심한 우울증을 겪곤 한다.

**정신건강은 헤쳐나가기에 복잡한 문제이며
정신건강에 관해 설명하는 것은 더더욱 어렵다.**
그런 이야기가 어떻게 받아들여질지 알 수 없기 때문이다.

그렇지만 이 글을 위해서 한번 시도해보려고 한다. 어쩌면 가장 난해한 이야기가 될지도 모르겠지만 설명하기가 쉬워지면 해결하기도 쉬워지리라 생각한다.

두 도시 이야기
가끔은 내 마음이 둘로 갈라진 것만 같다. 각기 다른 두 도시가 있고 그 모습도 상당히 다르다.

첫 번째 도시는 밝고 널찍한 곳이다. 녹음이 우거진 공원에는 풍선이 가득하다. 살짝 취한 사람들이 신나게 피크닉을 즐기며 칵테일을 마신다. 편안한 여름옷을 입고 느긋하고 자신감 넘치는 멋진 모습으로 서로에게 "당신은 정말 멋져요!"라고 인사한다. 모두 의미 있는 직업이 있고 자기 확신에 차 있으며 안정감을 주는 인간관계 속에서 성공적인 인생을 산다. 편안하고 쾌적하며 카우셰드Cowshed*의 욕실 용품 향기가 난다. 편하고 안전한 공간이지만 휴가 때처럼 즐길 수 있을 때 즐겨야 한다는 기분이 들기도 한다. 다음 주 화요일이면 다시 TV나 보고 있을 테니까.

두 번째 도시는 암울하다. 무질서하게 뻗어가는 비참한 콘크리트 정글에서 사람들이 싸우고 있다. 하늘은 흐리고 삶이 어느 방향으로 향하는지 알기 어렵다. 여기도 캔에 든 술을 마시는 사람들로 가득하지만 기분 좋게 포르노스타 마티니Pornstar Martini**를 마시는 게 아니라 라거 맥주를 들이킨다. 작아서 볼품없는 옷을 걸친 채로 쓰레기통 옆에 서서, 지나가는 사람에게 욕설을 내뱉는다. 다들 별 볼 일 없는 인생을 산다. 일자리가 있다 해도 창문은 없고, 카펫 타일이 깔려 있으며 플라스틱으로 만든 조화가 놓여 있는 건물에서 일해야 한다. 일자리가 없는 사람들은 그저 발을 질질 끌면서 어슬렁거린다. 옷에 코를 들이밀고 냄새를 맡으며 이걸 하루 더 입어도 될까 고민한다. 이곳은 위험하고 꺼림칙해서 사람들은 불안하다.

두 도시 사이의 이동
내 머릿속이 엉망인 시기에는 아침에 어느 도시에서 눈을 뜰지 확실하지 않다. 진짜 엉망진창인 날에는 잠에서 깼을 때와 욕실에서 나갈 때

• 　영국의 유기농 화장품 브랜드.
•• 　과일 향이 나는 영국의 인기 칵테일.

각각 다른 도시에 있고 울다가 지쳐서 잠들 때는 그 사이의 어딘가로 향한다.

중요한 건 두 도시 사이의 이동이다. 한 가지 사건으로 좋은 사람들이 있는 멋진 곳에서 쓰레기 냄새가 진동하는 도시로 가게 되고, 곳곳에 위험이 널려 있다는 기분이 든다. 마치 버스에 올라타는 것과 같다. '좋은 도시'로 향하는 길은 '자기 확신의 거리'와 '내일에 대한 희망 공원' 정류장을 지난다. 버스는 냉난방이 잘되어 있고 정시에 도착하며 부드럽게 멈춘다. 버스 안의 사람들한테서는 뽀송뽀송하게 잘 마른 세탁물 향기가 나고, 그들은 슈퍼 파워를 충전하기 위해 슈퍼 주스를 마신다.

'형편없는 도시'로 향하는 길은 '넌 아무것도 아니야 길'과 '그만 포기하지 공단' 정류장을 지난다. 좌석은 소변으로 얼룩져 있고 바닥에는 버려진 치킨 코티지Chicken Cottage* 상자가 나뒹군다. 뿌연 창문 때문에 밖이 보이지 않아서 어디로 가는지 알 수가 없다. 빽빽이 들어찬 사람들은 서로의 겨드랑이에 코를 처박고 서 있다. 얼른 집에 가서 어두운 방에 앉아서 울고 싶을 뿐이다.

버스 운전사

한참을 고민해봤는데, 버스 운전사에 따라 목적지가 정해지는 것 같다.

잘 들어보라.

버스 회사의 사장은 바로 당신이다. 교대 패턴과 연차휴가, (과장을 보태자면) 성과급을 관리한다. 그러니까 여력이 있으면 누가 언제 운전

---

* 영국의 패스트푸드 체인점.

하는지를 통제할 수 있다.

내 버스에는 최소한 11명의 운전사가 있다는 결론에 다다랐다. 누구한테 운전대를 맡기는지, 누가 하루 쉬는지에 따라 목적지 또한 바뀐다. 그러면 내 버스의 운전사들을 소개하겠다….

자기혐오에 빠진 샌드라

아주 못된 여자다. '잘 알다시피 너는 쓸모없는 인간이야'라는 후렴구가 끝없이 반복되는 지긋지긋한 자장가를 제일 좋아하고, 내가 하는 모든 일에 사사건건 꼬투리를 잡는다. 내가 주고받는 모든 이메일과 대화, 내가 먹는 모든 음식의 열량에 이의를 제기한다. 샌드라는 내가 부족하다고, 성공할 수 없다고, 가치가 없는 존재라고 되뇐다.

샌드라는 버스를 자주 운전한다. 내가 꿈꿔왔던 일자리에 지원할 용기를 잃었을 때나 아무 남자들과 데이트하던 시기에도 샌드라가 운전석에 있었다.

공황 상태에 빠진 폴라

폴라가 운전대를 잡으면 화장실로 직행해야 할 것 같은 불안감과 죄책감이 밀려온다. 폴라가 근무하는 날은 잠에서 깨자마자 항상 바로 아프다는 생각이 들기 때문에 미리 알 수 있다. 내 인생에서 가장 중요한 면접을 앞둔 것처럼 불안하고, 잠결에 우발적으로 살인을 저지른 것처럼 죄책감에 시달리는데, 내가 정말로 그런 일을 저지른 것만 같아서 공황 상태에 빠진다. 하루 내내 불안감이 사라지지 않아서 기차를 타거나 토스트를 만들거나 장을 보러 나갔다 오기도 두렵고 불가능한 일처럼 여겨진다. (몇 주 전에 폴라가 근무 중일 때 나는 마트 밖에서 25분간 앉아 있었다. 내가 매장에 들어서면 뭔가 나쁜 일이 일어날 것만 같은 확신이 들어서 그냥 차를 몰고 집으로 다시 돌아왔다. 결국 그 후로 3일간 우유를 사지 못했다.) 공황 발작을 일으키는 것도 폴라다.

우울한 데브스

데브스가 운전할 때는 버스가 벽돌로 된 벽을 향해 돌진할지도 모른다. 데브스가 근무하는 날에 잠에서 깨면 뼈가 납덩이처럼 무겁고, 침실 밖으로 나가면 모든 상황이 더 안 좋아질 것만 같다. 수면 패턴이 망가지고 양치질조차 힘들다. 데브스 때문에 나는 공허함과 외로움에 사무치고 사랑하는 사람들로 가득한 장소에서도 데브스가 운전대 앞에 앉으면 이 세상에 나 혼자 남은 것만 같은 기분이 든다.

나는 데브스가 출근하는 게 진짜 싫다. 모든 운전사 가운데 한번 출근하면 쉬게 하기가 가장 어려운 게 데브스다. 못 말리는 고집불통이다.

악몽을 부르는 낸시

정확히 말 그대로다. 낸시 때문에 나는 가장 끔찍하고 세상이 끝나버릴 것만 같은 생생한 악몽을 꾼다. 그런 날이면 실제로 테러리스트가 우리 집을 공격하고 있다는 생각이 들어서 식은땀에 흠뻑 젖은 채로 잠에서 깬다.

낸시가 퇴근하면 보통 폴라가 바로 교대하러 온다. 그 두 사람은 자기들끼리만 친하게 지낸다.

걱정에 시달리는 월마

세상 모든 것이 월마의 걱정거리다. 방금 엄마의 표정, 냉장고에 있는 요구르트의 유효기한, 나의 건강, 다른 사람들의 건강, 나의 인간관계, 아는 사이는 아니지만 매일 아침 기차에서 마주치는 남자, 나의 미래, 내 발톱이 자라는 모양 등등.

이렇게 심각할 정도로 걱정이 많은 윌마는 거의 25년간 내 버스에서 내려본 적이 없다. 늘 운전석에 앉는 것은 아니지만 항상 뒷자리에서 난장판을 벌이고 있다.

혼란에 빠진 메이블

메이블은 한마디로 엉망진창이다. 메이블과 함께 있으면 내 차를 어디에 주차했는지는 고사하고 화장실에 다녀왔는지조차 기억나질 않는다. 메이블이 곁에 있을 때 나는 혼란스럽고 갈피를 잡지 못해서 심지어 넷플릭스에서 무엇을 볼지도 정할 수가 없다.

메이블이 운전할 때면 윌마가 뒷좌석에서 이렇게 고함을 치곤 한다. '치매에 걸렸나 봐.' 그러면 근무시간이 훨씬 더 흥미진진해진다.

울부짖는 캐럴

지나치게 예민한 캐럴은 내가 형편없는 도시의 가장 어두운 뒷골목을 헤맬 때만 운전대를 잡는다. 캐럴이랑 같이 있으면 버스에 탄 노인들만 봐도 눈물이 난다. 외롭지는 않을까 상상하고 몇 주 동안 그 사람들을 걱정한다. 신경이 곤두선 상태로 지내면 전자레인지가 땡 하고 울리는 소리만 들어도 눈물이 난다. 드러그스토어의 2+1행사 코너에서도 눈물이 난다. 내가 준비한 크리스마스 선물을 다들 싫어해서 내년 크리스마스는 혼자 보내야 할 것만 같은 생각에 사로잡히기 때문이다.

캐럴은 왔다 갔다 하지만 연말연시같이 특별한 시기에는 초과근무를 한다.

친절한 킴

킴은 내가 아침에 예뻐 보인다고 말해준다. 내가 참 잘했다고, 어떤 일에 대해 스스로 만족하고 기뻐하라고, 남자 친구한테서 사랑한다는 말을 듣더라도 놀랄 필요가 없다고 말해준다.

킴은 게을러서 기껏해야 어쩌다 한 번씩 출근한다.

강인한 수

수는 도대체 어디서 튀어나오는지는 모르겠지만 가끔 나타나서는 회의를 주도하거나 달리기를 이끈다. 수 덕분에 나는 친구들과 밤 외출을 즐기고 돌아와서 며칠 동안이나 기분 좋게 지낸다. 수는 인생의 즐거움과 고난을 모두 받아들이고 어려운 상황에서도 흔들리지 않는다. 내 안의 프로젝트 매니저이자 좋은 친구이며 끈기 있는 존재다.

나는 수를 정말 사랑한다. 나를 지켜주는 안전한 운전사이기에 엄마의 이름을 따서 수라고 부르기로 했다.

단호한 데버라

데버라는 영향력 있는 중요한 존재다. 나의 장점을 알고 내가 자기 확신이 부족한 이유를 설명해준다.

데버라는 나에게 "상사가 선심을 써서 일자리를 준 게 아니라 네가 그 분야에 실력이 있다고 믿어서 일을 맡긴 거야"라고 말해준다. 데버라 덕분에 내가 항상 자랑스러워 할 일들을 할 수 있다.

데버라가 버스를 자주 운전하지는 않는다. 하지만 내가 런던 마라톤에 참가하던 날, 내가 더는 행복하게 일할 수 없는 업계를 떠나기로 한 날, 이 에세이를 쓰기로 승낙한 날, 데버라는 버스를 몰았다.

느긋한 리사

솔직히 말하자면 리사는 단 한 번도 출근한 적이 없다.

자, 이 여자들이 내 버스 운전사들이다. **나의 노동력이며 힘의 원천이자 내가 무너지는 이유다.** 변덕스럽고 종잡을 수 없고 나를 기진맥진하게 만드는 사람들. 나는 이들을 상당히 잘 알게 되었다.

물론 이들은 통제가 필요하다. 종종 엄하게 질책할 필요도 있다.

하지만 (어떻게 일하는지, 왜 그렇게 행동하는지 등) 이들에 대해서 알게 되면 필요할 때마다 열 배는 더 쉽게 지금 당장 운전석에서 나오라고 말할 수 있다.

우리가 동물이라는 생각

당연한 이야기부터 시작해보자.

당신은 동물이다.

물론 책을 읽을 만큼 영리한 동물이지만, 여전히 동물은 동물이다.

당신이 하는 모든 행동은 동물이 하는 행동이다.

스포티파이Spotify*에서 가장 좋아하는 플레이리스트를 감상할 때도 당신은 스포티파이에서 가장 좋아하는 플레이리스트를 감상하는 동물이다.

피부 각질 없애기, 명상하기, 자동차 주유하기, 모노폴리 게임하기, 노래방 가기, 트위터 로그인하기, 버스를 잡아타려고 뛰어가기, 마리오 카트 게임에서 이기기, 면접 보러 가기, 온라인 쇼핑하기, 신발 끈 묶기, 러닝 머신 위에서 달리기, 알렉사**에게 뭔가 물어보기, 도스토옙스키의 작품 읽기, 아쉬탕가 요가하기, 토스트 먹기, 문자 메시지에 답장하지 않기, 생일 카드 쓰기, 이모티콘 고르기, 영화 보고 울기, 바르셀로나 주말여행 예약하기. 이 모든 일을 할 때도 당신은 동물이다.

물론 당신도 이 사실을 알고 있다.

사람도 일종의 동물이라는 사실을 모두가 안다.

---

* 세계적인 음원 스트리밍 서비스.
** 아마존의 인공지능 플랫폼.

우리는 포유동물이다. 고릴라, 침팬지, 오랑우탄, 보노보처럼 대형 유인원이다.

동물이 자연의 일부인 것처럼 우리도 자연 일부다. 그리고 대다수 사람들이 알고 있듯이 우리가 자연 일부라면 자연의 나머지 부분에 의존한다. 그리 어렵지 않게 이해할 수 있다.

솔직히 자연은 지금 어려운 상황에 놓여 있다.

우리가 자연에 일으키고 있는 문제들은 감당하기 어려운 만큼 엄청난 파괴를 초래하는데, 어쩌면 우리의 머릿속에서 일어나고 있는 문제들과 연관이 있는지도 모른다.

한번 생각해보라.

우리는 이제 자야 할 시간에 잠자리에 들지 않는다. 더 늦게까지 안자고 넷플릭스를 본다.

우리는 예전에 인간들이 먹었던 음식을 먹지 않는다.

잠에서 깨어나는 자연스러운 본능은 알람 시계에 주도권이 넘어갔다. 우리를 위험에 빠뜨리는 것들을 걱정하는 자연스러운 본능도 뉴스 속보에 주도권이 넘어갔다. 죽음을 두려워하는 자연스러운 본능은 수십억 달러 규모의 노화 방지 산업에 이용당하고 있다.

자연이 마음을 치유하는 방법으로 떠오르는 것도 당연하다. 이제는 에코치료라는 것도 있다. 또한 점점 늘어나는 연구를 통해서 알 수 있듯이 지구를 엉망으로 만드는 우리의 행동은 우리의 건강까지 엉망으로 만들고 있다. 연구 결과에 따르면 환경이 파괴될수록 불안을 겪는 사람들의 비율도 증가한다. 이는 단지 인간이 지구에 어떤 행동을 가하는지에 대한 존재론적인 두려움을 느끼는 '환경 염려' 때문만이 아니다. 어쩌면 우리가 **자연 그 자체**라는 사실을 잊어버리기 때문인지도 모른다. 만물의 자연 질서가 불안정하면 우리도 불안정해질 수밖에 없다.

또한 환경주의 및 정신건강과 관련된 문제 중에는 우리가 자연환경의 일부라는 사실을 실감하지 못한다는 점도 있다. 일례로 우리는 '동물'이라는 단어를 사용할 때 대개 사람이 아닌 다른 동물을 가리킨다. 우리와 함께 살아가거나 일하는 사람들을 동물이라고 부르지는 않는다. 우리가 '동물의 왕국'에 대해 이야기할 때 IT 부서의 소피나 회계팀의 마흐무드는 여기에 포함하지 않는다. 일론 머스크, 비욘세, J. K. 롤링, 우리의 부모님이나 형제자매, 자녀 또는 반려자 역시 마찬가지다.

그렇다.

보통 동물이라고 할 때 우리는 판다, 바다사자, 말을 비롯해 인간에게 알려진 900만 종의 동물을 가리킨다. **진짜 동물** 말이다.

항상 더 많은 것, 새로운 것을 갈망하고 낡은 것은 버리는 개인주의적인 소비문화는 현대인들이 자신을 대하는 태도를 반영한다. 소셜 미디어에서는 열량 섭취량부터 걸음 수까지 모든 것에 대해 걱정하도록 우리를 부추긴다.

소비자 경제는 우리의 불행에 의존한다.

매년 1월이면 '새해, 새로운 나'라는 구호를 듣는다. 마치 우리가 업그레이드가 필요한 스마트폰이라도 되는 것처럼 말이다. 우리의 마음은 쓰레기 매립장처럼 우리가 어떤 감정을 느껴야 하고 어떤 모습으로 존재해야 하는지에 대한 정신적인 쓰레기로 가득 채워진다.

어쩌면 생물다양성을 위해서 세상을 재再야생화하려고 노력하는 것처럼 우리도 온전한 정신을 위해서 자기 자신을 재야생화할 필요가 있는지도 모른다. 그동안 추하다고 여겨온 것들에서 아름다움을 찾아낼 수 있어야 한다. 잡초로만 알고 있던 식물들의 가치를 깨닫고, 초원의 클로버나 민들레처럼 우리 얼굴의 주름살도 자연스럽고 당연하게 여겨야 한다.

우리는 현대의 해로운 직장 생활과 사회적 인간관계, 소비 생활에 반드시 참여해야 한다는 의무감에서 벗어날 필요가 있는지도 모른다. 때로는 우리에게 필요한 모든 것이 바로 눈앞에 있다는 사실을 깨달아야 한다. 그것은 거울 속에서 우리를 다시 들여다보고 있다. **우리는 자연 그 자체이기 때문에 자연의 다른 모든 것들과 마찬가지로 완벽하다.** 우리는 완전한 존재로 태어났다. 그러니 자기 자신에게 조금 더 관대하고 **다시 호흡하는 법을 배워야 한다.**

우리가 세상 그 자체라는 사실을 깨달으면 세상과 일체감을 느끼기 훨씬 더 쉬워진다.

그것은 나를 가장 사랑하면서 증오했다

그것은 나를 가장 사랑하면서 증오했고,
내가 안전하다는 기분이 들게 해주면서 끊임없이 나를 위협했다.
나는 어느 정도 거리를 두고 싶었지만, 그것은 내 곁에 머물렀고,
나에게 포기하라고, 애써 숨으려는 노력을 그만두라고 말했다.
나는 떠나라고 했지만, 그것은 여전히 곁에 있었고,
내가 가방을 챙기고 전화기를 꺼버리고 달아난다고 해도 절대로 떠
나지 않을 거라고 말했다.
내가 달아나 버려도 언제나 나를 찾아낼 거라고 말했고,
"그래, 도망쳐봐. 내가 곧 뒤따라갈 테니까. 두고 봐"라고 말했다.
그것은 내가 똑똑한 기분이 들게 해줬지만, 내가 멍청하다고 했고,
나에게 스트레스를 안겨주었고 모든 재미를 앗아갔다.
나는 더는 견딜 수가 없고, 나의 뇌는 더는 감당하기가 힘들다.
그것은 내가 사랑하고 웃을 수 있게 해줬지만, 여전히 모든 것을 파
괴하고 고통을 주었다.

그것은 나를 가장 사랑하면서 증오했고,
끊임없이 나에게 상처를 주었다. 몇 번이고 반복해서.
눈에 보이는 흔적과 보이지 않는 흔적을 남겼고,
나는 이제 나에게 상처 주는 짓을 그만두라고 했지만, 그것은 멈추

지 않을 거라고 했다.

그것은 내가 세상에서 가장 아름답게 느껴지도록 해줬지만,

내가 추하고 아무도 나를 거들떠보지 않을 거라고 말하기도 했다.

내가 혼자라는 생각이 들도록 했지만, 그것은 항상 곁에 있었다.

내 녹색 눈동자가 아름답다고 말해주었지만,

행복해하지는 말라고, 머리카락은 여전히 추하다고 말했다.

나를 망가뜨리고 속이고 내가 잘못한 기분이 들도록 만들었고,

나의 우정과 인간관계에 금을 그었지만,

여전히 내가 강하다는 사실을 일깨워주었다.

한 번도 만난 적은 없지만, 우리는 서로를 잘 안다는 기분이 들었다.

내 꿈을 좇을 자신감을 안겨주었고

"절대로 잊지 마, 너는 스타가 될 거야"라고 말해주었다.

그러고는 나에게 죽어버리라고, 나는 절대로 성공하지 못할 거라고
말했다.

"얼른 해치워버려. 목에다 밧줄을 감고 그걸 끊어버려."

그것은 내가 영광스러운 기분이 들도록 했고, 수치심을 갖게 했다.

항상 내 잘못인 것만 같은 기분이 들게 했다.

그것은 나를 가장 사랑하면서 증오했다.

전등 스위치

내가 40대 중반의 나이에 흉터로 뒤덮인 몰골로 지팡이를 짚고 다니게 될 줄은 꿈에도 몰랐다. 물론 나이가 들면서 허리둘레가 늘어나고 주름도 늘어갈 거라고 생각은 했지만 골반과 팔다리 전체를 완전히 재건해야 하는 상황이 올 줄은 몰랐다. 2004년에 끔찍한 교통사고를 당한 이후로 내 인생은 완전히 달라져버렸고 나는 이 몸으로 살게 되었다.

그래도 다행히 나는 일어서서 걸을 수 있고 어설프게나마 여전히 춤출 수 있다. 그렇지만 신체적인 어려움에 관해 불안해하고 걱정하는 내면의 목소리와 매일 싸우며 살아간다. 굽 있는 신발을 신을 수 없는 것처럼 사소한 일들도 있고, 매일 통증과 요실금에 맞서 싸우는 것처럼 더 커다란 일들도 있다. 이 모든 걱정이 내 머릿속에 가득 차서 기분이 안 좋아지고, 때로는 내가 원치 않는 모습으로 변해버리기도 한다. 나는 일 때문에 영국 상원에서 연설이나 토론을 하는 등 공적인 자리에 패널로 참석해서 말을 하는 경우가 상당히 많다. 나에게는 기분이 너무 가라앉거나 내 몸을 제대로 통제할 수 없는 순간들을 잘 넘길 수 있는 간단한 비결이 있다.

머릿속으로 전등 스위치를 떠올린다.
온, 오프 표시가 크게 적혀 있는,
하양고 커다란 구식 스위치를 떠올린다.

그 스위치를 오프에서 **온**으로 바꾸고 웃음을 지으며
세상에서 가장 자신감이 넘치는 사람처럼 행동한다.
여러분도 한번 해보길 바란다.

계절

내가 처음 아팠을 때는 크리스마스였고 나는 열두 살이었다. 방학 내내 거의 모든 시간을 방에서 숨어 지냈다. 어디든 도사리고 있는 세균들과 나를 죽일 작정인 보이지 않는 세포들 때문에 외출하는 것이 너무나도 무서웠다. 겨울이라는 끝없는 어둠 속에서 지내는 것 같았고, 그런 어둠이 암울하고 생기 없이 공허한 내 기분에 잘 어울리는 것만 같았다. 그 시기에 나는 처음으로 신경쇠약을 겪었는데, 부모님은 호르몬 문제, 동생의 탄생으로 인한 스트레스와 혼란, 겨울이라는 계절 등 여러 가지 이유를 들어서 내 상태를 설명하려고 했다. 그중에서도 겨울이라는 계절적 요인이 가장 큰 것 같았다. 겨울이 지나고 봄이 오자 나는 조금이나마 기운을 차렸다. 베개 밑에 칫솔을 숨기지 않게 되었기 때문이다. 그 당시 나는 내가 치명적인 병에 걸렸다고 확신했고, 가족들까지 감염시켜서는 안 된다고 생각했다. 나의 진짜 병명은 강박장애로, 심각한 정신질환이었다. 하지만 그때는 1992년이었고, 나는 너무 어려서 잘 몰랐다. 정신병원에 실려 갈 정도가 아니라면 사람들의 머릿속에서 벌어지는 일들에 대해 그 누구도 이야기하지 않았다. 그래서 나도 침묵을 지켰다.

시간이 지나면서 강박장애는 더욱 심해졌고, 나는 내가 에이즈나 에볼라 바이러스에 걸렸을 뿐만 아니라 심지어 연쇄살인마이자 소아성애자일지도 모른다는 생각까지 들었다. 끔찍한 범죄를 저질렀는데 충격을 받아서 그런 사건들을 머릿속에서 지워버리지 않았을까? (저녁 식사 자리에서 이런 종류의 강박장애를 이야기하는 사람은 정말이지 **단 한 명도 없었다.** 사람들은 강박장애가 청결에 관련된 병이라고 생각했다. 그래서 나는 내가 열다섯 살짜리 연쇄살인마이자 소아성애자라고 생각하게 되었다. 전혀 그런 사람이 아니었는데도 말이다.)

나는 1년 내내 그런 생각이 든다는 사실을 무시해버리고 '겨울 이론'을 믿기로 했다. 해가 떠 있는 동안에는 술을 마시거나 마약을 해서 그런 생각들을 떨쳐버리려 하고, 가을에 서머타임이 해제되면 어김없이 얼어붙는 듯한 서늘한 공포에 사로잡히곤 했다. 나는 계절적 요인 때문에 심각한 정신질환을 앓고 있었다. 맞아, 그랬던 거였다. 비타민 D가 부족해서였다. 그뿐이었다.

검은 개, 어두운 생각 등 우울증과 정신질환에 관한 일반적인 표현들도 겨울 이론에 대한 나의 믿음을 뒷받침해주었다. 영국에서는 겨울에 거의 모든 사람의 기분이 가라앉았다. 추위 때문에 '우울해진' 것이다. 하지만 나는 여름에도 기분이 가라앉고 우울했다. 울적하고 우울했지만 다른 사람 앞에서 그 사실을 인정하기가 두려웠다…. 이제 다른 핑계를 댈 수 없었기 때문이다. 엄마가 "날씨가 정말 화창하구나! 이런 날에는 행복하지 않을 수가 없지!"라고 말씀하시곤 했는데 그때마다 내 마음은 조금씩 죽어갔다. 내가 엉망진창이고 자살 충동에 시달리고 알코올과 마약에 중독된 이유는 북유럽에 살았기 때문이다. 아마도.

나는 서른여덟 살이 되어서야 내 문제들이 날씨와는 전혀 상관없다는 사실을 깨달았다. 치료 시설에서 퇴소하고 거의 1년이 지났고, 술에 취하지 않은 멀쩡한 정신으로 살 때였다. 해가 뜨건 비가 오건 눈이 오건 상관없이 언제든지 정신적으로 아플 수 있다. 남프랑스에서 일광욕 의자에 누워 다섯 살 난 딸이 수영장에서 제 아빠랑 노는 모습을 지켜보던 날이 떠오른다. 뜨거운 햇볕이 내리쬐고 모든 것이 그야말로 완벽하고 또 **완벽**했던 날에도 나는 죽고 싶었다. 그동안 때로는 날씨를 탓하며 무시한 감정들, 몇 년 동안이나 술독에 빠지게 만들었던 감정들을 이제는 직면해야 했기 때문에 죽고 싶었다. 모든 것이 아름다웠고 모든 사람이 너무나도 행복해 보여서 오히려 상황은 더욱 심각해졌다. 도대체 나는 뭐가 잘못된 걸까? 왜 나는 다른 사람들처럼 온전한 정신으로 살 수 없는 걸까? 날씨가 더워질수록 내 기분은 더 가라앉았다. 커튼을 쳐서 햇볕을 가리면 패배를 시인하는 것 같았고 내 영혼 속 엄청나게 커다란 구덩이를 처리해야 한다는 사실을 인정하는 느낌이었다. 최소한 겨울에는 조금이나마 연대감을 느꼈다. 겨울에는 떳떳하게 숨어버릴 수 있었고, 내 기분에 관한 질문들에 답하지 않아도 됐다. 최소한 겨울에는 다른 사람들도 나와 같은 감정을 느끼는 척할 수 있었다. 마치 다른 사람들도 치료 시설에서 확실한 치료 과정을 거치고, 매주 4회씩 12단계 프로그램* 간담회에 참석하고, 매주 심리치료를 받고 약을 복용해야 하는 것처럼. 사실 그 사람들에게 필요한 건 그저 카리브해로 2주간 휴가를 떠나는 일뿐이었는데.

그렇다고 해서 앞으로의 삶이 어둡기만 한 것은 아니다. 1년 중 언제든지 이런 일들이 일어날 수 있다는 사실을 받아들이자 나의 기분은 훨씬 밝아졌다. 이제 나는 안다.

> 내 마음속의 날씨는 항상 변화하고
> 어떤 감정도 영원히 지속되지 않으며,
> 때로는 하루 동안 사계절을 모두

---

* 중독치료 및 회복을 위한 과정.

겪을 수도 있다는 사실을.

나는 비, 바람, 눈, 그리고 작열하는 태양을 상대할 준비가 되어 있
다. 모든 것이 아름답다. 때때로 끝이 보이지 않는 어둠 속에서도 나는
빛을 볼 수 있다.

2

크게 외쳐도
괜찮아

내가 꺼내지 않는 이야기

나는 열아홉 살 때 자살 예방 핫라인에 전화를 건 적이 있다. 정신건강과 관련된 나의 '여정'에 대해 상당히 공개적으로 말하는 편이지만 이 이야기만큼은 잘 꺼내지 않는다.

내가 겪은 불안과 우울에 관한 이야기 중에는 '재미있는' 것들도 있다. 그런 이야기들은 사람들 앞에서 스스럼없이 털어놓곤 한다. 하지만 **'손대지 마시오'**라고 적힌 상자 안에 꼭꼭 숨겨두는 이야기들도 있다.

> 인생 최악의 순간들을
> 이야기로 바꾸어내는 것은
> **완전히 통제력을 잃었다고**
> **느끼는 순간에**
> **자신을 되찾는 강력한 방법이다.**

이렇게 하면 트라우마의 기억이 전래 동화처럼 여겨지고, 수없이 반복해서 이야기하다 보면 점차 다른 사람의 이야기처럼 느껴진다.

내가 가장 좋아하는 내 불안장애 이야기는 핼러윈에 뉴욕에서 겪었던 일이다. 나는 풀 코르셋과 튀튀, 슬릿 넥*에 유난히 뽀얗게 화장을

---

* 목둘레가 트인 디자인의 상의.

104

하고 마리 앙투아네트 의상을 입은 채로 핼러윈 퍼레이드가 벌어지고 있는 6번 애비뉴를 걷고 있었다. 거리는 인산인해를 이루어서 도저히 뚫고 지나갈 수가 없었고, 평소 같았으면 5분이면 갈 수 있을 길을 한 시간째 헤매고 있었다. 인도에는 악마로 분장한 사람들이 가득했고, 경찰은 흥분해서 날뛰고 춤추는 해골과 인어로 분장한 사람들에게 길을 내주기 위해서 거리 진입을 통제하고 있었다.

무려 75분 후에도 여전히 거리에서 헤매다가 나는 공황 상태에 빠져버렸다. 휴대전화는 안 터졌고 친구들은 계속 나를 기다리고 있었다. 좀비와 늑대인간 무리를 가까스로 헤쳐나가서 지하철로 향했다. 지하도를 지나가려고 하는데 갑자기 심각한 표정의 경찰이 나타나더니 터널이 봉쇄되었다고 말했다.

결국 나는 무너져 버렸다. 마지막 결정타를 맞고 탈진 상태가 되었다. 바닥으로 쓰러져서 쿠션처럼 푹신한 50겹짜리 튀튀 위에 주저앉으면서 공황 발작이 시작됐다. 숨을 쉴 수 없었고 터져버린 울음을 멈출 수 없었다. 온 세상이 빙글빙글 돌기 시작했고 이미 꽉 조이는 코르셋은 마치 감옥 같았다. 내가 흐느끼면서 가쁜 숨을 쉬고 있는데 가족 관광객으로 보이는 한 무리가 나를 에워싸더니 금세 스무 명쯤 되는 사람들이 몰려들었다. 사람들은 웃기 시작했고 나를 가리키며 사진과 동영상을 찍고 내가 모르는 언어로 서로 수군거렸다. 웃음소리에 혼란스러워진 나는 그들을 향해 고함을 치다가 깨달았다. 나는 핼러윈 퍼레이드의 한가운데, 지하철 바닥에 주저앉아서 울고 있는 마리 앙투아네트였다. 그 사람들의 눈에는 쇼의 일부였던 것이다. 6번 애비뉴와 14번가 사이의 지하도에서 마주친 완벽하게 뉴욕다운 순간이었다. 나는 일어나서 정중하게 무릎을 굽혀 인사했고 경찰관에게 출구로 나가게 해달라고 애원했다. 뽀얗게 화장한 얼굴이 눈물로 얼룩진 채로 파티에 도착했고, 젖은 눈물 자국이야말로 그해 최고의 핼러윈 의상을 완벽하게 완성했다.

내가 핼러윈 때 겪었던 이야기를 스스럼없이 털어놓는 까닭은 사람들의 집요한 심문을 미리 피할 수 있고, 또 내 마음이 열려 있다는 인상을 주고 싶어서다. 나약했던 자신에 관한 이야기를 들려주면 사람들은 그게 전부라고 착각하는 경향이 있다. 나는 그 핼러윈 이야기를 좋아한다. 내가 가장 좋아하는 이야기다.

하지만 이제부터는 내가 절대로 꺼내지 않는 이야기를 들려주겠다.

그로부터 3개월이 흘러 1월이 되었고 뉴욕은 폭설로 마비되었다. 눈은 마치 숨 막힐 정도로 답답한 담요 같았다. 얼음덩어리들과 도저히 뚫고 지나갈 수 없을 만큼 두꺼운 장벽이 되어버린 회색빛 눈 더미들이 도시 전체를 뒤덮어버렸다. 나는 여전히 잘 모르는 동네에 혼자 살고 있었다. 아파트에는 바퀴벌레가 들끓었지만 좀처럼 그곳을 떠날 수가 없었다. 영국에 있는 가족들은 매번 전화를 걸어 하소연을 늘어놓는 나한테 질려 있었고, 내가 힘들어 한다는 것을 알아도 그전의 100일과 별반 다르지 않은 듯한 하룻밤 때문에 여기까지 달려오기에 5,566킬로미터는 너무 먼 거리였다. 그날 밤에는 아무 일도 일어나지 않았다. 전날 밤이나 전전날 밤과 달라진 것은 아무것도 없었다. 나는 이제 그냥 끝장을 내기로 결심했다. 지난 5년간 비참함이나 두려움 이외의 다른 감정을 느껴보려고 부단히 애써왔지만 아무런 소용이 없었다.

나는 파자마 차림으로 약국까지 걸어갔다. 약을 사고 아무도 내 속셈을 알아채지 못하도록 셀프 계산대를 이용했다. 건물 관리인을 제외하면 내 아파트 열쇠를 가지고 있는 사람은 없었으며, 그 관리인은 나를 싫어했고 아주 멀리 떨어진 곳에 살고 있었다. 그러니 일주일 정도는 안심할 수 있으리라 생각했다.

이 부분에 관한 구체적인 이야기는 생략하겠다. 기억이 나지 않기도 하고 미수에 그쳤으며 이 글을 읽는 다른 누군가에게 아이디어를 주고 싶지 않기 때문이다. 어쩌면 내가 여전히 너무 수치스러워서일지도, 이야기로 바꾸어내기엔 아직도 고통스러운 기억이기 때문일지도 모른다.

새벽 5시에 눈을 떴을 때 나는 구글에서 찾아낸 번호로 전화를 걸었다. 한 여성이 전화를 받았고 우리는 이야기를 나누었다. 그 여성이 나를 구해주었다. 새벽 5시 45분에는 가장 친한 친구에게 전화를 걸었다. 그는 경청하고, 내가 울게 내버려 두고, 나를 위로해주었다.

'바닥을 친다'는 표현을 믿지는 않지만 아마도 그때가 내가 바닥을 쳤던 시기인 것 같다. 비록 그 당시에는 그렇게 여기지 않았고 다음 날에도 여전히 힘겨웠지만, 그래도 겨우겨우 샤워는 할 수 있었다. 그다음 날에는 가까스로 음식을 먹을 수 있었고, 그다음 날에는 가까스로 수업을 들으러 갈 수 있었다. 1,275일이 지난 지금도 여전히 쉽지는 않지만 그래도 전보다는 쉬워졌다. 사람들은 '바닥'이 무슨 마법이라도 되는 것처럼 말하곤 한다. 마치 바다의 밑바닥까지 헤엄쳐 들어간 잠수부가 해저에 손을 댄 후에 수면 위까지 솟구쳐 올라오는 것처럼. 하지만 나의 경우에는 그렇지 않았다. 나는 바다 밑바닥에 몸을 누이고 결코 닿을 수 없는 아득히 먼 곳에 있는 물결들을 올려다보았다. 그런 다음에야 천천히 헤엄치기 시작했다.

여전히 내가 물속에 잠겨 있는 것처럼
느껴지는 날들이 있다.
내 주변의 세상이
바닥으로 꺼져버리는 느낌이 들고
숨 쉬는 것마저 힘겹다.

하지만 내가 파도 위로
머리를 불쑥 내미는 날들도 있다.

그런 날에는 아래를 내려다보면 아름답고 신비로운 바다가 나를 감싸고 있다. 바다 밑바닥의 차갑고 단단한 바위는 아주 머나먼 곳에 있는 것만 같다.

조나 프로이트 Jonah Freud | 작가, 아티스트

소년은 죽지 않는다

I.

우리는 그것에 대해 가볍게 이야기했지
문신으로 새겨진 기억을 위해
내 몸 위에 따로 남겨둔 공간들
그리고 섣부른 추도사의
첫 문장들은
급하게 써 내려간
추모하는 말들로 가득했어

그것은 고통스러운 안락함과 함께
내 머리 뒤편에 머물렀지
반투명한 그림자가
기다란 테이블에 드리워졌지
우리가 살아가는 것에 대해 조용히 이야기하고
술을 마시고 담배를 피우고 웃었던 곳에서
우리 중 몇몇은 그러지 못하리라는 것을 알았지

나는 열네 살 때 알게 되었어
교복 넥타이 매듭 아래의 주름 속에서

그리고 해돋이의 스무 번째 시간에
병적인 끌림이나
훌륭한 성향 때문이 아니라
그저 내가 소년이었고
그들도 소년이었다는 사실을

몇 년 동안 나는
그게 내가 될지도 모른다고 생각했어
우리는 이야기했고, 춤췄고, 사랑했고
취하고, 겁에 질리고, 행복했지
그 주제의 주위를 빙빙 돌면서
핵심으로 떨어지지 않도록
지엽적인 질문을 하면서

내 친구들이 죽을 거라는 걸 알았어
그중에 세 명이 시도했고
한 명이 죽었어
나는 여전히 어떻게 해야 할지 모르겠어

II.

나는 친구 중에 죽는 사람이 있을 거라고 예상했다. 우리는 소년이
었고 인원도 제법 많았다. 죽음은 삶의 일부처럼 느껴졌다. 나는 지금
까지 내가 독립적인 존재라고 믿어왔다. 주변 사람들에게 쉽게 무심해
질 수 있는 사람이니 누구든 떠난다고 해도 잘 지낼 수 있다고 생각했
다. 사람을 보내는 게 두렵지 않았다. 우리는 아주 전형적인 소년 무리

는 아니었다. 해로운 남성성의 함정들은 대부분 피해 갔지만 물론 전부 다 피할 수는 없었다. 우리는 현대적인 관점과 도덕률을 갖춘, 진보적이고 부유한 가정에서 자랐다. 가족들이 적극적으로 권하지는 않았지만, 우리의 감정을 이야기하는 것을 막는 경우는 거의 없었다. 우리의 우정은 플라토닉하지만 로맨틱했고 대화는 열려 있었다. 나의 감정에 관해 이야기하는 것이 전혀 부끄럽지 않았고, 나를 사랑하고 내 말에 귀를 기울이는 사람들이 있다고 확신했다. 우리는 서로 대화를 나누는 데 가장 많은 시간을 할애했다. 서로의 삶에 대해 속속들이 잘 알고 있었고, 서로에 대한 무한한 애정과 신뢰 속에 사춘기 시절을 함께 보냈다. (지금도 마찬가지지만) 내가 정신적으로 힘들어한다는 사실은 비밀이 아니었다. 그런 문제를 표현할 수 있는 적절한 언어이나 수단이 없던 때도 있었지만 우리는 서로의 문제들을 잘 알았고, 서로를 지지한다는 사실도 알았다. 서로를 믿었고 함께 있으면 모두가 괜찮으리라 생각했다. 우리는 죽음에 관해서도 이야기했다. 죽음은 추상적이었지만 우리의 세계 안에 존재했다. 이름이나 구체적인 내용을 거론하지는 않았지만, 죽음은 분명히 거기 있었다. 조건 없는 사랑과 솔직함으로 충만한 작은 무리였지만 우리 중 몇몇은 일찍 죽으리라는 사실을 어렴풋이 알고 있었다. 그저 우리가 소년이었기 때문이었다. 우리는 두렵지 않았다. 죽음은 단지 우리가 둘러앉은 긴 테이블의 한 자리를 차지하고 있는 존재였다. 나는 소년들의 삶에 깊이 자리 잡은 삶의 이런 측면을 한동안 잊고 살았다. 그런데 우리는 학교를 졸업하자마자 이 문제에 대해 끊임없이 생각할 수밖에 없었다. 겉으로는 즐거워 보였던 친구들이 정신질환과 말하지 못한 문제들, 그리고 자살 시도로 고통을 겪고 있던 것이다. 2019년 겨울에 카이가 자살로 목숨을 잃었을 때 나의 세상은 산산이 부서졌다. 예전에는 내가 괜찮을 거라고, 내가 독립적인 사람이라고 생각하곤 했지만, 사실은 그렇지 않았다. 나는 함께 자란 소년, 소녀들의 일부였고, 우리 중에서 어느 누구도 서로와 연결되지 않은 사람은 없었다. 서로가 없으면 우리는 괜찮지 않았다. 예전의 나는 죽음을 두려워하지 않았는데, 지금은 죽음이 너무나도 무섭다. 나의 죽음보다도 주변 사람들의 죽음이 더 두렵다. 그리고 (한때는 그토록 쉽게 받아들였지만 이제는) 소년들이 죽는다는 사실에 나는 한없이 괴롭다.

전화벨이 울릴 때마다 두렵다. 슬픈 표정을 한 남자나 소년을 볼 때마다 두렵다. 잠에서 깰 때마다 두렵다. 이 모든 두려움 위에는 더욱 강력하고 거센 감정이 존재한다. 나는 정말이지 너무 화가 난다. 내가 속했던 작은 무리를 떠올려본다. 진보적이고 현대적이면서 전통적으로 '여성적인' 성향의 소년들이었고, 침묵이라는 무거운 짐을 지지 말았어야 할 아이들이었다. 소년들은 말없이 고통을 견뎌야 한다는 생각이 이 세상에 너무나도 뿌리 깊게 박혀 있어서 우리는 상실과 고통을 겪는다. 지금 이 글을 쓰면서도 나의 정신건강에 대해 이야기하기가 걱정스럽고 부끄럽다. 사회가 겁나서가 아니라 내 머릿속에서 들려오는 목소리 때문이다. 이야기하지 말라고, 내 문제들은 인정받지 못할 거라고, 이야기할 만한 가치가 없다고 말하는 목소리가 내 귓전에 울리는 것만 같다. 행복한 소년들도 마음속으로는 친구들이 죽을 거라는 생각을 하면서 자라는 사실이 남자들의 집단의식 속에 깊게 뿌리박혀 있다. 소년들이 그런 생각을 하면서 자라서는 안 된다.

우리의 감정이 중요하고
이야기할 만한 가치가 있다는
깨달음 속에서 자라야 한다.
곰곰이 생각해 볼 만큼 중요하고

심각하게 받아들여야 할 만큼 무섭다는
깨달음 속에서.

우리는 모두 슬픔을 느낀다는 것, 그리고 그게 얼마나 멋진 일인지
깨닫는 것은 연대감을 키워 모두 하나가 될 수 있을 뿐 아니라, 그렇게
깊은 감정을 경험할 수 있다는 사실은 현기증이 날 정도로 고조된 감정
도 경험할 수 있다는 말이다. 얼마나 아름다운 가능성인가.

III.

나와 내 주변 사람들은 해결책을 찾기 위해 수없이 노력했지만 궁극
적인 해결책은 결국 하나도 없었다. 남성의 정신건강을 저해하는 일은
너무나도 깊이 자리 잡고 있고 조직적으로 이루어지기 때문에 이 문제
에 관해서는 간단한 해결책이 없다. 우리는 언제나 열려 있는 모임이었
지만 지난 1년 동안에는 마음을 더 활짝 열 필요가 있었다. 그리고 우리
는 큰 노력을 기울여 감정에 관해 이야기하는 법을 익히게 되었다. 완벽
하지는 않지만 우리는 목표를 달성해나가고 있다. 누군가가 아까운 목
숨을 잃기 전에 이루어졌어야 할 일이다. 이는 단지 소년들에게만 국한
되는 것이 아니라 모든 사람에게 영향을 미치는 문제다. 그동안 자주 그
래왔듯이, 나는 이 문제에 관해서 내가 아끼는 소년들에게 조언을 구했
다. 그 답변들을 모아서 소개하고자 한다. 크라우드소싱을 통해서 얻은
답변들은 완전하지도 완벽하지도 않지만, 친구들의 진심 어린 조언에
는 사랑과 진실, 두려움이 담겨 있다. 슬픔을 경험했고, 치명적인 침묵
의 결과로 친구들을 잃고 자기 자신마저 잃어버렸던 그들은 모두 누군
가를 돕고 싶고 구하고 싶다는 바람으로 조언을 건넸다. 그중에는 정말
로 도움이 되고 누군가를 구할 수 있는 조언도 있겠고 그렇지 않은 조언

도 있을 것이다. 하지만 적어도 이 친구들에게는 다른 이들과 나눌 수 있는 좋은 이야기들이 있다. 소년들에게도 감정이 있고, 그들에게서 감정에 관해 이야기하는 법을 배울 수 있다. 누구도 이해하지 못할 것이라 생각할 때조차 누군가는 우리를 이해할 수 있다는 사실을 일깨워줄 것이다. 내가 사랑하는 열 명의 소년들에게서 들은 이야기를 아래에 남긴다. 이 친구들은 언제나 나를 도와주고 이끌어주었고, 나와 같은 슬픔을 경험했다. 그들은 내가 혼자가 아니라는 사실을 거듭 일깨워준다.

- 불안한 뇌가 지어내는 생각들을 믿지 마라. 그 생각들에 관해 이야기하다 보면 다 불안과 걱정으로 가득 찬 허구라는 사실을 깨닫게 될 것이다.

- 〈페리스의 해방Ferris Bueller's Day Off〉을 추천한다. 아무래도 이 영화를 보는 것보다 더 즐거운 일은 없다.

- 때로는 나와 내 생각을 분리하는 것이 중요하다. 자신의 추측과 관점이 모두 진실이라고 믿게 마련이지만 우리의 판단은 종종 틀린다. 객관적인 시각에서 자신의 생각을 바라보는 것이 중요하다.

- 명상과 마음챙김은 내 생각과 나 자신이 별개라는 사실을 깨닫는데 도움이 된다. 그러면 부정적인 감정에 짓눌리지 않을 수 있다.

- 나 자신과 나의 가치에 대한 다른 사람들의 의견을 모두 안다고 철석같이 믿기 쉽지만 모든 것은 관점에 달려 있다. 그러니 상담치료사든, 친구든, 부모님이든, 다른 사람들에게 이야기하는 것이 정말

중요하다. 머릿속에 떠오르는 생각들에만 빠져서 살지 마라.

- **한바탕 실컷 우는 게 최고다.**
  더 큐어*가 뭐라고 했든 간에
  소년들도 진짜 잘 울 수 있다.

- 마음은 합리화하는 능력이 매우 뛰어나다는 사실을 기억하라. 불안한 확신에 빠져서 마비 상태가 되지 않으려면 반드시 외부의 관점이 필요하다.

- 올바른 질문을 던지되 '올바른 대답'은 받아들이지 마라.

- 우리 자신에게, 그리고 우리 주변의 사람들에게 형식적인 인사말과 에티켓을 넘어서 솔직한 이야기가 나올 때까지 질문하라. 누군가가 "잘 지내"라고 답했을 때 더 할 수 있는 질문들이 열다섯 가지는 된다.

- 좀 이기적이어도 괜찮다. 그런 적이 거의 없으니까.

- 마음이 편한 행동을 하고 그 밖의 다른 문제들과 압박감에 대해서는 걱정하지 마라. 자신이 행복해지는 일을 하라. 진부한 이야기처럼 들리겠지만, 실제로 원하는 일을 하지 못하거나 해서는 안 될 것 같은 압박감을 느낄 때가 종종 있다. 원하는 일을 하지 않으면 결국

---

* 〈소년은 울지 않는다Boys Don't Cry〉라는 노래를 발표한 영국의 록 밴드.

불행해진다.

- 느껴야 할 것만 같은 감정을 느끼려고 애쓰지 말고 자신의 감정을 있는 그대로 느껴라. 친구들과 이야기를 나눌 때도 마찬가지다. 말하고 싶은 대로 말하라. 말하거나 물어보기에 옳거나 그른 것은 세상에 없다. 진지한 이야기든 아니든 간에 이야기를 하는 행위 그 자체가 가장 중요하다.

- 기분이 나아질 때까지
  자신에 대해 이야기를 하라.

- 혼자가 아니라는 사실을 서로에게 자주 일깨워주자.

- 자신의 직감을 인정하되 무턱대고 따르지는 마라.

- 심호흡을 하라.

- 소년들은
  때로는 그들에게 강요되는
  특징들을 주의해야만 한다.

- 어떤 특성이건 경험해볼 수는 있겠지만 그것이 자신의 진짜 성격을 흡수해버리지 않도록 하는 것이 중요하다. 그 결과로 인격의 위기가 발생하면 지독하게 불행해질 수 있다. 그러나 특성이 자신을 길들이도록 내버려 두는 것이 아니라 자신이 그 특성을 길들이면

훨씬 더 행복해지고 자기만족이 더욱 높아질 것이다.

• 나는 내가 우울증에 걸렸다는 사실을 결코 인정하고 싶지 않았다. 내 감정들을 깨닫고 인정하고 싶게 만든 유일한 활동이 글쓰기였다. 그래서 나는 가장 큰 도움이 된 글쓰기에 집중했다. 목록을 써 내려가듯 종이에 지금 느끼는 감정들을 써보라. 종이에 적고 나면 정신질환을 극복할 수 있다는 생각이 든다. 자신의 목소리를 듣고 자신의 글을 볼 수 있기 때문이다. 내면의 적이 머릿속에 추상적인 목소리들로 울리는 것이 아니라 눈으로 명확하게 볼 수 있는 대상이 된다. 그러면 그 적을 물리칠 수 있다.

• 다른 소년들처럼 나도 내 감정에 대해 말하지 않는 편이었다. 그렇게 감정이 점점 안 좋게 커지도록 내버려 둔 결과 죽고 싶은 지경에 이르렀다. 글쓰기와 독서 덕분에 이런 감정들이 정당하다는 것을 받아들일 수 있게 되었다. 내가 처한 상황을 알고 있던 한 교수님은 내가 혼자가 아니라는 사실을 알 수 있도록 여러 편의 글을 보내주셨다.

• **친구들에게**
사랑한다고 **말하라.**

조니 벤저민 Jonny Benjamin | 정신건강 운동가, 작가, 유튜버

도움을 청하라

나는 지금 정신병원에 있다. 최근에 병이 재발해서 입원했다. 이번이 **여섯 번째** 입원이고 최근 5**개월** 안에는 **두 번째** 입원이다.

스무 살이었던 **11년** 전에 처음으로 조현정동장애˙ 진단을 받았을 때가 첫 번째 입원이었다.

부담스럽게 숫자들이 너무 많이 나와서 미안하다. 왜 그런지는 모르겠지만 어릴 때부터 나는 이상할 정도로 숫자를 정말 좋아했다. 자라면서도 내 인생은 숫자를 중심으로 돌아갔다. 예를 들어 시계가 27분을 가리키면 나는 친할머니가 돌아가실 것만 같아서 기도를 해야만 했다. 만약 시계가 34분을 가리키면 외할머니가 돌아가실 것만 같아서 또 다른 기도를 해야만 했다.

다행히 지금은 이런 의식을 따를 필요가 없다. 두 분 다 이미 세상을 떠나셨기 때문이다. 하지만 이제는 나의 마음이 예전처럼 나를 지배하지 않아서이기도 한다.

그런데 또 어떨 때는 내가 여전히 마음에 휘둘리고 있다는 사실을 깨닫고 갑자기 모든 것이 달라진다. 정신병이 심해지면 나는 완전히 다른 사람이 되어버린다. 이쯤에서 내가 다른 사람에게 폭력적인 행동을

˙ 분열정동장애. 정신분열정동장애로도 불리며, 조현병 등 정신증적 증상과 양극성장애 등 기분장애 증상이 혼재될 때 내리는 진단명이다.

한 적은 결코 없다는 점을 힘주어 말하고 싶다.

할리우드 영화를 보면 정신병을 겪는 사람은 모두 위험하고 치명적인 행동을 하는 것 같지만 연구 결과에 따르면 그런 경우는 드물다.[*]

정신병이 심해지면 나는 다른 사람들이 나를 해칠까 봐 더욱 두렵고 겁이 난다.

정신병을 앓을 때는 현실을 완전히 왜곡해서 인식한다. 때로는 내가 〈트루먼 쇼〉의 주인공이 된 것만 같다. '트루먼 쇼 망상TSD, Truman Show Delusion[**]'이라고 불리는 현상이다. 이럴 때는 주변 사람들이 나의 믿음에 반하는 주장을 해도 나의 뇌는 나만의 생각 속에 굳게 갇혀 있다.

이보다 더 두렵고 뒤틀린 상황은 생각이 자살을 바라보는 순간이다. 내가 목숨을 끊어야만 어떤 목적을 이룰 수 있고, 남겨두고 떠나가는 이 세상에도 좋을 거라는 생각을 하기 시작하면 누군가의 도움이 절실하게 필요한 상황이다.

나의 정신건강은 어린 시절에 비해 전반적으로 나은 상태이다. 이제는 특정한 의식을 따르지 않아도 되고, '악마'의 목소리를 듣거나 심하게 우울한 기분을 감추지 않아도 된다. 하지만 나와 내 주변 사람들이 가장 걱정하는 문제는 내 정신질환이 급성으로 안 좋아지는 시기가 있다는 점이다.

5월 1일, 내일이 되면 나는 퇴원할 예정이다. 상당히 걱정스럽지만 약과 명상 등이 정신건강을 유지하는 데 도움이 될 거라 믿는다.

---

[*]   www.time-to-change.org.uk/about-mental-health/types-problems/schizophrenia
[**]   www.ncbi.nlm.nih.gov/pubmed/22640240

가장 중요한 것은

이제는 내가 필요할 때

이야기할 수 있고

도움을 청할 수 있다는 사실을

알고 있다는 점이다.

실제로 도움을 청할 수 있는 용기를 내기 위해 애쓰느라 성년 시절 대부분을 보냈다. 나는 언제나 말을 할 자격이 없는 것 같은 기분이 들었다. 하지만 이제 나는 도움이 필요할 때 전화기를 들고 전화번호를 누를 힘이 생겼다. 부모님에게든, 친구한테든, 아니면 위기 대응 서비스에든 말이다. 결국 숫자는 여전히 나에게 정말 중요하다.

푸르나 벨 Poorna Bell | 작가, 편집자, 디지털 컨설턴트

이봐, 당신 | 세상을 떠난 남편의 우울증에 부치는 공개서한

이봐, 당신. 그래, 당신 말이야.

이리 와, 부끄럼 타지마. 수줍음은 당신에게 어울리지 않아. 나는 당신이 내가 사랑하는 사람의 뇌 안에서 무대를 장악하는 모습을 지켜봤거든.

속삭이지 마. 당신의 목소리가 얼마나 귀청이 터지도록 시끄러운지 우리 둘 다 잘 알잖아. 그이가 침대에 누워서 꼼짝 못 할 정도였지. 당신의 결심은 얼마나 원대하고 단호했는지. 부드러운 베개 안과 햇빛을 가리는 두꺼운 커튼의 무게 속에 숨겼지만 말이야.

4년 전 그이가 스스로 목숨을 끊었을 때 나는 당신에게 **"살인자!"**라고 비명을 지르고 싶었어. 결국 당신이 이겼다고 생각했지. 그이가 세상을 떠나서 내가 우울증을 겪었을 때 나는 당신이 나까지 데려가려한다고 생각했어.

하지만 이제 나는 플렉시글라스*를 통해서 당신을 바라보고 있는 것만 같아. 당신은 나를 만질 수도, 해칠 수도 없어.

당신은 내 주변에 있으면 나를 만날 수 있다고 생각할지도 몰라. 내가 오랜 친구라도 되는 듯이 내가 지나는 길을 따라 이리저리 거닐 수도 있겠지. 꿈 깨. 당신 같은 불청객을 환영할 생각은 추호도 없으니까.

---

* 유리처럼 투명한 아크릴 수지.

나는 이미 한 번 당신을 배웅했으니까 이번에도 그렇게 할 거야.

나는 당신이 어떻게 그렇게
힘이 세졌는지 궁금했어.
그러다 이런 생각이 떠올랐지.
우리가 당신에게 건넨 가장 큰 무기는
눈에 보이지 않는 투명 망토였어.

당신이 자기 삶의 일부라고 로브가 나에게 말했을 때 나는 당신에
관해서 아무것도 몰랐어. 누군가가 낯선 팝스타의 이름을 말하는 것
같았어. 그이가 하는 이야기에 고개를 끄덕였지만 사실은 무슨 말인지
몰랐어.

그렇게 당신은
낙인과 침묵의 레이더 아래로
숨어들었어.
너무도 조용히 움직여서
나는 알지 못했어.

더 스페셜스와 닐 영, 길 스콧 헤론의 음악을 크게 틀어놓곤 했던 그
이가 음악을 전혀 듣지 않는 사람으로 서서히 변해갔지. 그 모습을 지
켜보면서도 "난 괜찮아"라고 말하던 사람은 남편이 아니라 당신이었다
는 사실을 나는 전혀 알지 못했어. 튤립과 알리움*, 희귀한 품종의 백합

*   '무한한 슬픔'이라는 꽃말을 지닌 백합과의 꽃.

들로 가득했던 정원이 그이의 자랑거리이자 기쁨이었는데, 그렇게 아름다웠던 정원이 엉망으로 헝클어진 이유가 바로 당신이었다는 사실도 전혀 알지 못했지.

그이의 몸이 쇠약해지는 걸 보고서야 나는 의심스러웠어. 등에 새겨진 문신부터 엉덩이의 곡선까지 마치 내 몸처럼 잘 알고 있던 그이의 모습이 점차 야위어갔지. 퇴근해서 집에 돌아온 내가 휴지통을 열어보면 그 안에는 아무것도 없었어. 그이는 굶고 있었어. 그이 대신에 당신이 포식하고 있었으니까.

내가 모르는 것들이 너무나도 많았어. '그저 침대에서 일어나는 일'로 그이의 기분이 나아지지 않는다는 사실을 알았더라면 좋았을 텐데. 사람들은 당신을 그저 정신질환으로 치부했지만, 당신은 신체에도 선명한 악영향을 미친다는 걸 내가 알았더라면.

그 당시에 내가 당신에 대해 더 많이 알았더라면 그이를 더 잘 돌볼 수 있었을 거라는 생각에 안타까워. 하지만 지금 우리가 사는 세상은 분명히 예전과는 많이 달라졌어. 이제는 당신을 더 잘 알게 되었고 우리는 더 철저히 준비하고 있어. **당신을 이해하고, 당신과 맞서 싸우고 다른 사람들을 도울 수 있도록.**

이제 나는 당신을 알아보는 방법을 알아. 당신이 다른 사람에게 둥지를 틀면 나는 알 수 있어. 그 사람의 마음속에 있는 두꺼비집에 손을 뻗어서 스위치를 하나씩 탁탁 끄고 있는 모습이 내 눈에는 보여.

당신이 알아야 할 게 하나 있어. 당신이 그이에게 끔찍한 일들을 저지르고 우리에게서 모든 것들을 앗아갔지만 나는 그이의 진짜 모습을 잊지 않았어.

상태가 호전되는 날에 남편은 원래 모습으로 돌아왔어. 그이는 여전히 다정했고 우리 반려견을 품에 꼭 안아주었어. 여전히 재미있는 5행시를 지어서 친구들을 골려주었고, 주방에서 멋진 요리를 뚝딱 만들어 냈고, 돌리 파튼의 음악에 맞춰 춤을 추었고, 봄이 오면 식물을 심을 화분을 준비했어.

당신이 우리 집에 와 있던 몇 주, 몇 달 동안 우리는 다시 정상적인 삶을 살 수 있을지 걱정하곤 했어. 하지만 지금 돌아보면 내 생각이 짧았어. 그때 우리의 삶은 완벽하진 않았지만 사랑으로 가득 차 있었어. 당신의 손아귀 안에 인질로 잡혀 있으면서도 그이가 해낸 모든 일을 떠올려보면 그를 더 사랑하고 존경하게 돼.

그러니까 명심해. 나는 당신을 알아. 허락도 없이 우리 집에 들어온 당신을 나는 결코 잊은 적도, 용서한 적도 없다는 걸 기억해. 그리고 다른 누군가의 집에서 당신이 또 수작을 부리고 있는 게 내 눈에 띄면 나는 절대 잠자코 있지 않을 거야.

내가, 그리고 수많은 다른 사람들이 당신을 잡으러 갈 거야.

허니 로스 Honey Ross | 작가, 프로듀서, 핑크 프로테스트PINK PROTEST 공동 창립자

자신에게 맞는 약을 찾는 일

| 그리고 런던 사람들 절반과 함께 밤을 불태운 일에 관하여

트리거 워닝: 성폭행, 강간

지금 돌아보면 청소년기에는 내가 항우울제를 복용하지 않는다는 사실에 왠지 만족스럽고 우쭐한 기분이 들었다. 내가 그랬다는 걸 처음 인정한다. 아마도 정신건강과 관련된 낙인 때문이었던 것 같다(내가 그런 걸 진짜로 심각하게 신경 쓴 적은 없었지만). 그 당시에 나는 정신건강 문제들 때문에 끝이 보이지 않는 나락에 빠진 거나 마찬가지였다. 그런데도 여전히 '약이 정말 중요하고 약으로 효과를 보는 사람들도 있지만 나는 상담치료만 받아도 충분하다'며 장광설을 늘어놓곤 했다. 정신건강에 대해 바른말을 한다면서 젠체하고 매주 한 번씩 상담치료만 받으면 악마들을 막아낼 수 있다고 남몰래 기뻐하던 내 모습을 떠올리면… 지금 생각하니 민망해서 속이 메스꺼울 정도다.

업보인지 인과응보인지는 모르겠지만 아무튼 세상사가 다 그렇듯이 가족이 위기를 겪으면서 나는 깨달음을 얻었다. 자살 충동에 시달리던 나는 새로운 정신과 의사의 반짝거리는 진료실에 앉아 있었다. 나는 그때 정신과 의사를 처음 만났고 소개팅의 주선자는 다름 아닌 우리 엄마였다. 우울증이 더욱 심해져서 매일 눈물 바람으로 지내던 내가 걱정스러우셨나 보다. 의사는 나에게 에스시탈로프람*을 처방했다.

---

* 항우울제의 일종.

처음 약을 먹은 날에는 가족과 함께 스키 휴가를 보내던 중이었다. 우울증에 걸린 아이한테 스키 리조트라니, 세상에. 약을 복용하면 초반에는 과민해질 수 있으니 주의하라는 말을 들은 상태였다. 내가 어떤 사람인지 조금이라도 안다면 그게 얼마나 무서운 일인지 이해할 수 있을 거다. 나는 기어 다닐 때부터 '예민하다'는 소리를 듣던 아이였다. 하지만 그때는 내가 몇 달 동안이나 아무런 감정도 느끼지 못하던 시기였다. 어쩌면 눈물을 쥐어짜낼 수 있을지도 모른다고 생각하니 한없이 설렜다. 내 감정이 어떤 모습이었는지 완전히 잊어버린 지 오래였다. 활동적인 우리 엄마는 뉴잉글랜드의 눈 덮인 숲에서 스노모빌을 예약해둔 상태였다. 만반의 준비를 하고 약을 먹은 후에 스노모빌에 올라탔더니 곧바로 눈물이 쏟아졌다. 우리는 가공할 만한 속도로 가파른 언덕을 미끄러져 내려갔다. 간간이 나무와 커다란 바위들이 스쳐 지나갔고 나의 몸속에서는 세로토닌의 재흡수가 억제되는 중이었다. 감정들아 안녕. 드디어 다시 돌아왔구나.

항우울제와의 첫 만남을 돌이켜보면 고등학교 시절의 남자 친구를 떠올리는 기분이 든다. 부모님도 남자 친구를 마음에 들어 했고 남자 친구도 내가 원하는 건 뭐든 다 해주려고 애썼지만 우리는 인연이 아니었다. 나는 6개월 동안 〈포켓몬스터〉에 나오는 잠만보처럼 미적거리며 꾸역꾸역 약을 먹었고 항상 기진맥진한 상태였다. 무기력하고 예민해졌으며 항우울제를 처음 복용했을 때 느꼈던 부드럽고 포근한 느낌은 사라져 버렸다. 나는 패배자가 된 기분으로 친절한 정신과 의사에게 돌아갔다. 어쩌면 우쭐거렸던 10대 시절의 생각이 옳았는지도 모르겠다. 항우울제로 효과를 보는 사람들도 있지만 나는 아니었나 보다. 그냥 상담치료에나 좀 더 집중해야겠다고 생각했다.

우리는 약 복용을 다시 시도했고 의사는 나에게 넉 달 분량의 설트

랄린˙을 처방해주었다. 이번에는 모든 문제가 다 해결되어서 잘 지냈다고 말할 수 있다면 좋겠지만, 나의 상태는 오히려 안 좋아졌다. 강박적으로 과식을 했는데도 전혀 배가 부르지 않았다. 스스로에게 화가 났고 항상 지쳐 있었다. 살면서 그렇게까지 불안하고 막막했던 적이 없었다. 약을 복용하기 전보다 우울증이 심해졌다. 물론 단지 약 때문에 내가 그렇게 된 것은 아니었다. 나는 고립되어 있었고 해로운 친구들과의 관계에 얽매여 있었다. 그렇다고 해서 나의 비밀스러운 그 행동을 합리화할 수는 없다(내가 그랬다는 것이 정말 부끄럽다).

나는 아무에게도 알리지 않고
약 복용을 중단했다.
절대로 몰래 약을 끊지 마라.
약을 복용하는 사람에게
이건 기본 중의 기본이다.
그건 정말 위험하고 바보 같은 짓이다.

결국에는 엄마한테 들켰고 그 일로 공항 셔틀버스 안에서 크게 다퉜다. 나는 사람들이 다 보는 앞에서 대성통곡을 하고 말았다.

그렇게 나는 항우울제와의 관계를 정리했다. 지독한 이별 때문에 나, 친한 친구들, 가족들의 마음을 어지럽혔지만 나는 해방감을 느꼈다.

그 후로 2년이 흘러서 나는 잠시 약을 복용했던 일을 애틋하게 생각하며 말하곤 했다. "아참, 맞아. 나도 전에 약을 먹어봤는데 나한테는 안 맞더라. 물론 약이 크게 도움이 되는 사람들도 있겠지." 남들의 대화

* 항우울제의 일종.

에 끼어들어 이런 말을 하곤 했다. 그렇게 틀에 박힌 말을 늘어놓다니. 참 이상하기도 하지.

그러던 어느 날 끔찍한 사건이 일어났다. 내가 강간을 당한 것이다. 이 사건에 비하면 그때까지 내가 알고 있다고 생각했던 우울증에 관한 모든 것들은 아무것도 아니었다. 앞으로도 다시는 겪고 싶지 않을 지독한 암흑이 찾아왔다. 예전의 멍한 기분이 드는 게 아니라 날것 그대로의 불타는 감정이 끊임없이 온몸을 휩쓸었다. 나는 어린아이처럼 바닥에 누운 채로 흐느꼈다. 친한 친구가 거의 매일 밤 우리 집에 와서 내 곁에서 같이 잤다. 아빠는 내 어릴 적 사진을 보내주며 "너는 여전히 이 사진 속 소녀란다"라고 말씀하셨다. 나중에 시간이 흐르고 거리를 두고 나서야 아빠에게 고마워할 수 있었다. 나는 잃어버릴까 두려워해야 하는 줄도 전혀 몰랐던 나의 한 부분을 잃어버린 것에 대해 비통해했다. 친구들과 가족들은 푹신한 곰 인형처럼 나를 감싸주었고 내 마음을 지켜주었다. 그 사람들이 없었다면 나는 죽었을지도 모른다. 이 시기에 내 인생에 다시 나타나서 틀어진 사이를 만회할 기회를 준 것이 있었다. 바로 항우울제였다. 심발타라는 이름의 둘록세틴˚이 내가 살아남을 수 있도록 안전망을 제공해주었다.

아침에 일어날 수 없을 때도 심발타에 의지할 수 있었다. 이전에 시도했던 약들은 사람들이 흔히 복용하는 선택적 세로토닌 재흡수 억제제SSRI 계열이었는데 이와 달리 내 사랑 심발타는 세로토닌-노르에피네프린 재흡수 억제제SNRI 계열이었다. 이 사랑스러운 아이는 세로토닌과 노르에피네프린의 재흡수를 둘 다 막기 위해 초과근무를 했다. 솔직히 내 인생을 통틀어 무생물에게 이렇게까지 고마웠던 적은 없었다.

•　　우울증 외 여러 가지 원인으로 나타나는 통증을 개선하는 약물.

내가 처음 이 약을 먹던 날에는 언니가 친구랑 같이 우리 집에 와서 온종일 내 곁을 지켜주었다. 정신과 의사의 말로는 적응 기간에는 감전이라도 된 사람처럼 흥분에 휩싸일 거라고 했다. 의사의 말이 맞았다. 언니는 내가 흥분한 상태로 집 안에서 미친 듯이 날뛰는 모습을 지켜보았다. 무려 세 살 때부터 채식주의자로 살아온 언니에게 내가 피시 소스가 들어간 태국 커리 페이스트를 먹일 뻔했을 때도 언니는 화를 내지 않았다. 나는 약에 살짝 취한 상태였지만 그래도 내가 요리를 할 만큼 기운이 난 건 한 달 만에 처음 있는 일이었다.

심발타를 복용한 초반에 겪는 일시적 흥분 효과뿐만 아니라 의사는 다른 부작용들도 주의할 필요가 있다고 경고했었다. 성욕이 폭발적으로 강해질 가능성이 있다는 것이었다. 나는 그 말을 듣고 의사가 보는 앞에서 웃어댔다. 그때는 다시는 섹스를 하지 않을 거라고 생각했다. 하지만 심발타는 다른 생각을 품고 있었다.

발정 난 고양이를 보고 안쓰럽다는 생각이 든 적이 있는가? 괜스레 야옹거리고 바닥에 몸을 비비며 어떻게든 욕구를 해소하고 싶어서 필사적인 고양이 말이다. 그게 바로 심발타를 복용한 후 처음 6개월 동안의 내 모습이었다. 나는 런던에서 가장 슬프고 성적으로 흥분한 여자였다. 나에게 성생활이 항상 중요하긴 했지만 이렇게 과도한 성욕은 난생처음 겪어보았다. 마치 내가 섹시한 여자의 페로몬을 마구 뿜어내는 것 같았다. 친구들과 클럽에 가서 주위를 둘러보다가 어떤 남자와 눈이 마주치면, **쾅!** 바로 우버를 잡아 밤새도록 섹스를 하리라는 것을 알고 있었다. 나 자신도 원하지 않았던 가장 이상한 초능력이었다. 강력한 성욕에는 엄청난 책임이 따르는데, 그때의 나는 심적으로 책임을 질 수 있는 상태가 아니었다. 심발타와 나는 목마른 털북숭이 고질라처럼 계속 런던을 누비며 광란의 밤을 보냈다. 그런데 그 덕분에 내가 수년간 직면할 수 없다고 치부했던 친밀감 문제를 해결할 수 있었다. 이렇게 혼란스러울 정도로 강렬한 성욕을 느끼지 않았더라면 내가 얼마나 오랫동안 닫힌 채로 혼자서 살아갔을지는 아무도 모른다.

트라우마를 겪은 후에 검사를 받았을 때 어느 무신경한 의사가 만에 하나 이런 일을 또 당하더라도 임신 걱정을 하지 않도록 피임법을 쓸 의향이 있는지 물어보았다. 나는 눈물을 왈칵 쏟아내며 다시는 남자가 내 몸에 손도 못 대도록 할 거라고 쏘아붙였다.

심발타는 나를
함부로 판단하지 않고
나를 지지해주는
최고의 친구이자 조력자였다.

어느 날 내가 클럽에서 만난 두 번째 남자와 키스할 때 심발타는 댄스 플로어 옆에 서서 "바로 그거야!"라고 외쳤다. 심발타는 자기가 맡은 몫 이상을 해냈다.

이 이야기를 후련하게 마무리할 수 있다면 좋겠지만 그럴 수 없다. 고통이 점차 줄어들고 있기는 하지만 나는 여전히 내가 겪은 사건으로 인한 트라우마 속에서 살아간다. 그건 상당 부분 심발타 덕분이다. 하지만 내가 평생 이 약을 먹으리라고 굳게 확신할 수 있을까? 물론 아니다. 어쩌면 심발타는 그저 20대 시절의 내가 너무나도 사랑했던 멋진 친구일지도 모른다. 먼 훗날 내 아이들에게 이야기할 그런 친구. 마법 같은 친구가 내 인생에 찾아왔고 아침에 자리에서 일어날 수 있도록 도와주었다.

그러니까 내가 해줄 수 있는 말은
이게 전부다.
어떤 일을 겪고 있다면
계속 앞으로 나아가라.
그리고 자신에게 잘 맞는
항우울제를 찾고 있다면
계속 찾아가라.

그리고 항상 콘돔을 사용하라.

알렉시스 코트 Alexis Caught | 작가, 팟캐스트 〈큐뮤니티QMMUNITY〉 진행자

슬픔의 맥락

이 에세이를 시작하기 전에 먼저 주의사항을 일러두겠다. 사회적 소수자라면 알겠지만, 우리는 우리가 속한 커뮤니티의 유일한 대변인으로 비춰지는 상황을 경계한다. 나는 남성 동성애자이기는 하지만 결코 눈부실 만큼 다양한 LGBTQ+*스펙트럼 전체를 대표해서 말할 수는 없다(그래야 할 필요도 없다). 또한 호모포비아로 가득한 세상에서 지금까지 살아오면서 나도 겪을 만큼 겪어봤고 아직도 감정의 응어리와 문제들이 남아 있지만, 내가 백인이고 '이성애자로 보이는 특권'이 조금이나마 있기에 다른 퀴어 형제자매들과 비교해서 세상 최악의 경험은 하지 않았다는 사실도 잘 알고 있다. 하지만 내가 상처 하나 없이 무탈하게 살아온 건 아니다. 아마도 그런 사람은 거의 없겠지만.

그러니까 나는 나의 시각에서만 글을 쓸 수밖에 없는데, 주변을 둘러보면 이런 의문이 든다. 왜 나 같은 사람들이 정신적으로 더 많이 고통받는 걸까? 물론 (천만다행으로) LGBTQ+ 사람들 모두가 정신건강과 관련된 문제를 겪는 것은 아니지만, 그에 관한 무시무시한 통계 수치

◆ LGBT, LGBT+로 불리기도 하는 LGBTQ+는 레즈비언, 게이, 바이섹슈얼, 트랜스젠더, 퀴어 정체성을 지닌 사람들을 뜻한다. 여기서 +는 무성애자Asexuality, 범성애자Pansexuality 및 퀘스처닝 Questioning(자신의 성 정체성에 의문을 지니고 탐색 중인 사람), 논바이너리Non-Binary(남성도 여성도 아닌, 이분법적인 성 정체성에 속하지 않는 사람), 젠더 플루이드Gender Fluid(성 정체성이 유동적인 사람) 등 다른 성별·젠더 경험들을 포괄적으로 가리킨다.

를 보면 잠시 깊은 생각에 잠기게 된다. 우리가 스스로 붙인 '게이gay'라는 이름은 원래 '행복'을 가리키는 단어인데 말이다. 2019년에 우리는 법 앞에서 완전히 평등한 권리를 누리고 있다는 말을 듣는다. 지금껏 이렇게 좋은 시절은 없었다고, 호모포비아는 구시대의 산물이라고(비록 우리는 그 말이 사실이 아니라는 것을 알지만). 하지만 왜 우리의 감정 상태를 반영하는 정신건강은 그만큼 나아지지 않은 걸까?

내 생각에는 그 원인 중 하나가 슬픔의 맥락인 것 같다.

놀이터에서 친구들과 함께 뛰어놀던, 순수했던 어린 시절이 떠오른다. 내가 대여섯 살 때는 다들 '뽀뽀 술래잡기Kiss Chase'를 하고 놀았다 (지금 생각하면 상당히 문제가 있는 놀이지만 90년대에 아이들은 그렇게 놀았다). 남자아이들은 여자아이들을, 여자아이들은 남자아이들을 쫓아다녔고 그러다 누군가가 잡히면 뽀뽀를 했다. 나는 여자아이들이 아니라 잭을 따라다니고 싶었다. 다섯 살밖에 안 되었을 때고 아무도 나에게 그런 말을 한 적이 없었지만 나는 잭을 따라다니고 싶어 해서는 안 되며, 그렇게 하면 놀림거리가 될 거라는 것을 알았다. 그래서 그냥 그 놀이를 하지 않았다. 혼자 우두커니 다른 아이들이 술래잡기하는 모습을 바라보면서 왜 나는 이런 기분이 드는 건지, 왜 나는 남들과 같지 않은지 생각했다. 나는 슬펐다.

이번에는 열두 살 때 들었던 스페인어 수업이 떠오른다. 스페인어로 자기소개를 하는 숙제가 있었는데, 자신의 이름과 사는 곳, 취미, 그리고 여자 친구나 남자 친구가 있는지를 말해보라는 것이었다. 우리는 돌아가면서 반 친구들 앞에서 질문에 답해야 했다. 한 남자아이가 일어나더니 **"내 남자 친구는**Mi novio…"이라고 말했다. 단순히 여성명사와 남성명사를 실수로 혼동했을 뿐인데 선생님이 "너한테 남자 친구가 있다고?"라며 놀렸고 반 아이들은 폭소했다. 나는 식은땀이 흘렀고 속이 메스꺼웠다. 남자아이에게 남자 친구가 있다는 게 비웃음을 살 만한 일이라니. 나는 부끄러웠고 슬펐다.

몇 년이 흘렀고, 호모포비아가 기승을 부리는 학교에서 나는 커밍아웃을 했다. 해방감을 느꼈지만 일상적인 비방과 폭력에 시달렸기 때문에 자유롭지는 않았다. 그래도 어쨌든 간에 졸업은 했다. (내가 다닌 공립학교의 '졸업생 무도회'에는 참석하지 않았다. 미국 학교의 프롬이나 영국 사립학교의 무도회와 비슷하지만, 더욱 시시하고 역겨운 자리였다. 내 파트너로 남자를 데려갈 수는 없었다. 게다가 커밍아웃한 아이는 나밖에 없었으니 나는 혼자였다.)

나는 자라서 어른이 되었다. 동성애자로서 수치심을 들여다보고 이 감정을 처리하기 시작했다. 나의 섹슈얼리티를 더욱 확신하게 되었고 무지개 아래에서 마음껏 춤추는 법을 배워나갔다.

스무 살이 되어서 나는 해리라는 남자와 데이트를 하게 되었다. 나는 갈색 눈이 반짝이는 해리에게 키스하고 싶었다. 정말 멋진 첫 데이트였다. 우리는 즐거운 시간을 보내며 함께 웃었고 서로를 유혹했다. 그날 밤이 끝나갈 무렵 뜨거운 눈길로 서로를 바라보았을 때 나의 심장은 세차게 뛰었다. 키스하게 될까? 우리는 점점 서로 가까워졌고 몸을 기울였다… 내가 그의 체취를 맡을 수 있을 만큼 가까이…. 눈을 감고 입술을 포개기 직전인 짜릿한 그 순간에, 한 남자가 우리를 밀치고 지나가면서 중얼거렸다. **"호모 새끼들."** 그 말 한마디가 데이트를 망쳐버렸다. 가슴 떨렸던 순간은 영원히 더럽혀졌다. 불꽃이 꺼져버렸고 나는 혼자 터덜터덜 집으로 돌아갔다. 나는 부끄러웠고 슬펐다.

2004년이 되었고 뉴스에서는 항상 나 같은 사람에 관한 토론이 벌어졌다. 우리가 결혼하는 것을 허용할까? 우리가 그럴 만한 자격이 있을까? 대부분의 미디어는 나의 사랑이 덜 중요하다고들 요란하게 떠들어댔다. 나 같은 사람들에게도 평등이 허용된다면 '결혼제도가 흔들릴' 거라고들 했다. 나는 덜 중요한 존재였고 평등을 누릴 수 없었다. 그래서 나는 슬펐다.

몇 년이 흘렀고 나는 진지하게 사귀고 있는 남자 친구와 함께 집을 알아보았다. 우리가 같이 사는 것은 처음이었다. 내가 사랑하는 남자와 함께 살게 되고 우리가 함께 이 단계를 밟아나간다고 생각하니 너무나도 설레고 흥분됐다. 나는 매력 없는 존재가 아니었다. 나는 사랑받고 있다. **(역겨운)** 부동산 중개인은 하마터면 우리한테 침실이 하나뿐인 집을 소개할 뻔했다며 농담을 지껄였다. 두 남자가 같은 침실에서 한 침대를 쓴다는 것은 웃음거리라는 사실을 그때 새삼 깨달았다. 내 존재 자체가, 내 사랑 자체가 웃음거리였다. 그래서 나는 슬펐다.

2018년이 되었고 한 친구가 자신의 고국인 가나로 사람들을 초대했다. 친구들은 설레는 마음으로 여행 계획을 세웠지만 나는 갈 수 없었다. 가나는 나 같은 사람들이 섹슈얼리티 때문에 투옥되거나 처벌받는 72개국 중 하나다. 나는 친구들이 환하게 웃으며 아무런 걱정 없이 그 나라를 돌아보고 추억을 함께 나누는 모습을 담은 사진들을 보았다. 그래서 나는 슬펐다.

나는 파트너와 함께 우리의 섹슈얼리티가 범죄가 되지 않는 곳으로 휴가를 떠났다. 노을이 지는 로맨틱한 순간을 함께 보내기 위해 해변으로 향할 때 사람들의 시선이 우리를 따라왔다. 심기가 불편한 얼굴로 입을 굳게 다물고 두 번, 세 번씩 대놓고 쳐다보았다. 저것 좀 보라며 팔꿈치로 쿡쿡 찌르고 고개를 끄덕이며 기분 나쁘게 히죽거렸다. 우리는 발길을 돌려서 남들의 눈총을 받지 않는 객실의 발코니에서 해가 지는 모습을 바라보았다. 휴가 중인데도 슬펐다.

기쁘고 즐거운 순간들은 정신건강과 관련된 문제들을 치유하는 약이 되지만 슬픔의 맥락이 이 약에 독을 퍼뜨린다. 외상 후 스트레스 장애처럼 과거의 트라우마를 자극하면서 즐겁고 행복한 순간들과 기념할 만한 일들을 만끽하는 것을 방해한다. 바로 이런 슬픔의 맥락으로 인해 심하지는 않더라도 트라우마를 재경험하게 되고, 진실하고 완전하게 앞으로 나아가서 온전히 행복한 삶을 누릴 수 없게 된다.

그런데 슬픔의 맥락은 왜 생겨나는 걸까? 어떻게 하면 이 문제를 해결할 수 있을까?

내가 겪는 문제들의 원인은
나의 섹슈얼리티에 대한
나 자신의 반응 때문이 아니다.
나의 섹슈얼리티에 대한
더 넓은 세상의 반응이
나에게 상처를 주고
나를 슬프게 한다.

(화를 내고 분개하고 때로는 변화하는 세상을 두려워하는 사람들이 측은하다는 생각도 든다. 어쩌면 그런 사람들이 남몰래 동성에 대한 욕구를 품고 있는 건 아닌지 의심스럽기도 하다. 하지만 이런 감정들에 대해서는 또 다른 에세이 한 편을 쓸 수 있을 것이다.)

우리는 호모포비아에 맞서 싸우고, 호모포비아를 몰아내고, 호모포비아가 과거의 산물이 될 수 있도록 해야 한다. 그건 LGBTQ+ 커뮤니티를 위해서만이 아니라 이성애자들을 위한 일이기도 하다. 호모포비아는 질식시켜서 생명을 앗아가는 덩굴식물과도 같다. 해로운 남성성 속에서 무성하게 자라나며 향기로운 꽃도 맺지 못한다. 이성애자 남성들은 자칫 나약해 보이거나 게이로 보일까 봐 목소리를 내지 못하고 부끄러움을 느낀다. 호모포비아에 대한 두려움과 남자답게 보이지 않을까 봐 두려워하는 마음 때문에 남성은 폭력적인 행동을 하고, 그들이 여성보다 우위에 있음을 드러내야 한다고 생각한다. 그들은 이런 방식으로 자신의 남성성을 과시하고 호모섹슈얼리티와 거리를 둔다(여성뿐만 아니라 같은 남성들 앞에서도 우위를 점하기 위한 헛된 노력을 한다).

우리는 호모포비아를 해결하기 위해
나서고, 맞서 싸우고, 근절해야 한다.
그래야만 모두가
호모포비아가 퍼트리는 독이 없는 세상에서
살아갈 수 있다.

그래야만 남성 이성애자들이 호모포비아에 대한 두려움 없이 살아갈 수 있다.

그래야만 여성 이성애자들이 호모포비아로 인한 부정적인 영향을 받지 않고 살아갈 수 있다.

그래야만 아이들이 호모포비아에 얽매이지 않고 자유롭게 자라날 수 있다.

그래야만 성소수자들이 호모포비아가 유발하는 억압에서 벗어날 수 있다.

그래야만 우리가 행복한 순간들을 온전히 누리고, 치유의 순간들이 우리에게 주는 효과를 느낄 수 있다.

슬픔의 맥락 없이.

켈레치 오카포Kelechi Okafor | 배우, 감독, 팟캐스트 진행자, 작가

나의 마음을 들려줄게

내가 파라세타몰*을 과다 복용했던 사건에 관한 글을 쓰는 것은 아마도 이번이 처음일 것이다.

대학에서의 마지막 해가 끝나가던 무렵이었다. 그때는 자살이 마치 학계 안팎에 제도적 인종주의가 만연한 상황에서 젊은 흑인 여성에게 가해지는 갖가지 질문들에 대한 해답처럼 느껴졌다. 게다가 어린 시절의 트라우마와 복잡한 가정환경까지 더해져서 지쳐 있던 나는 탈출구가 필요했다. 물론 그렇게 끔찍한 일을 저지르기 전에 일단 학업을 잘마쳤다. 나이지리아 가정에서 자란 나는 그만 살고 싶다는 생각이 들지언정 좋은 성적을 받을 만큼의 자존심은 지켰다.

모든 것이 정말로 암울하게 느껴졌다. 너무 많은 트라우마가 잔재하는 몸을 이끌고 살아가는 것 자체가 힘겨웠다.

그 사건이 나에게 각성의 계기가 되었다는 걸 당시에는 미처 깨닫지 못했다. 진부한 말처럼 갑자기 살아야 할 이유가 생긴 것이 아니라, 그 반대로, 조금 맥 빠지는 소리처럼 들릴지 몰라도, 내가 꼭 죽어야 할 이유가 없다는 사실을 알게 됐다.

지금 돌이켜보면 그때 나는 세상에 더는 존재하고 싶어 하지는 않았다고 생각한다. 다만 극심한 외로움과 자격지심에 시달리고 싶지 않

---

* 해열진통제 성분인 아세트아미노펜.

았을 뿐이다. 입 밖으로 꺼내지 못한 너무 많은 이야기들이 내 마음을 짓누르고 있었고, 그런 기분이 드는 건 우울증 때문이었다. 나는 말하지 못한 상처들의 무게에 짓눌려 무너지고 있었다.

내가 종종 어울려 지냈던 친구 중 한 명이 그 사건에 대해서 알게 되었고 몇 주 후에 나에게 이렇게 말했다. "네가 그런 일을 시도했다는 말을 듣고 깜짝 놀랐어. 너는 인기도 많고 노래도 잘 부르고 춤도 잘 추고 연기도 잘하잖아. 그런데도 인생이 행복하지 않은 거야?"

부끄러웠다. 감사한 줄도 모르는 사람이 된 것만 같았다. 주변 사람들은 내가 강인한 흑인 여성으로 살아가기를 바랐는데 그 기대에 부응하지 못해서 실망한 것 같았다. 그들의 눈에는 내가 재능이 많은데도 만족하지 못하고 욕심을 부리며, 더 안전한 것을 갈망하고 배부른 소리를 하는 사람처럼 보였을 것이다.

내가 약을 먹었던 날에는 당시 남자 친구가 우리 집에 와 있었다. 나는 방 안에 딸린 욕실에 들어가서 문을 잠그고 나가지 않겠다고 했다. 같은 집에 살던 사람들은 밖에서 구급차를 기다리며 겁에 질려서 숨죽인 목소리로 이야기를 주고받았다. 그런 상황에서도 가장 먼저 드는 생각은 '세상에, 나 진짜 호들갑 떨고 있네'였다. 내가 무너져가는 순간에 나조차도 스스로를 안쓰럽게 여기지 않았다.

나는 병원으로 실려갔고 남자 친구가 우리 엄마에게 전화를 걸어 소식을 전했다. 엄마는 엄격한 나이지리아 말투로 이렇게 말씀하셨다고 한다. "그 애가 자기 인생을 무책임하게 산다면 그건 자기 소관이지. 이런 짓도 다 관심받고 싶어서 그러는 거야. 그 애가 정신을 차리고 지성인답게 처신할 준비가 되면 그때 나한테 전화하든가 하라고 전해."

역겨웠다.

내가 이렇게 무너졌는데도 정신건강 관련 분야에서 간호사로 일하는 엄마가 그런 말을 했다는 사실이 역겨웠고, 그 말을 전하는 남자 친구의 표정에서 보이는 또렷한 비웃음이 역겨웠다. 그는 한 마디 덧붙였다. "이제 너한테는 나밖에 없구나." 내가 고립감을 느끼는 상황을 즐기는 듯했다. 나이지리아 여전사처럼 살아오면서 그동안 쌓아왔던 견고한 내 모습이 산산이 부서지고 있는데 그 광경을 맨 앞자리에서 구경할 수 있어서 재밌었을까.

나와 가까운 사람들은 우울해하고 불행해하는 것은 곤란하고, 더구나 진짜 '재능 있는' 사람은 그러면 안 된다고들 했다. 하지만 재능 있는 사람들도 지칠 수 있다. 육체뿐만 아니라 정신까지도 지칠 수 있다. 어린 시절에 잔인한 성적 학대를 당한 뒤로 정서적으로 절뚝거리면서, 흑인 여성에게 사회가 요구하는, 도달할 수 없는 수준의 자존감을 유지하기 위해 커다란 바위를 언덕 위로 밀어 올리면서, 그렇게 스물한 살까지 힘겹게 버티다 보면 지칠 수 있다.

그런 일을 겪은 후에 곧바로 치료를 시작했다고 말할 수 있다면 좋겠지만, 나는 1년여의 세월이 흐른 후에야 가까스로 용기를 내서 지역 보건의에게 치료를 요청할 수 있었다. 상담 전문가를 만나기 전 1년 동안 나는 다들 자기 자신만을 돌보느라 바빠서 나를 구해줄 사람은 아무도 없다는 사실을 깨달았다.

내가 치료를 받을 거라고 말하자 가족들은 쓸데없는 짓이라고 했다. "나이지리아 사람은 우울증에 걸리지 않는다"는 것이었다. 내가 우울하다면 그건 "신앙이 부족해서"라고 했다. 나는 여러 문화권을 막론하고 수많은 흑인이 정신건강과 관련된 도움을 청하려고 고민할 때 이와 비슷한 이야기를 듣는다는 사실을 안다. 우리는 마치 '가족의 이야기를 밖에서 떠들고' 싶어 하는 배신자가 된 기분을 느낀다. 물론 그들이 하는 말 중 사실은 없다.

우울증이라는 말을 아무도 입 밖에 내지 않는다 해도 나이지리아 사람들도 당연히 우울증에 걸린다. 실제로는 우울증을 인정한다고 해서 신을 믿지 않게 되는 것이 아니라 자기 자신에 대한 심각한 불신에 시달리게 되는 것이다. 치료를 받는 것은 가족을 배신하는 일이 아니다. 상담치료 때 털어놓은 이야기들은 기밀 사항으로 처리되며, 자신이 말한 것들을 제삼자가 알게 될 수도 있는 경우에는 구체적인 정황을 안내받는다.

**적절한 도움을 받는 것을 가로막는
젠더와 인종에 대해 논의하지 않고서
정신건강을 논의하는 것은 무의미하다.**

내가 가장 힘들었던 순간들에 엄마가 나에게 무엇이 필요한지 이해해주지 못했다는 사실은 나에게 큰 상처가 되었지만, 이제는 엄마를 원망하지 않는다. 정신건강 관련 분야에 종사하셨지만 정작 당신 아이들의 일에는 우리는 모두 '강해야 한다'는 문화적인 신념이 가장 먼저 작용했다. 그래서 나는 다른 흑인 여성을 강하다는 단어로 묘사하기가 조심스럽다. 그런 표현은 수 세기 동안 이어져 온 인종적인 비유이기 때문이다. 이는 흑인의 노예화를 합리화하고 흑인의 몸에 대한 개인적·집단적 침범을 합리화하는 역할을 해왔다. 흑인 여성들에게 이런 종류의 힘이 있어야 한다는 압력 때문에 그들은 냉정하고 무심하며 끊임없이 성과를 내야 한다는 요구를 받는다. 이 때문에 수많은 흑인 여성들이 죽어갔고 나는 그렇게 죽기를 거부했을 뿐이다.

우리 흑인 가족들의 의료·보건 업계에 대한 불신은 터무니없는 것이 아니다. 과학이라는 이름으로 그간 수백 건의 인종주의적 행위가 자행되었기 때문이다. 우리가 경험한 식민주의의 역사와 대서양 노예 매매의 역사가 있었기에, 상담치료사가 세대 내 트라우마를 충분히 이해하지 못한 채 상담 시간에 거론하는 문제들에 관해서만 이야기하는 것은 한계가 있다. 문득 오드리 로드Audre Lorde의 시 「생존을 위한 기도A Litany for Survival」가 떠오른다. "우리는 결코 살아남아서는 안 되었다."

오드리 로드의 언어는 나의 마음속에 절절하게 와닿는다. 토니 모리슨Toni Morrison이 가르쳐준 대로 결속을 방해하는 것도 인종주의의 기능이지만, 인종주의의 또 다른 기능은 멸종이라는 현상을 현대 사회 곳곳을 볼 때마다 깨닫는다. 노예화되고 식민화된 사람들이 현대 사회를 건설하고 그 과정에서 죽어나가기를 바라는 의도였다. 흑인들이 여전히 살아 숨 쉬고 있는 것은 그 자체로 반란이라 할 수 있다. 흑인다움blackness에 대해 생각할 때 스스로 목숨을 끊는 것은 또 다른 반란의 행동이 아닐까 싶은 생각도 든다. 역사적으로 흑인들에게는 자신의 삶에 대한 자유가 허락되지 않았기 때문이다. 지금 시대가 되었을 즈음에는 내가 이곳에 존재하지 않기를 바랐을 것이다. 나를 없는 사람처럼 취급하고, 내가 목소리를 내지 못하고, 나의 모습이 정확하게 반영되지 않는 사회에서 살아가는 것은 정말 혼란스럽고 피곤한 일이다.

나중에 들은 이야기지만 내 남자 친구가 병원에서 전화를 걸었던 날, 엄마는 눈물을 흘리셨다고 한다. 내가 스스로 심하게 고장 났다고 생각하는 부분을 엄마가 고쳐줄 수 없을까 봐 무력감을 느끼고 두려웠다고 했다. 엄마가 일하면서 만난 수많은 흑인 환자들처럼, 내가 약물을 과도하게 복용하고 제대로 이해받지 못할까 봐 걱정되었다고 했다. 의사들은 그런 환자들의 문화적 뉘앙스를 이해하지 못한다. 그들의 열띤 반응을 분노로 잘못 받아들이기 때문에, 도움을 얻기 위해 찾아간 사람들에게서 오히려 더 큰 해를 입는 악순환에 갇혀버린다.

엄마가 두려워하는 것들이 나를 단념시킬 수는 없었다. 첫 번째 상담치료사였던 이탈리아인 백인 여성과 라포르rapport*가 형성되지는 않았지만 나는 단념하지 않았다. 엄마가 나의 진실에 좀처럼 귀를 기울이지 않는 데는 익숙해져 있었지만, 상담치료를 받으면서도 여전히 가스라이팅을 당하고 있다는 기분이 드니까 좌절감이 심해졌다. 다른 흑인들이었다면 내가 말했던 일들을 사회에 대한 작거나 큰 공격성으로 이해했을 텐데, 그 상담치료사는 여기서 인종은 아무 상관이 없다고 단호하게 말했다. 인종주의에 대처하는 방법은 그저 인종주의의 영향을 받지 않기로 마음먹으면 된다는 식의 이야기를 늘어놓았다. 결국 나는 상담치료사와 같이 있으면 불안해졌다. 그 사람은 인종주의가 단지 의견의 차이일 뿐이라는 태도를 고수했기 때문에, 나의 우울증에 가장 큰 영향을 미치는 요인들을 결코 이해할 수 없었다. 어린 시절 겪은 성적 학대에 관해서는 어느 정도 이해했지만, 제도화된 인종주의의 영향으로 인한 나의 고립감을 그저 '침울함' 정도로 생각한 교사들의 태도도 학대라는 사실은 이해하지 못했다.

살아가는 것을 포기해버리고 싶게 만드는 일들을 수없이 겪어왔지만, 그중 어느 하나도 삶을 포기할 만한 진정한 이유가 될 수 없다는 사실을 나는 본능적으로 알았다.

두 번째 시도에서는 나는 나이지리아계 흑인 여성 상담치료사를 배

---

* 상담자와 내담자 간의 상호 신뢰 관계 및 친밀감.

정받았다. 나는 그를 만날 수 있었어서 감사하다. 그는 내가 느낀 수많은 감정을 표현할 언어를 알려주었다. 나는 때로는 터무니없고 바보 같은 이야기라도 문화적인 부분을 언급해도 괜찮다는 안도감이 들었다. 어느 정도는 나를 이해해줄 거라는 확신이 들었다. 그 상담치료사와의 상담 덕분에 나는 기하급수적으로 성장했다. 그 후로 나는 흑인 여성 상담치료사들을 두 명 더 만나게 되었고 이런 경험에 말 그대로 삶을 바꾸는 힘이 있음을 깨달았다. 나 자신의 연약함을 재발견하는 어려운 과정을 거치면서 나의 자의식self-awareness을 인정받았기 때문이다.

물론 어떤 사람들에게는 상담치료사의 인종이나 민족이 그다지 중요하지 않을 수도 있다. 하지만 나에게, 그리고 내가 만난 다른 흑인 여성들에게는 우리 문화에서는 외부에 알리면 눈총을 받는 '더러운 빨랫감'을 꺼내놓을 수 있는 환경이 만드는 데 중요한 역할을 한다. 우리가 안전한 공간이 되기 때문이다.

진실을 털어놓는 행동이 지닌 힘을 직접 경험한 나는 〈너의 마음을 들려줘Say Your Mind〉라는 이름의 팟캐스트를 시작했다. 남자, 여자, 그리고 논바이너리가 나의 팟캐스트를 듣고서 상담을 받기로 결심했다는 편지를 보내온다. 언제까지나 그 편지들이 내가 팟캐스트 방송을 하는 주된 이유일 것이다. 내가 팟캐스트에서 하는 이야기는 화려하고 멋진 말이 아니다. 그저 내 생각을 다른 사람들과 나누고, 나의 연약하고 이상한 면을 이야기할 뿐이다.

나는 타로의 이미지들을 해석하며 보편적인 삶의 교훈을 나눈다. 이 방법을 통해 각자 다른 문화적 신념을 지닌 청취자들이 모두 깊이 공감한다. 때로는 상담치료를 받으며 최근에 느낀 점들을 함께 나누기도 하고 흑인 여성의 관점에서 시사 문제를 분석하고 나의 견해를 덧붙이기도 한다. 새로운 아이디어를 던지면 청취자들이 정말 재미있어한다. 아마도 내 팟캐스트에서 가장 인기 있는 코너는 그 주의 뉴스에 나온 사건, 또는 세계에서 벌어진 일에 관해 내가 분노를 표출하는 마지막 코너일 것이다. 분노가 꼭 나쁘지만은 않다는 것을 나는 상담을 통해서 배웠다. 그 분노를 어떻게 활용할지가 중요하다. **화난 흑인 여성**Angry Black Woman이라는 꼬리표가 붙을까 두려워서 자신이 겪은 부당한 일들에 대한 분노를 억눌러왔기 때문에 수많은 흑인 여성들이 정서적 트라우마에 시달리고 있다. 내 팟캐스트는 자신의 감정을 온전히 느끼고 그런 감정을 외면하지 않도록 독려하는 방법이다.

보통 유일한 탈출 방법은 견뎌내고 통과하는 것이다. 청취자들은 나처럼 자신 있게 목소리를 내려면 어떻게 해야 하는지 조언을 구해온다. 그런 질문에 나는 항상 이렇게 답한다. "자기 자신에게 실망하는 순간이 오더라도 **절대로 포기하지 마세요**. 그리고 자신이 겪고 있는 문제에 대해 충분히 이야기할 수 있는 **안전한 공간을 찾으세요**. 나의 마음을 들려주는 일이 나를 구해주었습니다. 다른 사람들에게도 이 방법이 분명히 도움이 될 거예요."

우울증을 생각하면 내가 감당하지 못할 정도의 파도가 밀려오는 깊고 푸른 바다가 떠오른다. 드물게 파도가 잠잠해지는 순간에는 안전한 무언가를 찾아내서 붙들어야만 익사하지 않을 수 있다. 가족과 친구들, 전문가들이 정신건강과 주변화된 문화 및 정체성의 의미를 이해하는 것이 중요하다. 그래야만 파도가 약해지는 순간 우리가 의지할 수 있는 안전한 존재가 될 수 있다.

카이―아이자이어 자말Kai-Isaiah Jamal | 스포큰워드SPOKEN WORD *시인,작가

네가 커밍아웃한 그 여름은 외로운 섬 같았다
| 나는 25파운드짜리 세인스버리 바우처를 잃어버리고 목에서는 맥박이 뛰었다

너는 런던 반대편으로 향하는 기차를 탄다. 그곳에서는 아무도 너의 이름을 제대로 발음하지 못한다. 아주 이른 새벽, 힘겹게 눈을 뜬다. 아직 해조차 텅 빈 하늘의 무대에 들어서지 않았다. 너는 울다가 잠들었을 것이다. 담배를 너무 자주 피워서 폐의 밑바닥에 이끼가 자랄지도 모른다. 그래도 너는 어둑한 이른 새벽에 런던 반대편으로 향하는 기차를 탄다. 네가 도려내고 싶어 하는 네 몸 모든 부분에 꼭 달라붙은 슈트를 입은 모습을 보고 버스에 탄 남자가 너에게 "신은 당신을 구원하지 않을 거야"라고 말한다. 너는 낯선 도시에서 공과금을 낼 돈도 못 버는 일을 하거나 심지어 친구네 집 빈방에 얹혀서 사는 신세다. 너는 그 친구에게 두 발을 딛고 자리를 잡을 때까지만 얹혀 사는 거라고 되풀이한다. 밤마다 친구에게 두 발이 잘려나간다. 이제는 이 꿈이 은유일 뿐이라고 둘러대기가 어렵다. 하지만 물론 너는 더욱 깊은 의미를 찾아 헤맬 것이다. 너는 생각이 너무 많아져서 새벽 3시에 불면증으로 마비 상태를 겪은 일에 지나치게 큰 의미를 부여할 것이다. 발을 잃는 꿈은 너의 원칙을 지키라는 뜻이라고. 그 원칙을 지키다가 집을 잃은 게 아니라는 듯이. 마치 너의 진실을 말하고 남을 경계해서 같은 해 여름에 어머니와 애인을 모두 잃지 않았다는 듯이. 그렇다고 네가 진실하고 조건 없

• 시 낭송 및 랩과 유사한 예술 장르.

는, 모든 전통적인 방식의 기도에 대한 희망을 잃어버렸다는 뜻은 아니다. 너는 모든 것에서 더 깊은 의미를 찾아 헤매고 노래라도 불러서 너의 뱃속에 있는 악마를 몰아내려고 애쓴다. 이 남자가 너에게 "신은 당신을 구원하지 않을 거야"라고 말하고 있고 너도 너 자신을 구원할 수 없다는 것을 알기 때문이다. 너는 어느 여름날 저녁에 무릎을 꿇고 똑같은 텅 빈 하늘에 대고 소리친다. "인제 그만 저를 데려가주세요." 울부짖으며 힘껏 사지를 뒤틀어서 산산이 조각난 도자기처럼 부서져 버리고 싶다. 모든 게 시작된 곳으로 다시 돌아갈 수 있도록. 너는 런던 반대편으로 향하는 기차를 탄다. 사람들한테 신선한 식품을 문 앞까지 배송해주는 서비스를 신청할 의향이 있는지 물어보기 위해서. 아이러니하게도 너는 여전히 식료품 바우처를 담배 사는 데 쓰느라 평소에는 시리얼 한 그릇으로 끼니를 때운다. 지금보다 네가 더 무겁게 느껴지도록 만드는 건 먹을 수 없다. 연기 말고는 아무것도 통째로 삼킬 수 없다. 아이러니한 것은 네가 시내 번화가에서 사람들에게 잠시 시간을 내줄 수 있는지, 아니면 경제적 형편이 괜찮은지 묻고 있다는 것이다. 그 모든 것을 물어보아도 모두가 고개를 흔들며 지나간다. 입으로는 "실례합니다만 잠시 얘기 좀 할 수 있을까요?"라고 말하면서, 눈으로는 '나는 72시간 동안 아무하고도 이야기를 못 했어요. 내가 죽어가는 것만 같아요'라고 말한다. 모두가 이렇게 대답한다.

"바빠요."

"관심 없어요."

"진짜 신경 안 쓴다고요."

일터의 모든 남자는 여전히 네가 예쁘다고, 아직 좋은 남자를 못 만난 거라고 말한다. 서류를 챙겨서 떠나버리는 대신 너는 그저 웃어넘긴다. 마음속에는 기쁨 한 점 없지만. 너는 대화 주제를 바꿔서 날씨나 주말 일정 이야기를 한다. 마치 주말에 할 일이 있다는 듯이. 마치 런던 반대편까지 이 일을 하러 오기 위해 마지막 동전 한 닢까지 탈탈 털어서 써버리지 않았다는 듯이. 마치 네가 비기 스몰스Biggie Smalls*의 노래를 안 들었고 아빠에게 네가 **죽을 각오를 했다고**Ready To Die** 문자를 보내려고 하지 않았다는 듯이.

너는 런던의 이쪽을 향하는 기차를 타고 집으로 간다. 눈꺼풀은 납덩이처럼 무겁고 속눈썹은 기도하듯 모은 손처럼 겹쳐진다. 탈진할 정도의 피로가 너의 혀 아래에 묵상기도처럼 들어앉아 있다. 너는 발걸음을 뗄 방법을 찾고 너의 그림자에 네가 붙어 있을 가치가 있는 존재라고 설득한다. 발목에 묶여 있다. 나도 마찬가지다. 너는 주머니 안을 더듬어 이어폰을 찾아서 꺼낸다. 다른 사람들의 어깨에 일곱 번 부딪히고 그때마다 사과하며 너는 점점 작아진다. 네 주위의 모든 것이 그렇듯이 사망 직전까지 망가진 휴대전화 화면을 누른다. 네 마음을 아프게 하는 여자에게 사랑한다고 말한다. 그 여자가 가족들의 기대를 저버리고 반항하는 기분을 느낄 수 있게 만드는 남자와 섹스를 하고 싶은 게 아니라면 다시는 연락이 오지 않을 거라는 걸 알면서. 너는 친구들이나 엄마에게 전화를 걸고 싶어진다. 들어줄 귀가 있고 충분한 시간을 내줄 수 있는 사람이라면 누구에게든 전화를 걸어서 그저 울고만 싶다. 하지만 그렇게 하지 않는다. 데이트 앱에 들어가서 모든 여자가 너의 성정체성을 오해하도록 내버려 둔다. 그걸 바로잡아줄 때는 사과한다. 하

●　미국의 래퍼인 노토리어스 비아이지의 별명.
●●　노토리어스 비아이지의 첫 앨범 이름.

루 종일 미안하다는 말만 했기 때문에 이제는 사과하는 것이 네가 할 수 있는 전부다. 너는 화면을 들여다보며 고개를 숙인다. 저쪽 구석에 서 있는 남자가 너의 어깨 너머로 침을 뱉지 않도록. 이제는 괴롭지 않은 척할 수는 없다. 너는 갈증이 있고 상담치료가 필요해서 입을 다물고 있다. 이제 너에게 남은 거라고는 엄마의 실망, 중독, 그리고 25파운드짜리 세인스버리 식료품 바우처뿐이지만. 빅토리아역에서 공격적이고 참을성 없는 사람들의 어깨에 부딪히고 다시 친구네 집으로 걸어간다. 식료품 바우처로 이번 주에 최소한 한 끼는 만족스럽게 식사할 수 있을 것이다. 하지만 주머니에 손을 넣어보니 바우처는 온데간데없고 그곳에는 손가락 크기의 구멍이 나 있다. 눈물이 파도처럼 쏟아져 내린다. 너는 같은 길목에서 계속 서성거리면서 누구든 눈에 보이는 사람에게 바닥에 떨어진 카드를 보았냐고 물어본다. 모두가 이렇게 대답한다.

"바빠요."

"관심 없어요."

"진짜 신경 안 쓴다고요."

절망과 간절함이 너의 성대 안에서 춤추고 결국 너는 두 손바닥에 얼굴을 묻고 흐느낀다. 차마 또 한 가지가 그렇게 사라져 버리게 할 수는 없다는 걸 알기에. 아이를 데리고 나온 여자가 네가 있는 쪽으로 길을 건너온다. 모든 게 너에게서 쏟아져 나오는 것만 같다. 단지 누군가의 손을 잡고 싶다는 심정으로 너는 전 여자 친구에게 보고 싶다는 문자를 보낸다. 설령 그게 거짓말이라 할지라도. 너는 그저 너를 진심으로 본 적이 없는 사람을 보고 싶을 뿐이다. 그녀는 너에게 말한다.

그녀는 바빠.

그녀는 관심 없어.

그녀는 진짜 신경 안 써.

그래서 너는 그녀를 위한 시를 써서 음성 메모로 보낸다. 네가 얼마나 피곤한지 그녀가 알 수 있도록. 런던의 반대편에서 네가 얼마나 초라한지 알 수 있도록 속삭인다. 너는 시를 써서 그녀에게 물어볼 것이다. 그녀에게도 오늘 바람이 거센지, 태양이 만지지 않기를 바라는 몸을 만지는 거친 손처럼 느껴지는지를. 깨진 도자기의 모든 조각들을 보고서도 나를 사랑하는지 물어볼 것이다. 그녀라면 그 조각들을 한데 모을 수 있을지도 모르는데.

대신 너는 남성성이 가장 외로운 섬이라는 걸 알고 있었는지 그녀에게 물어볼 것이다. 왜냐고? 남자는 다른 남자를 안아주지 않기 때문이다. 네가 보고 나면 씻으러 가는 게이 포르노에서만. 네가 자신의 아이를 임신할 수 있을 거라고 말했던, 게이 클럽에서 만난 남자만. 우리가 죽어갈 때만. 우리가 울고 있을 때는 절대로 안아주지 않는다. 우리가 술에 취했거나 다리를 절뚝거릴 때만. 럭비 게임을 하거나 축구 응원을 할 때만. 오직 아이러니 속에서만. 우리가 안에서 무얼 하는지 모르는 커튼 뒤에서만. 우리가 아기이거나 아이일 때만. 오직 가끔 만. 절대로 항상은 아니고, 필요할 때는 절대로 안 된다. 어쩌면 우리가 피 흘릴 때, 하지만 나처럼 피 흘릴 때는 안 된다. 네가 트랜스젠더라면 절대로 안 된다. 네가 트랜스젠더라면 절대로 안 된다. 네가 트랜스젠더이고 우울증에 걸렸다면 절대로 안 된다. 네가 트랜스젠더고 억압받고 있다면 절대로 안 된다. 네가 트랜스젠더이고 옷을 벗고 있거나 너의 머리가 너의 입보다 더 큰 소리를 낸다면 절대로 안 된다. 네가 침묵할 때 절대로 안 된다. 격렬하게 침묵할 때. 네가 죽어갈 때. 네가 죽을 각오를 할 때.

네가 런던의 반대편에 있을 때는 절대로 안 된다. 절대로.

오직 네가 살아남을 때만. 우리는 네가 런던 반대편에서 최악의 여름을 살아남고 세인스버리 식료품 바우처, 엄마, 애인, 친구들, 목소리, 웃음과 제정신을 포함한 모든 걸 다 잃었을 때만 서로를 안아준다. 오직 네가 견뎌냈던 최악의 여름에 관한 시를 쓸 때만. 그리고 네가 견뎌냈기 때문에. 남자 중에서 한 명이라도 나에게 자기도 죽고 싶다고 말했다면 우리는 함께 살길을 찾아낼 수 있었을지도 모른다는 걸 누가 알았을까. 끈적끈적한 날씨 속에서 가슴 아픈 일을 겪어내면서, 정신없이 흘러가는 배고픈 낮과 천천히 흘러가는 고통스러운 밤. 어쩌면 우리는 함께 싸워나갈 길을 찾아낼 수 있었을지도 모른다. 어쩌면 이랬을지도 모른다.

바쁜 사람은 아무도 없었다.
관심 있는 사람이 있었다.
모든 사람이 신경을 썼다.

'네가 커밍아웃한 그 여름은 외로운 섬 같았다 — 나는 25파운드짜리 세인스버리 바우처를 잃어버리고 목에서는 맥박이 뛰었다'는 내가 트랜스젠더 남성으로 커밍아웃한 후에 남성 우울증의 고통스러운 침묵과 자원에 대한 접근성 결여를 경험하고, 이분법적 성별에 속하지 않는 데 따른 폭력을 겪은 어느 여름을 회고하면서 의식의 흐름 기법으로 쓴 시다.

나는 이 시기에 대한 글을 거의 쓰지 않는다. 어떤 의미에서 그 시기를 다시 살아야 하는 두려움 때문이다.

이 시는
우리가 빠져나갈 수 없는 기분에
사로잡혀 있을 때조차
계속 나아갈 수 있음을 증명한다.

로사 머큐리어디스 Rosa Mercuriadis | 음악 저작권 공유 플랫폼 크리에이티브 디렉터

내 모든 친구에게
| 친구가 그리 많지는 않지만

내 친구들은 다 죽었다. 이 말이 전적으로 사실인 것은 아니지만 내가 열두 살에서 열여덟 살까지 사귀었던 친구들의 상당수가 이미 세상을 떠났다. 내 나이를 밝히자면 나는 올해 스물여덟 살이다. 친구들이 죽어서는 안 되었다. 그렇지만 내가 사랑하는 사람 중에 많은 이들이 죽었고, 그중 대다수는 신체적 질병이 없었다.

나는 열두 살에서 열여덟 살까지 약물을 복용했다. 나의 삶은 언제나 하늘로 날아오르는 것처럼 멋진 흥분 상태에서 추락하는 것처럼 가슴이 찢어지는 바닥 사이까지 양극단을 오갔다. 내가 약물을 복용한 방법도 이와 다를 바 없었다.

예전이나 지금이나 나는 언제나 슬프고, 불안하고, 무력하고, 우울하고, 다루기 힘든 사람으로 살아왔다. **인생을 있는 그대로 감당하기 힘들어서** 항상 감정을 크게 받아들이곤 한다. 엄마 말로는 내가 예민한 체질이라 그렇다고 한다. 아홉 살 때 런던에서 뉴욕으로 이사를 했는데, 학교의 교육평가에서 우울해 보인다는 말을 들었다. 나는 알 수 없는 이유로 매일 학교에 가기 싫다며 울고불고했다. 난 그저 엄청나게 슬펐을 뿐이다. 슬픔은 한시도 나를 떠난 적이 없다. 나중에야 그게 공황 발작 초기 증상이었다는 것을 알게 되었다. 그 당시에 가족들은 그냥 내가 괜히 또 호들갑을 떨고 난리를 친다고 생각했다. 요구 사항이 까다롭고 싫어하는 것들이 분명해서 가족들이 나를 시바의 여왕Queen of

Sheba*이라고 부르던 시절이었다. 조금 더 자란 후에는 여전히 내 머릿속에서 울리는 슬픈 목소리들로부터 도망칠 수 있도록 남자와 약물 같은 것들을 찾게 되었다.

약물은 슬픈 여자들에게 효과가 있을 때도 있다. 나는 고통을 마비시키는 진정제를 선호한다. 나는 더는 도망치는 게 소용없을 때까지 슬픔으로부터 달아났다. 흥분 상태는 계속 유지되지 않는다. 몸이 싸움을 포기하기 때문이다. 약물이 결국 발목을 잡아서 나는 열여덟 살 때까지 재활 시설에 여러 번 다녀왔다. 깨어 있는 시간 대부분을 내가 이 세상에 존재하지 않게 해달라고 기도했다. 좀 더 수월하고 부드러운 방법으로 이런 삶에서 빠져나가고 싶었다. 내가 사랑하는 사람들이 어떻게 죽었는지를 생각해본다. 약물 과다 복용이 최소 15건, 음주 운전 몇 건, 그리고 자살 몇 건. 정말로 가슴이 찢어지는 일이다. 죽은 친구를 묻고 돌아와서 계속 살아간다는 건 너무 힘겹다. 단지 내가 먼저 대피소에 도착했기 때문에 방사능 낙진에서 살아남은 생존자가 된 기분이다.

나 자신보다 더 큰 힘의 은총 덕분에 나는 올해로 10년째 약물에 의존하지 않고 맨정신을 유지하고 있다. 열여덟 살 때 마지막으로 치료 시설에 갔는데, 살면서 처음으로 무력한 삶에 항복할 때 오는 평온함을 느꼈다. 나는 약물, 알코올, 슬픔, 두려움, 우울증, 일, 쇼핑, 남자에 대해 무력하다. 이 리스트는 끝없이 이어지지만 **나는 해결책과 대처법을 찾아냈다.** 아프고 슬픈, 나랑 똑같은 알코올 중독자들이 모인 너무나도 멋진 커뮤니티를 알게 되었고, 그들이 나에게 삶을 살아갈 힘을 주었다. 나는 온전한 정신을 유지해서 이런 삶을 살 수 있게 되었고, 슬픔과

* 귀족이라도 되는 것처럼 제멋대로 행동하는 여성을 비유적으로 가리킨다.

아픔을 견뎌낼 힘을 얻게 되었다. 또한 @SickSadGirlz*처럼 소통 공간을 만들 기회를 얻게 되었다. 정말 훌륭하고 복합적인 카타르시스가 느껴진다. 내가 꿈에도 상상하지 못할 만큼 너무나도 멋진 일이다. 삶에서 내가 원했던 모든 것을 거의 다 누리고 있고, 그런 삶을 살기 위해서 지금까지 정말 열심히 노력해왔다. 진짜로 좋아하는 일을 하고 있고 예전에는 무서웠던 사람, 장소, 물건들을 두려워하지 않고 자유롭게 세상을 누빌 수 있다. 10대 시절의 나는 이 현실을 믿을 수 없을 것이다.

나처럼 이렇게 성장하고, 약에 취하지 않고, 힘들고 슬픈 날들에 대해 재미있는 이야기를 함께 나눌 수 있으리라 생각했던 사람들이 견뎌내지 못하는 걸 지켜보기가 더욱 힘들다. 이제 내 주위에는 그런 사람들이 정말 얼마 남지 않았다. 나와 같은 경험을 한 사람들은 멸종되어 가고 있다. 나는 다시 그들이 돌아오기를 바란다.

우리 중에서 또 한 사람이 죽는다면 이제는 "괜찮아! 내 친구들은 다 죽었어!"라는 말로 상처를 피하고 싶지 않다. 예전에는 상상하지 못했던 안정되고 균형 잡힌 삶을 찾기 위해 더 애쓰고 싶다. 진심으로 내가 괜찮다고 말하고 싶다. 내가 당신을 정말로 사랑한다고도 말하고 싶다. 나는 당신을 사랑한다. 나는 당신을 사랑한다. 나는 당신을 사랑한다. 물론 그게 당신을 구할 수는 없겠지만, 만약 내가 언젠가 당신도 묻어야만 한다면 최소한 내가 당신에게 사랑한다고 말하지 않았다고 후회하고 싶지는 않다.

내 경험에 따르면 이럴 때는 음악이 큰 도움이 된다. 나의 추천 음악 리스트는 다음과 같다.

• 여성을 위한 정신건강 관련 인스타그램 계정.

더 스미스, 〈여전히 아픈 걸까Still Ill〉

엘시디 사운드시스템, 〈좋은 사람Someone Great〉

안토니 앤 더 존슨스, 〈누군가 있었으면 좋겠어Hope There's Someone〉

마그네틱 필즈, 〈런던의 모든 우산으로도All the Umbrellas in London〉

호프 샌도벌, 〈아무도 모르게On the Low〉

빌리 홀리데이, 〈하지만 날 위한 건 아니야But Not For Me〉

엘튼 존, 〈그걸 블루스라고 부르는 이유I Guess That's Why They Call It the Blues〉

비틀스, 〈인 마이 라이프In My Life〉 (조니 캐시가 리메이크한 곡도 훌륭하다.)

아케이드 파이어, 〈내 몸은 감옥이야My Body Is a Cage〉

렌, 〈내 햇빛을 훔쳐간다면Steal My Sunshine〉

니코, 〈요즘These Days〉

케이트 부시, 〈폭풍의 언덕Wuthering Heights〉

바이올런트 팜므, 〈좋은 기분Good Feeling〉

메트릭, 〈맞서 싸워Combat Baby〉

모리시, 〈너 스스로 알아내 봐Why Don't You Find Out For Yourself〉

루 리드, 〈사랑이라는 기분Love Makes You Feel〉

세인트 빈센트, 〈패스트 슬로우 디스코Fast Slow Disco〉

아나이스, 〈니나Nina〉

벨 앤 세바스찬, 〈기대Expectations〉

나탈리 임브룰리아, 〈상처Torn〉

언더톤스, 〈10대의 일탈Teenage Kicks〉

샘파, 〈피아노처럼 (나를 잘 아는 사람은 없어요)(No One Knows Me) Like the Piano〉

피오나 애플, 〈작별 선물Parting Gift〉

더 셔를스, 〈엄마가 그랬지Mama Said〉

릭 로스 (feat. 드레이크 & 프렌치 몬타나), 〈항상 대비해Stay Schemin'〉

더 클래시, 〈곧장 지옥으로Straight To Hell〉

잭슨 브라운, 〈내 문제는 바로 너야My Problem Is You〉

타일러 더 크리에이터, 〈911〉

멜라니, 〈새 열쇠Brand New Key〉

푸가지, 〈너무 지쳤어I'm So Tired〉

빌리 아일리시, 〈이제난네가되고싶지않아idontwannabeyouanymore〉

벨벳 언더그라운드, 〈문이 닫힌 뒤에After Hours〉

'ㄱ'으로 시작하는 단어

우리 할아버지는 그걸 신경질이라고 부른다.
우리 엄마는 기분이라고 부른다.
나는 다양한 이름으로 부른다.

가족 중 우리 셋이 정신적으로 문제가 있는 사람들이다. 내가 엄마와 할아버지랑 가장 친밀한 관계를 유지하는 것도 당연하다. 우리는 다른 대다수의 사람들보다 서로를 더욱 잘 이해한다. 자신의 상태가 좋지 않고 뇌가 상처받기 쉬운 상태거나 혼자만의 시간이 필요하다는 사실을 서로 전달하고 외부 세상에 알리는 방법은 다양하다. 쉽게 화를 내거나, 자기 회의에 빠지거나, 깊은 슬픔에 잠기거나, 한동안 기분이 가라앉고 기운이 없는 상태가 지속되는 등 방법은 다양하지만 모두 공통점이 있다. 이런 방법들은 도움이 안 되는 생각과 감정들을 불러일으킨다. **내가** 문제고, **내가** 잘못했고, **내가** 최악이고, 온 세상이 **나를** 외면한다는 생각이 든다.

우리 셋은 의식처럼 혼자 침대에 누워서 한동안 세상과 거리를 두는 시간을 갖는다. 어떤 사람들은 이런 행동이 건전하지 않으며, 우리가 마음을 돌보는 것에 실패했다고 생각한다. 그런 사람들의 눈에 우리는 '저급하다'. 그들은 그게 '게으른' 행동이라고 생각하며, 우리가 자기 자신을 제대로 돌보지 못해서 살이 쪘다고 여긴다. 가만히 있는 것, 잠시 세상을 저만치 밀어두고 숨을 쉴 시간을 갖는 것이 꼭 그렇게 나쁜 일은 아니다. 때로는 침대에 누워 있는 시간이 필요할 수도 있다…. 물론 그렇지 않을 때도 있지만, 그래도 그냥 그렇게 있어도 괜찮다.

가끔 나는 우울증을 정상화하고 다른 사람들에게 손을 내밀고 싶은 마음에 인터넷에 들어가는데, 지나치게 사생활을 드러내고 있지는 않은지 걱정한다. 어떤 것들은 인터넷에 올라와 있을 필요가 없고, 올라와서는 안 된다고 생각한다.

안 좋은 정신 상태가
자신을 드러내는 방법은
진짜 성가시다.
자신을 탈선시키라는 말과 동시에
자신을 잘 돌보고 챙기라는 말을
혼자 끊임없이 한다.

소소한 행복을 찾고, 연대하고, 꾸준히 술을 마시고, 음식이나 다른 것들에 의지하는 등의 자가치료도 그다지 생산적이진 않다. 최근 몇 년간 나는 요가와 달리기를 하고 역사 관련 서적을 읽을 때 그런 행복을 느꼈는데, 런던 북부의 공공 주택 단지에서 자란 나에게는 다소 사치스러운 일이기도 하다.

다양한 자기돌봄 요법과 상담치료, 돌봄 시스템이 있는데도 나는 우울증에 관해 생각하며 긴 시간을 보낸다. 우리 가족에 우울증을 겪는 사람이 한 세대마다 있는 이유가 무엇일까? 우울증이 우리를 한데 묶어주는 이유는 무엇일까? 우리는 각자 트라우마로 가득한 삶을 살아왔다. 지속적인 영향력을 미치는 트라우마, 어린 시절의 가난한 환경이 야기한 트라우마, 트라우마에 시달리는 부모님 밑에서 자란 결과로 생긴 트라우마이기도 하다. 우리는 열악한 환경의 공공 주택에서 살았고 타락과 폭력 등 복잡한 사회 문제들이 주위에 만연했다. 그 안에서 살아남기 위해, 삶을 꾸려나가기 위해, 계속 살아나가기 위해 애썼다.

때로는 정신건강에 관한 논의에서 'ㄱ'으로 시작하는 단어인 **계급**이 빠져 있다는 생각이 든다. 정신건강과 관련한 담론은 종종 모든 뇌가 같다고 가정한다. 마치 모든 사람이 똑같은 종류의 정신건강 문제를 경험하는 환경에 살고 있어서 한 가지 치료법으로 '고쳐지거나', '나아질' 수 있다는 듯이. 매년 5월, '정신건강 인식 개선의 달'에 공공 논의의 주류를 이루는 의견들을 살펴보면 우울증을 비롯한 질병들이 대개 이름 뒤에 (지위나 학위, 신분을 나타내는) 수식어가 붙는 중산층 백인들에게만 영향을 미치는 것처럼 생각하기 쉽다.

다들 특권을 인정하려고 애쓰는 이 시대에, 나는 정신건강에 관한 논의에서 계급을 인정하는 것이 그 어느 때보다도 중요하다고 생각한다. '저급'하고 가난한 가족의 위치는 우리 가족과 뇌의 관계에 관해 우리가 문제에 대처할 수 있기까지의 시간부터 우리가 받을 수 있는 도움에 이르기까지 너무나도 많은 것들을 알려주었다. 우리는 복잡한 의료·보건 시스템을 헤쳐나가거나 정신건강에 관한 언어와 용어를 이해하는 데 도움을 받지 못한다. 특히 우리의 사회적 지위로 인해 우리의 뇌가 어떻게 작동하거나 작동하지 않는지 천천히 그리고 힘겹게 인정할 수밖에 없다.

내가 이런 논의에 계급문제를 거론하면 사람들은 때때로 못마땅하다는 반응을 보인다. 노동계급의 경험, 특히 정신건강과 관련된 경험은 종종 부당하고 하찮은 취급을 받는다. 그런 경험을 통해서 내가 깨달은 점을 여기에 적어보았다. 상당히 도발적이기도 하다.

> 만약 당신이 금전,
> 사회 및 문화적 자본,
> 주거 안정을 확보하고 있고
> 자신의 건강과 행복에 관해서
> 이야기하는 것이 중요한 가정에서 자랐다면
> **정신건강과 관련된**
> **개 같은 문제들을**
> **헤쳐나갈 방법을**
> **찾을 가능성이 더욱 크다.**

또한 개 같은 일들을 겪는 동안 당신을 지원할 수 있는 자금도 즉시 마련할 수 있다. 따라서 필요할 때 당신을 지원할 시스템과 서비스를 이용할 수 있을 것이다. 지금 당장 도움이 필요한 상황일 수도 있다. 만약 당신의 건강과 행복을 위해서 돈을 사용할 수 있다면 도움을 더 빨리 얻을 수 있을 것이다. 근무 중에 시간을 낼 수 있다면, 민간 의료보험이 있다면, 쏟아지는 전문용어들을 이해할 수 있다면 현재의 의료·보건 시스템을 훨씬 더 수월하게 헤쳐나갈 것이다.

이런 상황이 얼마나 부당한지 이해가 되나? 내가 다른 환자들과는 다른 가정에서 태어났다는 이유만으로 필요한 도움을 받을 수 있는 능력이 제한되기 때문이다.

분명히 말해두는데, 그렇다고 해서 이 글을 읽는 독자 중에서 더 많은 특권을 누리는 사람들은 고통을 받지 않는다는 뜻은 아니다. 인생을 편하게만 산다는 것도, 극복해야 할 문제가 없다는 것도 아니다. 다만 그런 사람들의 경험과 나의 경험은 다르고, 정신건강과 관련된 논의에 이런 문제가 함께 고려되어야 한다는 것뿐이다.

더 많은 대화를 하도록 독려하는 해시태그도 있고, 서로 이야기와 정보를 나눌 수 있는 캠페인도 있다. 마치 커피에 우유 대신 두유를 넣어달라는 소리처럼 들릴 정도로 이제는 '정신건강'이라는 말은 정말 흔히 쓰인다. 이런 현실을 떠올리면 우리가 사회적 위치가 지원에 대한 접근성을 제한하지 않는 더 나은 세상으로 나아가고 있다는 생각이 들지도 모른다. 하지만 안타깝게도 내가 보기에 그렇게 멋진 유토피아는 아직 실재하지 않는다.

서비스를 받기 위한 대기 줄은 훨씬 더 길어졌고, 의료·보건 시스템에는 더 적은 자원으로 더 많은 업무를 처리하라는 압력이 가해지고 있다. 시급한 상황에 있는 사람들은 도움을 받을 때까지 마냥 기다릴 수 없다. 이런 상황은 살릴 수 있었을 목숨들이 사라지는 결과를 낳는다. 우리는 그룹 상담을 받도록 강요받고 고작 10분간의 전화 통화로 평가받는다. 병가를 얻어서 휴식을 취하며 도움을 받도록 우리의 머리 상태를 설명하는 데 필요한 언어를 배우지만 정신병원에 갇힐 수도 있으니 지나치게 적나라한 언어를 사용하지 않도록 주의해야 한다.

이는 모두 정치적인 문제다. 좋든 싫든 간에 우리는 이제 무지함이나 양가감정을 주장하거나 부정할 수도 없다. 이 시점에서 한번 자문해보자. 부유층을 편애하는 사회에서 과연 승자는 누구일까? 계급 때문에 피해를 보기 쉬운 우리 같은 사람들에게는 무슨 일이 일어날까?

춤은 췄니?

10대 시절 내내(그리고 지금도 가끔) 내가 파티에 갔다 오면 엄마는 이렇게 물어보시곤 했다. "춤은 췄니?" (실력은 그리 좋진 않지만) 내가 춤추는 걸 좋아한다는 것을 알기 때문이기도 하지만 그 말은 이런 뜻의 암호이기도 했다. '네가 열쇠를 깜빡하는 바람에 내 단잠을 깨워서 조금 짜증이 나지만, 네가 춤을 추고 왔다면 그래도 보람이 있구나.' 엄마는 내가 파티에서 춤을 추었다면 즐겁게 놀았다는 뜻이라는 걸 알았다. 어쩌면 남자랑 진한 키스를 하고, 아마도 그러지 말았어야 할 장소에서 신발을 벗었다가 깨진 유리 조각을 살짝 밟기도 하고, N65번 심야 버스를 타고 오는 동안 2층에서 한 시간 내내 깔깔대며 웃다가 왔을지도 모른다는 것을.

나에게 행복과 슬픔의 차이는 움직임과 멈춤의 차이다. 내 인생에서 가장 행복했던 일들은 모두 움직이던 순간들이었다. 춤을 추고, 소리를 지르며 얼음장처럼 차가운 바다에 뛰어들고, 자전거를 타고 펍을 향해 언덕을 내려가고, 아무런 이유 없이 그저 기분이 **너무 좋아서** 원을 그리며 뱅글뱅글 돌고, 사랑하는 남자에게 고백하기 위해 공항을 가로질러 전력 질주하고(사실 이 부분은 '4년 동안 짝사랑한 남자아이에게 고백하기 위해 우버를 잡아타고 런던을 가로질러 가서 고작 그 아이의 운동화가 마음에 든다고 말했던 것'으로 읽어야 한다). 나는 열다섯 살 때의 아무 목적 없는 움직임을 사랑했다. 친구들이랑 거리 모퉁이에서 할 일

없이 서성거리고, (신문이나 담배 등을 파는) 매점에서 누군가가 대담하게 가짜 신분증을 보여주기를 기다리고, 건너 건너 아는 친구의 오빠 집이 '비었다'는 말에 다 같이 엔필드*까지 우르르 몰려가곤 했다.

이제는 두려움과 우울증, 불안과 만성질환으로 마비되는 듯한 기분을 알기에 그때 그 기분을 더욱 소중하게 여긴다. 몇 개월째 침대에 누운 채로 기억을 머릿속에서 한없이 되풀이해보면 결국 앞으로 재미있는 일은 절대로 없을 거라는 생각이 들고, 어쩌면 지금까지 즐거운 일이 하나도 없었다는 생각마저 든다. 나는 편두통성 현기증이라는 병을 앓고 있다. 끊임없이 현기증에 시달리고, 눈앞에서 눈 부신 불빛이 번쩍거리고, 바닥이 걷잡을 수 없이 요동치고, 팔다리에 감각이 없고, 머리가 맑지 않은 멍한 상태가 된다. 증상이 가장 심할 때는 꿈에서 버스를 타기 위해 뛰어가다가 잠에서 깨면 화장실까지도 걸어갈 수 없는 상태여서 너무나도 슬프다.

그런데 나는 정신질환도 이와 마찬가지로 사람을 마비시킨다는 사실을 알게 되었다. 두려움 속의 삶, 더욱 심각하게는 두려움을 두려워하며 살아간다는 것은 발걸음을 옮겨 집 밖으로 나가는 것조차 불가능한 기분이 든다는 뜻이기도 하다. 불안과 함께 나타나는 '투쟁-도피fight or flight' 메커니즘에 관해서는 많은 이야기가 있지만, 나에게는 야생에서 사자에 맞서 싸우는, 손을 벌벌 떨고 욕지기가 올라는 동물이 되어버린 내 모습이 떠오른다. 나에게 두려움은 정적인 느낌과 밀접하게 연관되어 있다. 내가 아플 때는 움직일 수가 없다. 더욱 끔찍한 것은 움직여야만 지킬 수 있는 계획조차 세울 수 없게 된다는 점이다. 머릿속에서 무시무시한 목소리들이 이렇게 말하는 것만 같다. '너는 그런 일을 할 수

* 런던 북부의 자치구.

없어. **다시는** 그런 일을 할 수 없을 거라고.'

그럴 때는 그냥 기다릴 수밖에 없다. 아파본 사람이라면 가야 할 방향으로 전혀 움직이지 못하고 기다리기만 한다는 게 얼마나 고통스러운지 잘 알 것이다. 병원 예약을 하고 기다리고, 기분이 나아지기를 기다리고, 잠들 수 있는 밤이 오기를 기다린다. 나는 (대부분 남자인) 열 명의 의사를 만나보고 아홉 가지의 약을 먹어보았다. 그 결과로 나는 슬펐고, 아팠고, 결국 효과가 없을 때마다 가슴이 찢어졌다.

빅토리아 시대에는 이 병이 ('증기'와 '히스테리'와 연관된) '떠다니는 여성의 병floating woman's disease'이라는 이름으로 알려져 있었고, 이 병에 걸린 사람은 보호시설에 격리되었다. 주로 여성에게 영향을 미치는 다른 수많은 질병들과 마찬가지로, 이후에도 그다지 상황이 달라진 것 같지 않다. 연구도 부족하고 사회에서 여성이 진지하게 받아들여지지 않기 때문이다. 오늘날에도 남자 의사들이 여성 환자에게 적절한 약을 처방할 가능성은 남성 환자의 경우보다 낮다. 그들이 여성의 질병을 '단지 심리적인' 원인 때문이라고 추측할 가능성이 더 크다. 그리고 여전히 약은 여성을 대상으로 임상 실험을 거치지 않는다. 나는 내가 고통받는 것은 전적으로 내 책임이라고 여기게 되었다. 그래서 내가 나아지지 않으면 참을 수 없을 만큼 슬퍼진다.

정신적으로, 신체적으로 아픈 여성 무리가 기다리고 있다. 의사의 진료를 받을 수 있기를, 충분히 나아져서 일터로 돌아갈 수 있기를, 장애수당을 받을 자격이 될 만큼 '충분히 장애를 겪고 있다'는 판정이 내려지기를 기다리고 있다. 그나마 나는 행운아다. 백인이고 중산층이고 국민의료보험NHS에 가입되어 있고 종종 걸을 수 있으니까. 이런 특권을 누리지 못하는 사람들도 무수히 많다.

의료 전문가들은 여성을 진지하게 받아들이지 않는다. ("여성은 몸

안에 고통을 내재한 채로 태어난다. 그건 우리의 신체적 운명이다"라는 〈플리백〉에서 피비 월러-브리지의 대사처럼) 고통이 여성의 운명처럼 보인다는 것이 그 원인 중 하나다. 하지만 생리통, 섬유근육통, 월경전불쾌장애, 다발성 경화증, 자궁내막증, 편두통성 현기증 등이 없었다면 우리가 얼마나 성공적이고 기운이 넘치는 행복한 삶을 살 수 있었을지 한번 상상해보라. 이런 것들의 리스트에는 끝이 없다. 우리를 하나로 이어주는 것이 고통이라는 사실은 온당하지 않으면서도 우리를 이어주는 고통 속에서 우리는 여전히 심각한 고립감을 느낀다.

> 우리는 자기 자신
> 그리고 다른 여성들을 위해서
> 더 많은 것을 요구해야 한다.
> **우리를 덫에 빠뜨리는**
> **가부장적인 의료 시스템,**
> **우리를 가만히 있게 하려는**
> **이 구조를 넘어서서**
> **움직이고 춤춰야 한다.**

움직이면 행복해진다는 말은 일리가 있다. 자유롭게 움직인다는 것은 엄청난 특권이다. 교대 근무시간이 끝날 때까지 기다리느라 계산대 뒤에 갇혀 있지 않다는 뜻이고, 자유로운 움직임이 위협받지 않는 안전한 곳에 산다는 뜻이다. 기차를 타고 엄마를 찾아뵙기도 하고, 결혼을 앞두고 저렴한 이지젯EasyJet*을 타고 여성 친구들과 여행을 떠나기도

---

* 영국의 저비용 항공사.

한다는 뜻이다. 감옥에 갇혀 있거나 통금에 구속받지 않는다는 뜻이며, 집을 나서서 외출할 수 있는 몸을 지니고 있다는 뜻이다. 움직이는 것만으로도 행복에 도움이 된다. 다들 의사한테서 매일 운동을 조금씩 하면 엔도르핀이 **더 많이 나온다**는 말을 들어보았을 것이다. (엔도르핀은 뭘까? 어떻게 하면 내가 엔도르핀을 얻을 수 있는 걸까? 나는 요가를 할 때 왜 자꾸만 화가 나는 걸까?)

또한 움직이는 행위 자체가 변화가 일어났다는 사실을 몸에 알리는 신호가 된다. '네가 그러면 안 되지!', '너는 그럴 수 없어!', '지난번에 그렇게 했을 때 불안했잖아!' 이런 메시지들을 보내는 뇌의 부위는 사실 언어를 사용하지 않는다. 자기 자신에게 "괜찮을 거야"라고 말한다고 해서 뇌가 재훈련될 수는 없다. 실제 **행동**으로 옮겨야만 사실 나는 괜찮다고, 사자를 피해서 달아나는 것이 아니라 그저 지하철을 타고/동네를 걷고/전화를 걸고 있을 뿐이라고 자신의 불안한 마음을 안심시킬 수 있다. 그러면 성공한 것이다. 행동을 통해서 몸에게 괜찮다고, 더는 두려워할 필요가 없다고 말해준 것이다. 변화는 움직임을 통해서 나타난다. '움직임'이나 '운동'이라는 단어 자체가 정치적인 변화와 관련된 생각들을 불러일으킨다. 실제로 사람들은 새롭게 변하고 싶다는 소망을 품고 스스로 순롓길에 오르기도 한다. 인류학자 빅터 터너Victor Turner는 "(순례를 떠나는 것처럼) 움직이는 행위가 새로운 정체성을 수행하고 탐험할 수 있게 해준다"고 말한다. 그에 따르면 (사회적 제약의 사이 또는 외부에서) 순례자가 머무는 공간의 한계성이 자유와 탐험을 가져다주고, 나의 경우에는 행복을 가져다준다는 것이다. 때로는 우리가 자진해서 경계선의 공간에 들어서기도 한다(터너에 따르면 이런 공간은 '잠재력과 힘'으로 가득 차 있다). 복잡한 머릿속을 비우기 위해 일상에서 벗어나 바닷가로 여행을 떠나는 것처럼 말이다.

하지만 우리처럼 아픈 사람들은 우리의 의지에 반해서 사회 밖으로 밀려난다. 특히 아픈 여성으로서 (엘렌 식수Hélène Cixous*가 「메두사의 웃음」에서 지적했듯이) "우리는 도피하고, 몰래 조용히 사라지고, 원할 때는 좁은 통로와 숨겨진 크로스오버를 찾아내면서 살아왔다". 그러나 바로 그 문턱과 크로스오버의 경계선 위에서 우리는 잘 살아나갈 것이다. 나는 코미디를 만들고 글을 쓰는 활동을 통해서 그렇게 하고 있다. 식수가 너무나도 아름다운 말로 표현했듯이, "비상飛翔은 여성의 몸짓이다. 언어 속에서 날아가고, 언어를 날아가게 한다." 글과 노래, 웃음과 춤을 통해서 우리는 단지 떠다니는 것이 아니라 날아다닐 수 있다. 우리는 '떠다니는 여성'이 아니라 '날아다니는 여성'이다.

또한 누구든지 자신이 여성(을 비롯한 모든 소수화된 집단), 특히 정신 및 신체의 질병을 지닌 여성이라고 생각하는 사람은 규범적인 공간, 학습된 공포의 공간, 의사들이 우리가 고통을 받아야만 한다고 느끼게 만드는 가부장적인 공간들을 벗어나 바깥으로 움직여야 한다.

우리가 움직인다면
정체성도 변화할 수 있다.
행복과 평화를 향해
나아가기를 바란다.

다시 말하자면 (마일리 사이러스의 노래처럼) '계속 올라~~~가는 cliiiimb' 과정이다. (한동안 너무 창피한 기분이 들어서 그러지 못했지만) 이제 나는 필요하면 지팡이에 의지해서 걷는다. 그리고 기운이 나면 파

* 프랑스의 작가이자 여성학자.

티에 가서 잠시 춤을 출 때도 있다. 나는 나에게 주어진 제약들에서 벗어나 움직이기 위해서 노력한다. (〈앵거스통스〉에서처럼) "남자아이들은 여자아이들이 웃겨서 좋아하는 게 아니니까" 나는 코미디를 만든다. 미술학교에 다니지는 않았지만 콜라주를 만들고 그림을 그린다. 하지만 어떨 때는 너무 아프고 슬퍼서 침대에서 일어날 수가 없다. 나는 그래도 괜찮다고 생각한다.

3

연약해도
괜찮아

모든 이야기의 두 얼굴

Side A

나는 짐이다. 나는 골칫거리다. 나는 도움 받을 자격이 없는 쓸모없는 인간이다. 나는 내 안의 깊고 어두운 구덩이가 수치스러워서 아무에게도 그걸 보여주지 않을 것이다. 나는 지루한 인간이다. 나는 진이 빠지게 만드는 존재다. 나는 불쌍해 보여서 파티에 초대받고도 내가 진짜로 나타나면 사람들이 실망한다. 나는 너무 못생겨서 사람들은 내 얼굴을 보면 불쾌해한다. 너무나도 역겨워서 나랑 같은 공간에 있는 것을 도저히 못 견뎌 할 정도다. 나는 도움 받을 자격이 없고, 사랑받을 자격이 없고, 우정을 누릴 자격이 없다. 언젠가는 다들 내게 질려버릴 것이다. 나의 기분과 눈물과 끊임없는 요구 사항에 질려서 모두 곁을 떠날 것이다. 나는 나쁜 사람이다. 나는 짐이다.

Side B

너는 나의 가장 친한 친구/아이/평생의 사랑이야. 너는 마음이 아프고 고통을 받고 있어. 너는 너가 어쩔 수 없었던 일의 피해자고 그 어떤 것도, 그 어떤 것도, 너의 잘못이 아니야. 너의 인생이 어두울 때도 변함없이 너는 내 인생의 빛이야. 나는 네가 기분이 좋을 때만 너를 사랑하지 않아. 나는 네가 재미있고 똑똑하고 바쁘고 성실하고 아침에 침대에서 일어날 수 있어서 너를 사랑하는 것이 아니야. 네가 내 삶에 기뻠을 가져다주기 때문에 너를 사랑해. 나는 네가 불안해하고 슬퍼할 때도 여전히 너를 사랑해. 너의 뇌가 너라고 이야기하는 그런 사람이 아닌 너를 사랑하니까. 나는 안개 속에서도 내가 사랑하는 너를 알아볼 수 있어. 내가 이 상황을 해결할 순 없겠지만 네 곁에 있어줄 수는 있어. 네 곁에 있을 수 있게 해줘. 내가 토스트와 마마이트Marmite* 그리고 따뜻한 차를 준비했어.

나를 들여보내 줄래?

* 이스트 추출물로 만든 스프레드.

불안

걱정거리가 나를 매일 괴롭혀
그래서 일에도 집중할 수 없고 공연도 망쳐버려
나타났다가 사라지고
속삭이기도 하고 고함치기도 해
절대로 사라지지는 않지

나는 무엇이 그 걱정거리를 화나게 하는지 알게 됐어
그게 기다리는 장소들이 있어
장거리 여행을 하는 비행기 안이나
비좁은 공간이나
나는 그런 장소들을 싫어하게 되었지

하지만 걱정거리는 때때로 예고 없이 찾아와서
나를 언제 덮쳐올지 예측하기 어려워
그럴 때면 나는 꼼짝없이 붙잡혀
무방비 상태로
무섭게 빗발치는 공격 속에서

내가 말을 할 수 없게 만드는 걱정거리가 있어

내 몸이 허약하다고 믿게 만들었어

간단한 속임수 하나로

내가 아프다고 말하고

모든 것을 쓸데없이 암울하게 만들어버릴 수 있지

나를 부끄럽게 만드는 걱정거리지

'네가 가진 안락함을 보라고!

이런 특권을 누리면서도

마음을 가라앉힐 수 없다면

그건 분명히 너의 비겁함 때문일 거야'

하지만 이 걱정거리는 누구도 아닌 내 몫이야

너의 걱정거리가 훨씬 더 심각할 수도 있고

아니면 너는 괜찮을 수도 있겠지

나는 그저 공감하고

똑같이 존중할 수밖에

우리의 걱정거리들은 서로 연결된다는 희망을 찾기 위해서

깜짝 놀라게 하는 걸 좋아하는 걱정거리가 있어

그게 내 눈을 바라보면 진실은 사라지지

나는 어떤 게 진짜인지 알 수 있어

그러다 문득

나의 논리와 이성이 모두 거짓이라고 느껴

내가 시중을 들어야 하는 걱정거리지

'왜 하필 나야?' 의아하지만 물어볼 용기가 없어
내 인생의 수많은 부분이
갈등으로 인해서 드러날 때
걱정거리는 내가 감당해야 할 최소한의 몫이겠지

하지만 내 걱정거리는
단지 하나의 목소리일 뿐이야

이것만으로도
기뻐할 이유는
충분하다고 결심했지

주변의 사람들이
더욱 가치 있는 소리를 낸다면

걱정하는 것도
선택의 문제처럼 여겨질 거야

에밀리아 클라크Emilia Clarke | 배우

진정한 인정과 이해
| 당신은 내 머리에 난 구멍을 볼 수 있나요, 그리고 다른 두서없는 이야기들

당신이 이목의 대상이 되는 직업을 가지고 있다면 자칫하면 상당히 기분 나빠질 만한 수많은 생각들에 민감하게 신경 쓰게 된다. 그 직업에 젊은 여성으로서 이목의 대상이 되는 측면까지 있다면? 여성은 지난 수백 년간 이런 길을 걸어왔다. 만약 당신의 직업 때문에 이목의 대상이 되고 한두 차례 뇌손상을 겪은 적이 있다면, 이 경험은 당신이 자신의 마음을 어떻게 믿는가에 관한 본질적인 부분을 건드린다…. 여기서 우리는 마음의 어둡고 흐릿한 영역에 다다른다.

일생일대의 행운이 나에게 평생의 직업을 안겨주었을 때, 그때 나는 젊은 여성으로 살아간다는 게 어떤 건지를 겨우 알아가던 무렵이었다.

드래곤 마더Mother of Dragons*가 처음부터 용을 타고 날아다니는 전사 왕이었던 것은 아니다. 사람을 산 채로 불태워버리는 가장 빠른 방법을 생각하는 사람도 아니었다. 처음에 그녀는 두렵고 외로웠으며 학대를 받고 경매에서 최고가를 부른 사람에게 팔렸다. 그녀와 나, 우리는 그 길을 함께 걸었다. 나의 불안감과 두려움, 여성성은 모든 의미에서 적나라하게 벌거벗은 채로 만천하에 드러났다. 전 세계의 사람들이 〈왕좌의 게임〉에 중독될 정도로 빠져들었고, 나는 이목의 대상으로 살아가는 삶이 어떤 것인지 서서히 이해하게 되었다.

---

* 드라마 〈왕좌의 게임〉 속 에밀리아 클라크의 역할 대너리스의 별명.

돌이켜 생각하니 그래도 이건 덜 힘든 부분이었다. 그때 나는 신인이었고 꿈꿔왔던 업계에서 이제 막 싹을 틔우기 시작한 젊은 배우였다. 배워야 할 것들도 많았고 배우려는 열의도 넘쳤다. 남성이 지배하는 세상에서 젊은 여성이 어떤 일을 해낼 수 있는지 보여줄 기회는 많았다. 이때까지는 용을 타고 하늘을 나는 것처럼 정말 좋았다. 그러던 어느 날 나의 뇌가 폭발해버렸다.

진짜로 머릿속에서 작은 폭발이 일어나는 느낌이 들었다. 실제로 피가 솟구치고 아수라장이 되는 것처럼. 의학 용어로는 뇌출혈, 쉽게 말해서 뇌졸중이었다. 온 세상을 휘어잡고 노예의 주인을 하나씩 해치우려던 나의 야심 찬 계획은 완전히 무너졌다. 나는 내가 침착할 수 있길 바랐지만 나를 지켜보는 전 세계에 내 머리의 병을 숨긴다면 완벽히 침착할 수 없다는 사실을 깨달았다.

경험한 바에 따르면 뇌손상에 대한 세상의 반응은 아주 복잡하고 어려운 수학 방정식을 풀려고 애쓰는 사람의 표정과 비슷하다. 혼란스럽고 걱정스러운 데다 그 이면의 과학적인 부분을 전혀 이해하지 못한다. 나는 그런 사람들을 추호도 탓하지 않는다. 직접 뇌손상을 겪기 전까지는 나도 그들과 똑같았기 때문이다! 하지만 이런 깨달음은 나에게 비교적 새로운 경험이었다. 내가 뇌손상을 겪었다는 사실을 9년이라는 긴 시간 동안 비밀로 해왔기 때문이다. 내가 두 차례의 뇌출혈을 겪었다는 사실을 아무도 모르도록 가능한 한 모든 노력을 기울였다. 왜 그랬냐고? 이목의 대상이 되는 직업 때문에 사람들이 내 얼굴과 몸을 뚫어지게 쳐다보는 것만으로도 힘들었고, 외출할 때 사람들이 보는 내 모습만 생각했기 때문이다. 여기에 뇌손상까지 한두 차례 겪었다는 사실이 더해지면 문제가 더욱 커지는 것이다.

나는 모든 사람이 내 머리에 난 구멍들을 볼 수 있을 거라고 확신했다. 그들이 내 갑옷과 자신감, 자기 확신에 난 구멍들을 실제로 **볼 수 있을 것만** 같았다. 사람들의 눈에는 내가 영화 업계에 도전하는 젊은 여성처럼 보였겠지만 내 눈에는 나 스스로가 완전히 사기꾼처럼 느껴졌다. 진지하게 받아들여지기에는 너무 아팠고, 드래곤 마더는 고사하고 그 어떤 어머니 역할을 맡기에도 너무 허약했다.

그 당시에 나는 정신건강에 관해서 잘 알지 못했다. 순진한 소리처럼 들리겠지만 우울증이나 외상 후 스트레스 장애, 자살 시도를 하는 사람들의 이야기를 들어본 적은 있었어도 내가 그런 문제로 고군분투하게 될 거라는 생각은 꿈에도 하지 못했다. 하지만 이제 나는 그런 문제의 한복판에 서 있었다. 이제 내가 나를 어떻게 바라보는지는 나 혼자만의 문제가 아니었다. 마주치는 사람들의 눈에 나의 결점들이 모두 보이는 것만 같았다. 내가 다리에 석고 붕대를 하거나 눈 위에 패치를 붙였다면 **'경고: 이 여자는 몸이 편치 않음'** 같은 징후로 보였을 테고, 그랬다면 사람들이 연민을 어떻게 표현하는지 알 수 있었을지도 모른다. 하지만 나를 비롯한 많은 사람들은 이런 방식을 선택할 수 없고 병을 숨길 수밖에 없다. 그래서 나는 연기라는 위장술을 쓰게 되었다.

나는 정말 소수의 행운아 중 하나다. 훌륭한 부모님 밑에서 자랐고 주변에 좋은 친구들이 많고 스스로를 돌아볼 수 있을 만큼 인간성에 대한 이해도 충분히 갖추었다. 나는 지옥 같은 일을 겪고도 가까스로 살아 돌아온 나의 뇌를 잘 돌보기로 했다. 주위를 둘러보고 지금 **나의 삶이 사랑과 친절, 웃음으로 가득 차 있다는 사실**을 깨달을 수 있도록.

그런 생각에 다다르기까지 그동안 먼 길을 걸어왔다. 그렇다고 오해하지는 마라. 내가 사기꾼이라는 게 밝혀질 것만 같고, 나의 망가진 뇌가 만천하에 공개되고, 가장 가까운 출구로 조용히 끌려나갈 것만 같은 날들도 여전히 수없이 많다.

그런데 이 중에서 내가 여자라는 이유로 겪는 일들은 얼마나 될까? 배우라는 이유로 겪는 일들은? 이 중에서 얼마만큼이 내 마음이 작동하는 방식 때문이고, 또 얼마만큼이 내 뇌의 어떤 부분이 나를 영원히 떠나갔는지 이해하기 위해 여전히 애쓰고 있기 때문일까? 아직은 잘 모르겠다. 하지만 다행히 나는 내가 혼자가 아니라는 사실을 안다. 내가 세상에 얼굴이 알려진 사람이라서, 또는 필요하면 포옹을 받을 수 있는 지원 시스템이 있을 만큼 특권을 누리는 사람이라서가 아니다. 내가 전 세계에서 뇌손상을 겪으며 살아가고 있는 5천만 명의 사람 중 하나이기 때문이다. 만약 그들이 할 수 있다면, 드래곤 마더도 잘 해낼 수 있을 것이다.

16일째

병원에 입원한 지 9일째. 나는 기운이 없고 피곤하다. 항상 눈을 감은 채로 누워 있지만 밤에 상당히 독한 약을 먹지 않으면 잠들지 못한다. 나의 목소리는 아주 조용하게만 나온다. 말할 기운도 없고 어쨌든할 말도 없다. 지난 몇 주 동안 하루에도 몇 번씩 그랬듯이, 복부에 강한 통증이 느껴지면 억지로 눈을 뜨고 자리에서 일어나서 슬리퍼를 신고 천천히 발을 끌면서 화장실로 향한다. 앉고 나니 물통을 깜박했다는 게 떠오르는데, 슬픈 표정을 지은 채로 문간에 서 있던 엄마가 나에게 물통을 건네준다. 나는 한동안 여기에 있을 테니까 수분을 충분히 섭취할 필요가 있다.

궤양성 대장염이 갑자기 재발하는 바람에 병원에 입원해서 지내는 동안 나는 그 화장실에서 몇 시간, 어쩌면 며칠을 보냈을지도 모른다. 오로지 혼자서 고통에 시달리며 생각하기에는 정말 긴 시간이다. 건강, 인생, 나의 인생에 대한 생각에 잠긴다. 각각의 시기마다 어떤 것들이 내 머릿속을 차지했는지를 되돌아본다. 매번 화장실에 갈 때마다 길게는 한 시간까지도 걸리지만 나는 전혀 지루하지 않았다. 지루해하기에는 너무나도 아팠다. 처음에는 얼룩덜룩한 병원 바닥을 응시하면서 마치 하늘의 구름을 바라볼 때처럼 어떤 모양인지, 어떤 이야기가 있을지를 상상해보곤 했다. 병원에 들어온 후로는 구름을 본 적이 없었다. 병실에 창문이 있었지만 내가 누워 있던 침대에서는 하늘을 올려다볼 수 없었다. 토요일과 일요일마다 정말 시끄러운 공사 소음이 들려왔고 그 소리는 나의 온몸을 산산조각 낼 것처럼 관통했다. 모든 것이 나를 아프게 했다. 나의 몸은 아주 작은 소음까지 느낄 수 있었다. 병실 밖에서 굴러가는 간호사의 카트가 바닥에 튀어나온 부분을 지나가고, 누가 내 침대를 살짝 스치는 것까지도 느껴졌다. 병실 문이 살며시 닫히는 대신 세게 쾅 닫히면 세상에, 진짜 신경에 거슬렸다.

바닥의 얼룩무늬에서 나는 얼굴과 동물들을 보았다. 한번은 용도 보았던 것 같다. 매번 새로운 것들을 발견했지만 똑같은 모양은 두 번 다시 찾을 수 없었다. 또한 손톱과 코에도 집착하게 되었다. 나는 손톱과 거스러미가 남아나지 않을 때까지 뜯고 또 뜯었고, 콧속에는 파낼 것이 남아 있지 않을 때까지 파고 또 팠다. 내 손가락들은 지금까지 한 번도 가보지 않은 곳까지 갔다. 그러다가 노래 한 곡, 그중에서도 어느 한 부분이 머릿속에서 며칠째 끊임없이 들려왔다. 노래는 끝없이 되풀이되곤 했다. 아직도 왜 하필 이 곡의 이 부분이 나의 뇌를 온통 사로잡았는지 인정하기가 겁이 난다. 지금껏 나는 정신건강과 관련된 문제를 겪은 적이 없었다. 물론 내 '몸'에 문제들은 예전부터 있었다. 일곱 살 때 궤양성 대장염 진단을 받았기 때문이다. 병원, 주삿바늘, 약…. 이런 것들은 익숙했다. 하지만 그런 문제들이 있어도 나는 언제나 행복하게 살아왔다. 이 노래는 보 버넘이 부른 코미디 노래였고 나는 수년간 그의 팬이었다. 노래의 제목은 〈#심오해#Deep〉이다. 이건 **#코미디**이기 때문에 해시태그를 붙여야 한다. 내가 기억하는 가사는 다음과 같다.

만약 살다가 죽고 싶어지면

그냥 좋은 영화를 틀어놓고

곧바로 머리에 총알을 박아라

영원히 잠든 채로 지내라
꿈을 가지고 살아가는 것은
삶은 꿈 속에서 사는 것에
비할 바가 못 되기 때문이다.
Deep

그때 내가 자살 충동을 느꼈던 건지는 잘 모르겠다. 파라세타몰을 꽤 많이 모아볼까 싶은 소극적인 생각이 마음을 스치긴 했지만 진짜로 그걸 다 삼켜버린다는 건 상상할 수 없었다.

**나는 그저
고통이 끝나기만을 바랐다.**

나는 병실에서 지내는 삶이 끝나기를 바랐다. 나의 인생과 그동안 내가 했던 모든 행동들에 관해서 생각했다. 내가 이룬 것들, 경험한 것들, 가본 곳들, 사귄 친구들, 내가 어떤 부류의 사람인지에 관해 생각했고, 만약 내가 깨어나지 않는다면 그동안 내가 살아온 인생에 만족할 수 있을 것 같다는 결론에 이르렀다.

하지만 병원에 입원한 지 17일째에 나는 인생을 바꿔놓을 만한 응급 수술을 받았다. 수술에서 깨어났을 때는 많이 아팠지만 다른 종류의 고통이었고 이제 나는 죽고 싶지 않았다.

장루腸瘻를 달고 살아가는 데는 상당한 노력이 필요했다. 내가 몸과 마음의 관련성을 그렇게 명확하게 이해한 건 처음이었다. 트라우마를 겪은 나의 몸이 점차 회복되고 강해진 것과 마찬가지로 나의 마음도 강해졌지만 그 과정은 수개월에서 1년이나 걸렸다. 솔직히 말하자면 내가 예전에 일어난 일로부터 '완전히 회복되는' 날이 언제일지는 모르겠지만 아직은 아니다. 하지만 나의 뇌는 기분이 좋다. 나는 내가 겪은 일에 관해서 친구들과 가족들에게, 온라인에서, 그리고 비슷한 일들을 겪어낸 사람들에게 이야기했고 이런 대화는 정말 큰 도움이 되었다. 몸상태도 좋다. 수술 후에 말 그대로 걸음마부터 다시 연습해야 했지만 2018년이 다 가기 전에 5킬로미터 달리기에 도전하기로 했고 실제로 해냈다! 나는 지금도 여전히 운동을 한다. 운동은 나의 몸과 뇌에 도움이 된다. 장루를 달고 어마어마한 흉터를 지니게 된 후로는 나의 몸이 어떤 모습으로 보이는지보다 어떤 것을 느끼는지를 더욱 중요하게 여기게 되었다. 나는 신체의 건강을 유지하기 위해서 운동하고, 뇌의 건강을 유지하기 위해서 경험을 나눈다. 과거에 일어났던 일을 묻어두려고 애쓰는 대신에 인정하고 받아들이기 위해 노력하고 있다.

그렇다,
나는 죽고 싶었다.
(행복한 사람인) 내가
한때 그런 생각들을 했다는 사실을
직면하기가 어렵다.
하지만 지금 나는,
살고 싶다.

실패

어떤 사람들에게 실패는 하나의 경험이자 어른이 되기 위한 통과의 례이기도 하다. 나에게 실패는 그 그림자 아래에서는 주눅들 수밖에 없는, 위압감을 주는 고층 빌딩 같았다. 실패라는 단어는 잔인한 느낌을 주기 때문에 가장 무시무시한 헤비급 챔피언처럼 묘사된다. 여기 백전 백승의 굳은살이 박인 거구의 챔피언 벨트 보유자를 위하여 건배. 실패. 꺼져버려.

10대 시절의 내 수많은 고민 중에는 내 귀의 생김새와 이상하리만 치 긴 팔이 있었다. 사춘기 때는 가슴을 닮은 것들을 피해 다니느라 바빴다. 그런 걸 보면 얼굴이 아스널의 상징색처럼 빨갛게 물들었기 때문이다. 나는 흑인 남성이다. 우리 흑인들은 얼굴이 붉어지지 않는데, 가슴에는 멜라닌 색소를 넘어서는 힘이 있었다.

피할 수 없는 유전적인 부분 이외에도 나는 이상적으로 여겨지는 모습을 조용히 받아들이고 있었다. 의도하지는 않았지만 나는 사회적으로, 문화적으로 자연스럽게 남자다움의 규칙을 배워나갔다. 남성의 모습을 한 갑옷을 걸쳤으면 결코 틈을 보여서는 안 된다는 것을 알게 되었다. 그런 연약함은 곧 실패를 뜻했다.

80년대의 런던에서 나의 인격이 형성되었고, 고국을 떠나온 부모님의 아프리카 문화에서도 상당한 영향을 받았다. 런던의 노동계급인 동시에 당당한 아프리카 사람이라는 사실이 나의 내면에서 끊임없는 마찰을 일으켰다.

이 두 세계는 너무나도 동떨어져 있지만 같은 믿음을 공유하기도 한다. 두 문화 모두 남자에게는 약점이나 실패가 없어야 한다고 믿는다. 그 당시에 나는 멋진 남자가 되기만을 바랐다.

처음으로 뼈아픈 실패를 경험한 후 나는 상담치료사를 찾아갔고 첫 번째 세션에서 더 어렵고 두려운 실패의 모습과 마주했다. 물론 나는 울지 않겠다고 했고 상담치료사도 알겠다고 했지만 그는 내 쪽으로 휴지 상자를 살짝 밀어주었다. 그는 이상한 꽃무늬 소파에 앉아 있는 사람이 어떤 존재인지 정확히 파악했기에 그 사람이 폭발 일보 직전이라는 것도 알고 있었다.

내가 남자로서 처음으로 울었던 적은 모두를 실망시켰다는 생각이 들었던 때였다. 중요한 순간에 약속한 일을 해내지 못한 나 자신이 부족한 사람이라고 생각했다. 실패는 약점에 대한 시인이자 일을 제대로 대처하지 못하는 무능함을 뜻했다. 게다가 나는 굽히지 않는 태도가 믿음직스러운 남자의 행동이라고 여기는 문화 속에서 자랐다.

일에서 사랑에 이르기까지 실패를 여러 번 경험한 나는 정신적으로 허약해졌다. 사랑하는 사람들의 기대를 저버렸다는 생각이 들자 나는 밖에 나가고 싶지 않았다. 내가 지금까지 이뤄왔지만 실패로 잃어버린 최선의 성과를 두 번 다시 얻을 수 없을 것만 같아서 이제는 시도조차 하고 싶지 않았다.

삶의 최악의 순간에서 나는 나의 그림자를 받아들이고 그에 적응해야만 했다. 빛 속에서 나로 사는 건 쉽다. 내가 잘 알고 있는 나의 가장 멋진 모습이기 때문이다. 하지만 이제는 그림자가 훨씬 더 중요한 존재가 되었다. 그림자와의 관계를 통해서 나는 나의 트리거들에 관해 알게 되었다.

그 관계 덕분에 내가 사랑하는 사람들 역시 나를 사랑하기 때문에 나에 대한 그들의 생각이 바뀌지 않을 거라는 사실을 이해할 수 있었다. 일이나 사랑에서 내가 한때 얻고 잃었던 고점高點들은 실은 꼭대기가 아니라 중간 지점을 측정하는 척도에 불과했다.

그림자 속에 숨어 있기를 좋아하는 내 친구는 진실성integrity이 도전을 받으면 존재하는 줄도 몰랐던 트리거가 강한 자극을 받는다고 말해주었다. 그는 머뭇거리며 이런 말도 했다. "트리거가 있다는 것은 실패가 아니야. **트리거가 존재한다는 사실을 아는 것만으로도 성공이야.**"

오늘 내가 입고 있는 '남자의 갑옷'은 온통 금이 가고 찌그러지고 구멍 나 있지만, 나는 그 모든 흔적과 흠집을 깊이 잘 알고 있다. 나는 여전히 두려움이 많지만, 이제는 그런 두려움이 나를 규정하지는 않는다.

두려움과 실패는
정신을 희미하게 만들었다.
하지만
진정으로 두려워하지 않는 사람은
아무도 없고
누구도 실패를 피할 수 없다.

그러니 여기 백전백승의 굳은살이 박인 거구의 챔피언 벨트 보유자를 위하여 건배.

실패. 꺼져버려.

비밀

밤하늘 아래에서 아주 오래된 별들을 올려다본다. 나의 마음에서는 귀에 거슬리는 소음들이 불협화음을 이루며, 자리를 차지하기 위해 다투고 있다. 별들은 유한하면서도 무한하다.

스칼릿이 나에게 이 책에 실을 글을 부탁했을 때, 나는 고민하지 않았다. 정신적 고통을 겪는 많은 이들이 느끼는 고립감을 덜어주는 데 도움이 되는 글을 쓰는 일은 거절하기에는 너무나도 멋진 기회다. 이미 수년 전에 이런 책이 나왔어야 했다. 기고하기로 확답을 준 후에 거의 스무 가지의 아이디어를 브레인스토밍해보았는데, 그중에서 약 열아홉 개는 터무니없다는 사실을 깨달았다. 이제 남은 아이디어는 단 하나뿐이었다. 나의 정신에 대한 글을 써야만 했다.

이런 세상에.

나를 잘 아는 사람들은 내가 살짝 미쳤다고 생각한다. 하지만 그들조차도 내 몸의 가장 위층에서 전쟁이 벌어지고 있다는 것은 모른다. 사람들은 내가 남자이기 때문에 정신적으로 천하무적이라고 생각한다. 그렇지 않나? 나는 줄다리기를 하다가 이두박근에 좌상을 입거나 정글에서 전투를 벌이다가 동맥이 베이는 상처만 입을 수 있다. 함부로 건드릴 수 없을 만큼 냉정해야 하고 아널드 슈워제네거나 제임스 본드,

아니면 한 솔로*가 되어야 한다. 하지만 나는 그렇지 않다.

나는 나일뿐이다.

영화계의 우상들을 디스하려는 건 아니다. 나는 이 남자들을 진짜 좋아한다. 돌이켜보면 정신건강과 관련된 나의 고난은 아주 어릴 적부터 시작된 것 같다. 나뿐만 아니라 다른 사람들도 분명히 많이들 그럴 것이다. 정신건강과 관련된 문제를 겪고 있는 내 지인은 대여섯 살 무렵에는 우주비행사가 되고 싶었지만 조금 더 자란 후에는 귀상어가 되고 싶었다고 한다. 그는 지금 수많은 자격증이 있고 매우 똑똑하다. 내가 어렸을 때는 강박장애가 고통의 원인 중 하나였다. 일상생활 속에서 짝수가 불균형적으로 큰 역할을 담당했다는 뜻이다. 나는 특정 행동을 두 번, 네 번, 또는 여덟 번 이상 반복해야만 했고 한동안 그런 습관에 물들어 있었다. 그러던 어느 날, 뭔가 적어야 할 때마다 필통의 지퍼를 스물두 번이나 열어야 한다면 실제 펜으로는 뭔가를 해낼 수 없다는 사실을 깨달았다.

젊을 때는 '세상은 너의 굴이다The world is your oyster(무엇을 꿈꾸든 다 이룰 수 있다)'. 젊은이들의 꿈이 바다에 사는 굴과 무슨 연관성이 있는지는 아직도 잘 모르겠다. 어쩌면 몇몇 나라에서는 굴이 진귀한 음식이기 때문일까? 아마도 굴의 모험심과는 아무 상관이 없을 것이다. 내가 아는 바로는 굴은 대부분의 시간 동안 '잠들어 있기' 때문이다. 어쨌든 간에 사회는 우리가 나이 들면서 완전히 두들겨 맞고 또 맞고 또 맞을 거라는 사실은 알려주지 않는다. 우리가 받는 상처는 쌓여간다.

* 〈스타워즈〉 시리즈의 강인한 남성 캐릭터.

이제야 털어놓는 이야기인데, 나는 오랜 시간 종종 우울증에 시달리며 싸워왔다. 내가 사람들이 읽게 될 글을 통해서 이런 고백을 할 줄은 몰랐다. 하지만 때로는 세상을 변화시키려면 위험을 무릅써야 한다. 용감한 자가 승리한다. 그랬으면 좋겠다. 우울증보다 빈도는 낮지만 공황 발작도 겪었고 불안과는 함께 평생을 살아왔다. 영국의 공립학교의 국가교육과정은 불안을 강요하다시피 한다. 이미 사회가 매일 우리의 정신을 심각하게 망가뜨리고 있는데도 말이다. 돌이켜보면 학창 시절에는 이 세상에서 나만 그런 기분을 느끼는 것만 같았다.

그나마 다행스럽게도 공황 발작을 겪은 일은 몇 번 안 되었다. 나 같은 경우에는 공황 발작이 전혀 예상하지 못한 순간에 갑작스럽게 닥쳤다. 첫 공황 발작은 굉장히 무례하고 폭언을 일삼는 고객들이 드나드는 고급 상점의 점원으로 일하던 때 찾아왔다. 위협을 받거나 무섭다는 기분이 전혀 들지 않았는데도 공황 발작이 발생했다. 계산대의 서랍을 여는데 손이 부들부들 떨렸던 기억이 난다. 잔돈을 어떻게 바닥에 떨어뜨리지 않았는지 나도 잘 모르겠다. 잭 더글러스Jack Douglas*가 그 모습을 보았다면 기특해했을 텐데.

이 세 친구 중에서는 우울증이 가장 자주 찾아온다. 우울증이 가장 심할 때는 모든 희망이 사라진다. 희망이 없으면 우리는…

공허해진다.

나는 우울증을 미켈란젤로의 〈성 안토니오의 고통The Torment of Saint Anthony〉이라는 그림에 비유한다. 이 작품에서는 벼랑 끝에 서 있는 성

---

* 항상 긴장하는 모습의 캐릭터를 연기하기로 유명한 영국의 배우 겸 코미디언.

안토니오에게 무시무시한 악마들의 무리가 린치를 가하고 있다. 우울증에 걸리면 악마들의 발톱이 몸에 파고들어 와도 아무도 당신의 비명을 듣지 못한다.

아무도 그들의 비명을 듣지 못한다.

물론 우울증을 이해하지 못하고
단순히 슬픈 감정으로 착각하는 사람들도 있다.
하지만 그건
원자폭탄을 분젠버너BUNSEN BURNER*로
착각하는 것과 같다.

몇 년 전에 내가 우울증에 걸렸다는 사실을 처음으로 깨달은 무렵이 기억난다. 그때까지는 내 마음속에 존재하는 줄도 몰랐던, 모든 것을 삼켜버릴 듯한 강렬한 절망 속으로 더욱 깊이 빠져드는 기분을 난생처음 느꼈다. 갑자기 모든 것이 무의미해졌고 가장 사소한 일들을 할 때도 어마어마한 노력이 필요했다.

이렇게 내가 겪어온 일들을 인정하고 나니 분명히 내 귀에 들려올 말들에 대비를 해야 할 것만 같다. 나는 남자들이 비난받을까 봐 두려워서 이런 일들을 인정하기 싫어한다는 것을 안다. 그 심정을 충분히 이해한다. 진심이다. '남자답게 행동해라man up', '남자답게 용기를 내라grow a pair' 같은 관용구가 떠오른다. 논란이 많은 심리학자인 조던 피터

• 화학 실험용 가스버너.

슨Jordan Peterson* 박사는 사람들이 '회복력'을 높여야 한다고 하지만, 혹시 남들을 함부로 재단하기 좋아하는 습관부터 고쳐야 하는 건 아닐까? 내 생각에 우울증에 대한 수치심은 자기가 알지도 못하는 주제에 대해서 오만한 경멸을 표시하는 사람들 때문에 생겨나기도 하는 것 같다. **"우리 때만 해도 이렇게 정신건강과 관련된 문제들이 없었다고!"** 과연 없었을까? 헤밍웨이가 무심코 안전장치를 풀어둔 상태로 엽총을 닦고 있지는 않았을 것이다. 이런 침묵의 수칙이 사람들을 죽게 만든다. 우리는 다른 길을 찾아야만 한다.

내가 덧붙이고 싶은 말은 우울증을 이겨내고 살아남는 방법에는 옳고 그름이 없다는 점이다. 모든 사람은 제각기 다르다. 침대에서 일어나기 힘들어하는 사람들도 있고 출근하고 싶지 않아 하는 사람들도 있는데 이런 일이 지속되면 '복지 수당 사기꾼'이라는 소리를 듣기도 한다. 그럴 때는 이렇게 묻게 된다. 우리 사회의 일터에 어떤 문제가 있기에 정신적으로 힘든 사람들은 그렇게 큰 두려움을 느끼는 걸까?

우울증을 비롯해서 자신에게 영향을 미치는 문제들에 관해서 말하는 것이 아직 불편하다면 글로 써보라. 자신의 리듬을 찾고, 자신이 느끼는 바를 글로 적고, 이제 준비가 되었다는 생각이 들면 다른 사람에게 그 글을 보여줘라.

지금은 이런 말을 믿기 어렵겠지만 시간이 지나면 분명히 점점 나아질 것이다. 당신은 지옥 불을 뚫고 지나갈 수 있다. 요즘에는 글을 하나씩 완성할 때마다 우울증을 상대로 자그마한 승리를 거둔 듯한 기분이 든다. 예전에는 침대에서 일어나기만 해도 엄청난 승리를 거둔 것 같았다. 그렇다고 해서 설교를 늘어놓으려는 건 아니다. 그게 얼마나 힘든

---

* 페미니즘, 인종주의 등에 대해 문제적 발언을 한 임상 심리학자.

일인지 나도 잘 안다. 다른 사람들의 이야기에는 공감하면서도 정작 나 자신에게는 그러지 못할 때도 있다. 아마 당신도 마찬가지일 것이다.

우울증 또는 정신건강과 관련된 다른 문제가 있을 때 **이야기를 한다는 것만으로 인류에게 배움의 기회를 줄 수 있다.** 은하계에 나부끼는 별의 먼지인 우리의 삶이 시작되기 전부터 그래왔듯이, 우리는 모두 삶의 끝에 다다를 운명을 타고났다. 인생은 짧지만, 그 여정은 길다.

기나긴 이별과 여러 번의 달콤한 안녕

치매는 2009년 9월의 청량함을 앗아갔다.

그전에는 가을 아침의 상쾌한 산들바람이 돌아오면 늘 기뻐하곤 했다. 학창 시절에는 끊임없이 괴롭힘을 당하면서도 개학이 언제나 신났다. 엄마는 학용품을 살 수 있게 용돈을 주시곤 했다. 늘 그랬듯이 색상은 내가 골랐다. 멋진 인용구가 적혀 있는 분홍색 문구류와 솜털로 장식된 뚜껑이 달린 펜이 너무나도 갖고 싶었지만… 안 돼! 그런 건 내가 다니던 파머스 그린의 중학교에 가져가기에는 너무 위험했다. 나는 할 수 없이 우주가 테마인 보라, 파랑, 초록빛 은하계 무늬 학용품에 만족해야 했다. 그것만으로도 반 친구들에게 강력한 메시지를 전달할 것이다. 나는 그들이 전혀 알지 못하는 세계를 탐험하러 떠날 거라는. 그 옛날에도 나의 젠더 비순응gender nonconformity은 요란했고 앞으로 더 요란해질 예정이었다. 퀴어였던 나는 12학년에서 13학년으로 넘어가던 2003년 여름에 엄마와 심각한 갈등을 여러 차례 겪었다. 엄마는 제발 다시 안전하게 남자로 살라고 애원했지만, 나는 그때까지 단 한 순간도 그렇게 살아온 적이 없었기에 엄마의 간청을 거절했고 페미니즘이 나에게 약속한 자유를 누렸다. 나의 몸과 젠더, 그리고 미래가 모두 손만 뻗으면 내 것이었다. 여성 참정권 운동가가 설립한 여자학교의 대학 진학반sixth form*에 들어가면서 더욱 급진적인 자기수용의 과정이 시작되었다. 나는 내 영혼이 원하는 만큼 여성스러워질 수 있는 자유에 목말랐다. **그걸 위해서 싸우고 죽을 각오가 되어 있었다.** 그래서 우리는 싸웠다. 내가 사교계에 데뷔한 여자처럼 터프넬 파크를 돌아다니며 파티에 놀러 다니는 동안 엄마는 내 잡지와 화장품을 모두 불태워버렸다. 전쟁터로 돌아온 나는 부시힐 파크에 있는 우리 집에 전화를 걸어서 결국 엄마한테 소리를 질렀다.

"엄마는 우리 엄마 아니야!"

⟨이스트엔더스EastEnders⟩*에 나오는 조이가 그랬던 것처럼.

엄마는 캣 슬레이터의 명대사로 받아치진 않았다.

"나 네 엄마 맞거드으으은!"

우리 엄마의 이름, 카스테야Castella는 스페인어로 성城을 뜻한다. 한때는 내가 엄마의 성 안의 핏줄이라고 믿었다. 어릴 때 밤에 아프면 엄마의 이름을 부를 필요가 없었다. 우리 둘 사이에는 본질적이고 직감적이며 영적인 유대감이 있었다. 그랬던 우리가 서로에게서 맹렬하게 멀어져 갔다. 나는 달아나야만 했다.

집에서 도망쳐 나온 다음에는 친구 집의 빈방, 호스텔, 단칸 셋방을 전전하며 살았고 사무실을 돌아다니며 소득 보조금***을 달라고 애원했다. 가족과 소원해진 나는 솔직하고 자기주장이 강한 젊은 여성으로 변해갔지만 나의 연약함에 관해서는 전혀 알지 못했다. 나는 파리와 마르티니크****에 갔다가 돌아왔다. 그 누구도 겪어서는 안 되는 사람들과 사건들에 흠씬 두들겨 맞은 상태였다. 너무 많은 불시착에 시달려서 내

---

* 영국의 대학 입시 준비 과정.
** 1985년부터 방영 중인 영국 BBC 드라마.
*** 저소득층에 지급하는 복지 수당.
**** 카리브해에 위치한 프랑스령 섬.

가 괜찮고 뭐든지 할 수 있다고 생각할 힘조차 없었다. 그래도 나는 계속 나아갔다. 약은 효과가 없었고 심지어 상황을 더욱 악화시켰다. 하지만 잦은 폭행으로 인한 복합적인 외상 후 스트레스 장애와 성별 불쾌감gender dysphoria* 때문에 폐에 찬 더러운 물에 익사할 듯한 느낌을 완화하는 데는 다소 도움이 되었다. 나는 내 안에 여전히 남아 있는 순수함과 순결함에 관해서 이야기할 수 없었다. 그저 계속 천천히 나아갔고 여기저기 부딪쳤다. 대학을 중퇴해서 다른 친구들처럼 괜찮은 학위를 받지는 못했지만 아무것도 얻지 못한 것은 아니었다. 나는 인생이 왜 그렇게 힘든지, 그리고 왜 더 힘들어질 수밖에 없는지 어렴풋이 알게 되었다. 내 경우에 탕아의 귀환은 복잡했고 퀴어스러웠다. 그리고 엄마가 기억을 잃어가는 기이하고 서글픈 여행을 시작했다는 소식을 접할 마음의 준비는 되어 있지 않았다.

에드먼턴의 정신건강평가센터에서 아빠, 이모, 언니와 나는 창가에 앉았고 엄마는 책상을 사이에 두고 의사와 마주 앉았다. 창밖에서 등위로 햇살이 쏟아져 내렸고, 우리의 얼굴에 어두운 그늘이 드리워졌다. 그리고 나는 엄마가 우리의 긴장된 불안한 표정을 알아볼 수 없기를 바랐다. 나는 그레이스 존스Grace Jones**처럼 하이톱페이드hi-top fade***를 하고 갔다. 그레이스 존스처럼 강인하고 매력적으로 보이고 싶었지만 그날 나는 강인하지도 매력적인 기분이 들지도 않았다. 그저 한없이 무력했다. 나뿐만 아니라 가족 모두 마찬가지였다. 의사는 엄마에게 어떤 일을 하는지 같은 간단한 질문들을 건넸다. 엄마에게 숫자를 세어보라고도 했는데, 엄마는 가까스로 10까지 셌다. 그다음에 의사는 엄마에

---

* 　출생 시의 지정 성별과 자신의 성 정체성이 일치하지 않는 데서 느끼는 불쾌감 및 불편함.
** 　자메이카 태생의 모델이자 배우.
*** 　머리카락을 위로 높이 세운 헤어스타일.

게 숫자를 거꾸로 세어보라고 했는데, 엄마는 거꾸로 세지 못했다. 의사는 엄마에게 생일을 물어보았지만 엄마는 전혀 모르겠다고 했다. 언니의 생일도 물어보았다. 엄마는 전혀 모르겠다고 했다. 그날 아침에 나는 엄마가 기억력 테스트에 대비해서 작은 수첩에 우리 가족의 생일을 적어두는 걸 보았다. 엄마는 너무나도 멀쩡해 보였다. 우아한 진보랏빛 옷차림에 피부는 매끈했고 몸매는 여전히 아름다웠다. 틀리면 안 된다는 생각에 불안해하고 걱정하긴 했지만 키득거리며 웃기도 했다. 심각한 분위기는 아니었다. 쾌활한 기질을 타고난 분이었다. 중년의 나이에 건강한 흑인 여성으로, 어깨까지 닿는 촘촘하게 땋은 머리가 정말 매력적이었고 흑인들이 대개 그렇듯이 나이에 비해 젊어 보였다. 엄마는 여전히 '멀쩡해' 보이는 게 어떤 건지 알고 있었는데, 중간 이름이 '객관적'이라도 되는 것처럼 무표정한 의사가 수많은 질문을 쏟아내자 엄마는 아이 같은 모습을 보였다.

그걸 보고 있던 나는 혼잣말을 중얼거렸다.

"이런 세상에. 엄마가 진짜….'

엄마는 투지와 매력으로 나를 안전하게 지켜준 원양 여객선이었다. **절대로 침몰하지 않는 카스테야호**. 나는 부둣가에 서서 그때까지 내가 알고 지냈던 가장 원만하고 지적인 여성을 향해 손을 흔들며 작별 인사를 했다. 엄마는 나의 윈드러시Windrush호*였다.

엄마는 세상 모든 것이 가능성으로 충만한 따뜻한 바다의 시대를 열었고 평생 흠잡을 데 없이 완벽하고 헌신적인 삶을 살았다. 파도가 몰아치는 바다 위에서 가끔은 배멀미도 겪었으며, '세상에, 우리 이제

---

* 제2차 세계대전 이후에 영국 재건을 위해 카리브해 지역에서 이주민들을 태우고 온 '엠파이어 윈드러시호'를 가리킨다.

어떻게 헤쳐나가야 하지?' 싶은 순간들도 이겨냈다. 그 의사는 이런 상황이 얼마나 크나큰 상실을 뜻하는지 결코 알 수 없었겠지만, 이제는 그동안 엄마가 살아온 삶에 우리가 감사해야 할 때라고 말했다.

"런던정치경제대학LSE을 다닐 정도의 교육을 받으시고 훌륭한 커리어를 쌓아 오신 분이 이런 질문들에 제대로 답할 수 없다는 건 걱정스러운 일입니다."

지난 9개월 동안의 혼란스러웠던 상황이 퍼뜩 분명해졌고 가슴이 아팠다. 엄마가 지방 정부에서 일하는 동안 엄마에게 뭐든지 맞추기 위해 애썼던 친절한 동료들, 작업치료사occupational therapist*와의 선약을 잊어버렸던 일들, 지역 대학 야간 수업 때문에 컴퓨터를 사용해보려고 노력했지만 소용없었던 일들. 이제는 모든 게 이해가 갔다. 단순히 폐경기로 인한 건망증이 아니었다. 가끔만 그런 게 아니었으며 심지어 만성 질환도 아닌 퇴행성 질환이었고 영구적이었다. 휘몰아치는 소용돌이였고 엄마의 인생이 끝을 향해가는 과정의 시작이었다.

울먹이면서도 차분함을 잃지 않는 언니가 존경스러웠다. 나는 완전히 무너졌다. 엉망진창이었다. 두 뺨은 눈물로 젖어서 떨리는 숨을 몰아쉬었다. 사람들 앞에서 초콜릿 가나슈 색상의 부드러운 파운데이션이 얼룩진 모습을 보이기는 싫었기 때문에 얼굴에 흐르는 눈물을 닦을 수가 없었다. 그래서 나는 낙담한 채 그냥 우두커니 앉아 있었다. 내가 아는 가장 기나긴 이별이 될 거라는 생각을 하니 마음이 정말 무거웠다.

그전 해인 2008년 크리스마스에 엄마는 향신료와 코끼리 그림이 그려진 식탁보가 깔린 식탁으로 언니와 나를 불렀다. 바스마티쌀**, 그레

---

*   장애인이나 중증 환자의 재활을 돕는 의료 기사.
**   인도가 원산지인 낱알이 길쭉하고 향긋한 쌀.

이비, 칠면조, 파스닙, 고구마, 푸딩 냄새가 온 집 안을 가득 채웠다. 다채롭고 건강한 음식들이었다. 엄마는 언젠가 우리가 엄마 없는 세상에서 살아갈 때 의지할 수 있을 문장을 선사해주었다.

"나는 너희 둘을 사랑해. 아무런 조건 없이…."

우리 셋은 삼각형을 이루는 모양으로 앉아 있었는데 꼭 마녀들의 모임 같았다. 엄마의 진실하고 소중한 마음은 우리를 하나로 묶어주었다. 엄마는 우리를 위해서 평생을 살아오셨기에 억울하고 화난 마음이 모두 눈 녹듯이 사라졌다. 내가 다시 집으로 돌아와 그 자리에 함께 있는 것 자체가 휴전을 뜻했다. 엄마는 우리에게 책을 나누어주고, 살림하는 법을 단단히 가르쳐주고, 우리를 사랑하지 않는 나라에서 살아가는 데 필요한 흑인들의 충만한 자신감을 심어주셨다.

2009년의 크리스마스는 조용했다. 축제 분위기가 차분하게 변했다. 언니와 나는 번트 오렌지색으로 꾸며진 위층 침실에 앉아 레드 와인과 담배, 리얼리티쇼로 기분을 달랬다. 엄마는 요리하는 법도 잊어버렸다. 대신 언니가 집안일을 처리했고 나도 여기저기 뛰어다니느라 바빴다. 우리의 몸을 바삐 움직이는 게 도움이 됐다. 잠자리에 들기 전에 우리 방에 들른 아빠는 문간에 서서 이렇게 말했다.

"엄마의 진단 결과가 우편으로 도착했다. 치매란다. 조발성 알츠하이머병."

아빠는 마치 전보를 읽는 것처럼 근엄하고 진지한 태도로 말했다. 지나치게 무거운 침묵이 흘렀다. 우리는 감정이 메마른 듯한 아빠의 모습에 숨을 죽이고 쿡쿡 웃는 편을 택했다. 우리의 감정이 충만하도록 보살피고 챙겨주던 엄마는 이제 없었다. 우리는 깊고 쓰라린 우물 안에서 웃었다. 이제 우리를 챙겨줄 사람은 서로밖에 없다는 걸 알았기 때문이다.

엄마는 아이가 되어버렸고 우리는 교대로 엄마를 돌봐드렸다. 결국에는 차도 팔아버렸다. 자율주행 기능을 사용하면 아직 운전을 할 수 있었지만 언젠가 운전을 못 하는 날이 다가올 테고, 사고가 날 때까지 그냥 둘 수는 없었다. 엄마는 혼자서는 외출하지 않으려고 했다. 처음에는 옆에서 길을 알려드리는 것으로 충분했지만 나중에는 그것도 부족했다. 그러면 발끈 성질을 내곤 했다. 엄마는 집이 다른 데 있다고 확신했고 문이 잠겨 있지 않으면 밖으로 뛰쳐나가곤 했다.

'달아난 엄마the runaway mother'가 있는 가족이라는 새로운 현실에 대처할 만한 기술이 간절했다. 우리는 거리를 헤매며 사람들에게 이렇게 묻곤 했다.

"흑인 아주머니 못 보셨나요? 키는 제 어깨 정도에 가늘게 땋은 머리가 어깨까지 내려오거든요?"

나는 이 질문 들으면 사람들이 멍한 표정을 짓는 게 정말 싫었다. 우리가 뭔가를 팔려는 게 아니라는 걸 알고 나면 표정이 부드러워지기는 했지만 그들에게 우리가 필요한 정보는 없었다. 나는 지역 라디오 방송 덕분에 엄마가 점심시간 전에 집으로 돌아올 수 있기를 바라면서 엔필드 타운 뒷골목에서 울곤 했다. 주빌리 파크에 부는 산들바람 속에 엄마의 이름을 목 놓아 부르기도 했다. 아름다운 노을빛에 날이 저물어가면 다가올 무서운 밤이 걱정됐다.

'엄마, 제발 집으로 돌아오세요. 제발 돌아오세요.'

20대인 내가 런던 북부의 우범지역을 헤매는 엄마를 걱정하는 건 만물의 자연스러운 질서가 완전히 뒤바뀐 뼈아픈 일이었다. 대개 경찰이 엄마를 집으로 모셔오곤 했다. 다정하고 진지한 여성들이나 어깨가 넓고 듣기 좋은 중후한 목소리로 가벼운 농담을 건네는 남성들이 엉뚱한 장소에서 엄마를 발견해서 집으로 안전하게 모시고 왔다. 그들은 즐거운 표정을 지으며 집에 도착했다. 내가 지레짐작한 것처럼 짜증과 화를 내는 경우는 절대 없었다. 부시힐 파크에서 리버풀 스트리트까지 갔던 일이 엄마의 가장 큰 모험이었다. 엄마는 저녁 무렵 러시아워에 브로드게이트 타워 근처에서 잠옷을 가득 채운 베갯잇을 품에 안은 채로 발견되었다. 엄마를 집까지 모시고 온 경찰관들은 언제나 그렇듯이 예의 바르게 우리를 안심시켜주었다. 엄마는 〈버스에서On the Buses〉*에 나오는 올리브처럼 경찰관들이 얼마나 훌륭했는지 입에 침이 마르도록 연신 칭찬했다.

"진짜 그렇게 멋진 분들은 없을 거야! 따뜻한 차까지 내주시고 얼마나 친절하신지 몰라."

경찰관들은 아마도 엄마가 지상 전철을 타고 표가 없는 상태에서 서둘러 개찰구를 지나가려고 했을 거라고 말했다. 우리는 그런 설명을 들으며 어색한 웃음을 지었고 엄마는 기억이 안 난다고 했다. 잠시 안도했지만 곧바로 불안해졌고, 외출할 때마다 현관문을 단단히 이중으로 잠그곤 했다.

정말 다행스러운 일은 언니가 현명하게도 올리버 제임스Oliver James의 『만족스러운 치매: 평생 행복한 삶을 위한 24시간 돌봄 시스템 Contented Dementia: 24-hour Wraparound Care for Lifelong Well-being』라는 책을 찾아낸 것이었다. 엄마를 돌보는 데 있어서 우리를 안내해줄 가장 진보적인 책이었다. 이 책을 통해서 엄마에게 답변할 수 없는 질문을 하는 것이 무의미하고, 엄마가 인지하는 세상을 인정해주는 것이 언제나 최선의 행동 방침이라는 사실을 알게 되었다. 특히 엄마가 죽은 이들을 부활시켰을 때 이 책이 큰 도움이 되었다. 외할머니가 이미 돌아가셨다

* 영국의 70년대 TV 시트콤.

고 내가 말실수를 했을 때 엄마는 너무나 큰 충격을 받고 슬픔에 잠겼다. 외할머니가 세상을 떠나신 지 거의 10년이 다 되었는데도, 엄마는 그 소식을 처음 들은 것처럼 실신할 지경이었다.

그래서 할머니는 진짜로 살아 숨 쉬고 늘 해왔던 일들을 하는 분이 되었다. 형사 콜롬보의 아내처럼 그저 화면에 등장하지 않을 뿐이지 할머니는 이른 아침에 여호와의 증인 모임에 참석하시고, 오전에 시장에 들러 초초chocho*, 얌, 토란 등 수프 재료를 사오시고, 세례식에 참석하기 전에 머리를 하러 다녀오셨다. 할머니는 때때로 교회에 계셨거나 곧 집으로 돌아오실 예정이었다. 누가 시키지도 않았는데도 나는 엄마가 가장 좋아하는 루 이모와 리즈 이모를 불러냈다. 엄마의 억양과 광막한 사르가소해**의 해초처럼, 우리는 카리브해와 영국제도 사이의 대서양을 시적으로 떠다녔다. 엄마는 어린 시절로 퇴행했고, 그러다 보니 자연스럽게 어릴 적에 자메이카에서 있었던 일들을 이야기했다. 남자 없이도 행복하게 잘 살아가는 바지런한 여성들, 자기 집과 돈이 있고 자연에 대해 속속들이 알고 있는 여성들 이야기를 애정이 듬뿍 담긴 목소리로 자주 들려주었다. 그런 여성들의 기운을 다시 엄마에게 전해 듣는 건 정말 즐거웠다.

가장 웃겼던 건 엄마가 거리에 지나가는 흑인들을 대하는 태도였다. 엄마는 그들을 모두 아는 사람이라고 생각했고, 반가워하며 인사를 건네곤 했다.

"오, 안녕하세요!!! **좋은 아침이에요!** 잘 지내지요?!"

사람들은 환하게 웃어주었지만 너무나도 살가운 인사에 놀라고 당

---

* 카리브해 지역에서 박과에 속하는 채소인 차요테를 가리키는 단어.
** 북대서양의 바하마제도 인근 바다.

황한 것 같기도 했다. 그들이 우리 앞을 지나쳐서 이제 소리가 안 들릴 만큼 멀리 사라지고 나면 엄마는 이렇게 말했다.

"아, 뭐였지? 저 여자 이름nyame이 생각이 안 나네."

때로는 우리처럼 도시에 사는 사람들이 흔히 그렇듯이 행인들이 뚱한 표정으로 말없이 지나쳐 가버리면 이렇게 말씀했다.

"아… 내 목소리를 못 들었나 봐…. 아주 바쁜 모양이야."

매일 엄마는 대체로 침착하고 행복하게 지냈고, 작은 일에도 기뻐하며 친절하고 심성이 선한 시민으로 살아갔다.

나는 엄마가 잔소리하고 화내던 모습이 그립기도 했지만, 엄마의 퀴어포비아queerphobia가 사라진 건 정말 기뻤다. 나는 엄마의 눈앞에서 전환을 시작했었다. 10대 시절에 젠더 비순응을 추구했고, 집을 떠나 노숙과 다름없는 생활을 했다. 탕아가 되어 집으로 돌아오는 건 생각한 만큼 과격한 일은 아니었다. 엄마는 건조기에서 내 속옷을 꺼내서 베개 위에 올려놓곤 했다. 요란하고 조잡해서 눈에 잘 띄긴 했을 거다. 브라질리언컷 모양의 쨍한 하늘색 레이스 속옷이나 앞에 깜찍한 노란 리본이 달린 진분홍색 끈 팬티 같은 것들이었으니까. 엄마는 내가 화려하게 눈 화장을 하고 가장자리에 흰색 아이라이너를 바르는 모습을 무심하게 지켜보았다. 화장이 너무 과하다 싶으면 엄마는 주저 없이 이렇게 말하곤 했다.

"그건 별론데."

하지만 부드러운 오렌지빛 코랄 블러셔에 은은한 립글로스를 바른 귀여운 흑인 아가씨처럼 치장하고, 웨이트리스로 일할 때 팁을 넉넉히 받게 해준 꽃무늬 블라우스를 입으면 엄마는 이렇게 말하곤 했다.

"진짜 예쁘구나."

그런 날이면 나는 값을 매길 수 없이 귀한 빈티지 티아라를 쓴 듯한 기분이 들었다.

나는 여전히 파괴적인 방법에 기대서 슬픔을 달랬다. 나를 정말 소중한 고객인 것처럼 대하는 마약 딜러에게 매일 문자를 보냈고, 나를 '달링'이라고 부르는 주류 판매점에 매일 들렀으며, 나중에도 결코 이름을 알게 될 일이 없을 낯선 남자들을 매일 찾아갔다. 일자리를 찾았지만 약물중독으로 매번 해고를 당했다. 엉망진창인 나의 인생에 체념했다. 그러던 어느 날… 나는 마음을 바꾸었다.

치료 시설에 들어간 나는 그제야 예전에 엄마의 책장에 꽂혀 있던 흑인 여성 문학작품에서 처음으로 치유를 받았다. 엄마는 내가 머스웰 힐의 단칸 셋방으로 처음 이사 갔을 때 벨 훅스bell hooks의 『내 영혼을 뒤흔들다: 흑인과 자존감Rock My Soul: Black People and Self-Esteem』를 선물해주었다. 어느 한여름 밤에는 앨리스 워커Alice Walker의 『컬러 퍼플』을 읽었고, 마야 안젤루Maya Angelou의 『새장에 갇힌 새가 왜 노래하는지 나는 아네』를 읽었다. 엄마는 우리에게 우리만의 정전正典이 있다는 것을 알려주었고, 나는 이런 책들을 읽어둔 덕분에 재닛 목Janet Mock의 회고록 『현실성의 재정의Redefining Realness』가 얼마나 소중한 책인지 진정으로 이해할 수 있었다. 치료 시설에 들어갈 때 가져갔던 이 책은 나 스스로를 드러낼 수 있게 해주었다. 그 결과 엄마는 내가 중독에서 벗어나는 모습을 지켜보았고, 나의 전환은 놀랍도록 아름다운 기적 같은 일이 될 수 있었다.

회복 후에 나는 엄마를 모시고 웨일스에 다녀왔다. 엄마는 거의 한 시간에 한 번꼴로 화장실에 갔다 오곤 했다. 이 문제로 상당한 스트레스를 받았지만 언니와 내가 하루씩 번갈아서 엄마랑 같이 잤기 때문에 감당할 수 있었다. 엄마는 언제나 웨일스를 사랑했다. 푸른빛으로 물든 야트막한 구릉은 어릴 적 엄마가 자랐던 자메이카의 풍경과 사뭇 닮았고 조금 더 고즈넉했다. 엄마는 웨일스 남성 합창단의 부드럽고 굵직한 목소리를 좋아했다. 흑인 가수 폴 로브슨Paul Robeson에 대해 특히 애정이 있었고, 그가 웨일스에서 보낸 시간이 주변화된 노동계급 커뮤니티에 커다란 영향을 미쳤다는 글도 읽었다. 공기가 맑고 아름답고 조용한 자연 속에서 엄마가 기분 전환을 할 수 있던 일도 정말 감사하지만, 우리가 가게에 다녀올 때 기꺼이 우리에게 먼저 인사를 건네준 친절한 사람들을 만나서 더욱 감사했다. 엄마는 런던에서처럼 불안해하거나 초조해하지 않았다. 런던에서 60년대, 70년대, 80년대를 살아오면서 이녁 파월Enoch Powell*, 서스 법SUS laws**, 국민 전선National Front*** 때문에 상처를 받았는데, 가끔 갑자기 움찔하거나 눈을 크게 뜨면서 불안해하는 엄마의 모습을 보면 아직 그 기억들이 남아 있는지 궁금했다. 나는 엄마가 영국에서 가장 좋아하는 장소 중 한 곳에 엄마를 모시고 갈 수 있었다. 그게 우리의 마지막 휴가였다.

그 이후로 나는 몇 달간 정기적으로 엄마를 찾았다. 슈퍼마켓에 가면 계산대 직원과 눈을 마주치고 엄마가 치매에 걸렸다는 것을 입 모양으로 말하거나 나의 표정을 통해서 우리의 사연 많은 상황을 전달하려고 애썼다. 그러면 항상 효과가 있었다. 나는 사람들이 섬세하게 주변에 주의를 기울이고 대체로 꽤 친절하다는 사실을 깨달았다. 전환 초기 단계에는 내가 트랜스젠더라는 사실이 눈에 잘 띄었기 때문에 나에게 가해지는 폭력에 익숙했는데, 따뜻한 눈길로 바라봐주는 사람들을 접하고는 정말 놀랐고 감동했다. 엄마랑 함께 있으면 나는 그저 엄마를 돌보는 자식이었다. 우리 관계는 정화되었다.

---

* 이민자 유입을 비판하고 인종 관련 차별금지법에 반대한 영국의 정치인.
** 범죄가 의심되는 사람을 검문하거나 체포하는 법.
*** 인종 문제에 관해 특히 배타적인 영국의 극우 정당.

상담치료와 회복 모임에서 아픔을 털어놓고 나면 엄마한테 돌아와서 눈물을 흘렸다. 엄마는 이렇게 묻곤 했다.

"무슨 일이니?"

나는 복잡한 감정들을 가다듬고 말했다.

"어떤 남자를 사랑하게 됐는데 그 사람이 나에게 상처를 줬어요."

그러면 엄마는 이렇게 대꾸했다.

"아주 나쁜 놈이네! 그런 사람 없어도 너는 잘 지낼 수 있을 거야."

또 어떤 날에는 엄마한테 이렇게 말했다.

"그냥 속상하고 외로워요."

엄마는 이렇게 말씀했다.

"오, 딱하지 우리 아가. 엄마는 이해해. 너는 정말 사랑스럽단다. 다 괜찮을 거야."

엄마는 예언하듯이 말했고 나는 엄마의 말을 믿었다.

아빠는 엄마와 함께 모국인 짐바브웨로 떠났다. 그곳은 날씨도 좋고 엄마 곁에는 입주 간병인도 있다. 나는 작별 인사를 하지 않기로 했다. 아빠는 떠나는 날짜를 나에게 확실히 알려주지 않았고 나는 언젠가 용기를 내면 그곳으로 엄마를 찾아갈 수 있을 거라고 상상했다. 어쩌면 헐렁한 반바지와 티셔츠를 입고, 손톱에 매니큐어도 칠하지 않고 성 중립성gender neutrality과 비슷한 걸 시도해볼지도 모른다고 생각했다. 나에게 성전환 환원detransitioning은 아무리 잠깐이라 하더라도 현실적인 선택지라기보다는 단편적인 개념이기 때문이다. 애석하게도 잘못된 젠더로 태어난 것 치고는 나는 언제나 너무 풍만하고 곡선미가 넘치는 야단스럽게 여성적인 사람이었다.

사랑하는 사람이 세상을 떠날 때 나는 다른 사람들처럼 '작별 인사'

를 건네지는 못할 것이다. 그러기에는 안전상의 문제가 존재한다.

그렇지만 엄마를 돌보았던 몇 년 동안은 엄마의 머릿결과 몸매를 물려받은, 엄마를 쏙 빼닮은 딸로 나를 자랑스럽게 소개할 수 있었다.

휴대전화에 저장해둔 메모 중에서 내가 절대로 삭제할 수 없을 글이 있다.

2013년 4월 9일

매기 대처의 사망 소식을 듣고—

"정말 애석한 일이구나! 내가 아는데 그 여자는 정말 멋진 사람이었어!"

평생 노동당을 지지해온 알츠하이머병 환자인 엄마가 대처의 모습을 보고 따뜻함과 친근함을 느낀다는 게 정말 웃겼다.

당신의 친구들은 완전히 잊어버렸으면서도 이제는 정적政敵에게 따스한 감정을 느낀다는 게 너무 이상하고 묘하다.

『1984』의 마지막 장면과 비슷하게 오웰적 조짐이 느껴지지만, 내가 엄마에게서 배운 것을 요약해서 보여주는 신기한 보석 같은 순간이다.

인생을 살다 보면

완전히 무시하여 지워버린 사람에게서
공감과 연민을 느낄 때가 있다.

1953년생 자메이카 출신의 엄마는 자신의 자식이 자라서 당당하게 커밍아웃한 흑인 트랜스섹슈얼 여성이 될 거라고는 아마 상상조차 못 했을 것이다. 하지만 엄마는 그렇게 했고, 나를 사랑하셨다.

예전의 내 모습과 지금의 내 모습 그대로, 아무런 조건 없이….

로버트 카잔지언Robert Kazandjian | 작가, 교사

내 머리 위의 검은 풍선

> 나는 최대한 침묵을 지켜
> 맞아. 내 인생 대부분이 우울했어
> 마음속에는 오로지 죽음에 대한 생각뿐이었어
> ─얼 스웨트셔츠, 〈갈곳없이Nowhere2go〉

동생과 내가 우리만의 방을 갖게 된 건 내가 일곱 살 때였다. 더욱 중요한 건 이층 침대가 생겼다는 점이었다. 그전까지는 비좁은 더블 침대에서 같이 자느라 아빠의 숙면을 방해하곤 했다. 엄마는 복도 반대편에서 따로 편히 주무셨지만.

물론 내가 형이니까 위층 침대는 내 몫이었다. 잠시 나는 새로운 독립의 기분을 만끽했다. 하지만 나만의 침대를 쓸 수 있는 자유가 생기자 갑작스러운 외로움도 따라왔다. 혼자만의 생각에 골몰하게 되었고 주로 죽음에 관한 생각들에 빠져 있었다.

죽음은 나에게 추상적인 개념이 아니었다. 아빠의 가족은 집단학살에서 살아남았고 할아버지는 카이로에서 세상을 떠나셨다. 고모는 뇌종양으로 단명하셨고 삼촌은 타고 계시던 에어버스 항공기가 프랑스의 산속에 추락하면서 목숨을 잃으셨다. 우리 동네 공원 밖에서는 살인을 저지르는 인종차별주의자들이 어떤 남자에게 라이터 연료를 들이붓고 불을 지른 사건이 발생했다.

나는 죽음은 불가피하다는 생각에 사로잡혔다. 나, 우리 가족, 친구들, 걸핏하면 나를 야단치던 선생님들, 전혀 모르는 낯선 사람들, 글래디에이터, 파워레인저 모두 마찬가지였다. 가슴이 짓눌리는 듯한 기분에 터져버릴 것만 같았다. 필사적으로 내 마음속의 생각을 다른 곳으로 돌리고 싶었다.

그래서 남자아이들이 공포의 대상을 직면할 때 흔히 그러듯이, 그 문제에 관해서 입을 다물고 침묵했다.

나는 이렇게 악몽으로 가득한 배낭을 짊어진 채로 청소년기에 접어들었다. 아침 식사로 코코팝스와 콘푸로스트를 섞은 시리얼을 먹을 때, 따뜻한 물로 샤워할 때, 엑스맨 만화책의 책장을 넘길 때처럼 일상생활을 할 때도 종종 두려움이 파도처럼 밀려와서 나를 덮치곤 했다. 야경증 때문에 거의 잠을 제대로 잘 수가 없어서 아래층에서 TV를 켜놓았다. 소파에 누워서 녹음된 웃음소리를 듣다가 쓰러져 잠들기를 바랐다.

죽음에 대한 집착은 나의 우울증과 불안장애에도 영향을 주었다. 물론 내가 청소년일 때는 아무도 나에게 이런 단어들을 붙여주지 않았다. 대신에 나는 화가 난 문제 학생이었고 게을렀으며 의욕도 없어서 처벌받고 배제당했다. 나는 약에 취하고 거리에서 지냈다. 나는 반사회적인 사람이었다. 공부를 한다는 게 다 무슨 소용일까? 사랑이, 인생이 다 무슨 의미가 있을까? 세상 모든 것이 지독할 정도로 무의미하게 느껴졌다.

자살 생각은 마치 깡패처럼 내 마음속의 어둡고 구석진 골목에 항상 도사리고 있었다. 내가 조금만 경계를 소홀히 하면 곧바로 나를 덮칠 준비가 되어 있는 것만 같았다. 돌진하는 우주의 바위 같은 지구에 사는 나라는 존재에 애착을 느끼지 못했다. 하지만 동시에 죽음에 대한 두려움이 너무 커서 스스로 목숨을 끊을 수도 없었다. 두려움이 나를 안전하게 지켜주었다. 죽음의 신이 나의 수호천사였다.

성인이 된 나는 기분 전환을 위해 지나치게 많은 일들을 했다. 내가 끔찍한 기분을 느낀다는 사실에 무감각해지고 싶었다. 그중에는 체육관에서 복싱을 할 때나 다른 남자들과 어울릴 때 스스로를 육체적 한계까지 몰아붙이는 것도 포함되었다.

조용하고 온화한 성품을 지녔지만 엄격한 남자 코치에게 내가 겪는 문제들에 관해 털어놓는 대신에 나는 더 많은 혹과 어퍼컷을 날리는 편을 택했다. 친구들에게 나의 감정들을 솔직하게 내보이기보다는 아침 해가 뜰 때까지 약을 삼켰다. 나는 극단적인 행동을 추구하며 혼돈의 한가운데에서 안정감을 느꼈다.

이제 곧 검은 풍선들이 터진다
그 날에는 고통이 멈추기를
– 덴절 커리, 〈검은 풍선Black Balloons〉

그러다 지난여름, 짧은 시간 안에 모든 것이 무너져 내렸다. 우울증과 불안장애가 나를 끊임없이 세차게 내리쳤고 온몸이 아팠다. 가슴 위에 얹힌 납덩이가 나를 짓누르고 망가뜨렸다. 주말 내내 심하게 취해 있었다. 가장 친한 친구들에게 손을 내밀어 연락할 수도 있었을 텐데, 대신 나는 또 다른 캔을 땄고 코카인처럼 하얀 색깔의 술을 들이마셨다.

월요일 늦은 아침에 나는 위험을 알리는 깃발과 편협한 사람들이 가득한 섬에 있었다. 감옥으로 유명한 장소였다. 갇혀버린 듯한 기분이 들었다. 다시 위층 침대를 쓰는 어린 소년이 된 것처럼, 내 몸 밖으로 터져버릴 것만 같은 충동을 느꼈다. 정말 더운 날씨였는데도 추웠다. 두려움이 증발해버리고 죽을 준비를 했다. 나는 그곳에 있고 싶지 않았다. 살고 싶지 않았다. 지난 수년간 조용히 마음속에 품어왔지만 자제했던 자살에 관한 소극적인 생각이 끔찍하고 불가피한 무언가로 변해갔다.

수요일 아침에 눈을 떴는데도 여전히 같은 섬에 갇혀 있었다. 나는 이어폰을 꽂고 켄드릭 라마의 음악을 들었다. 살아 있는 사람들의 소리를 차단해서 내가 혼자 죽는 게 아니라는 착각이 들게 하기 위해서였다. 서둘러 해변으로 향했다. 바다 깊이 걸어 들어가서 영원히 사라져버릴 생각이었다.

바다 가장자리에서 한참을 머물렀다. 밤새 서늘한 달빛을 받아 차가워진 아침 파도가 내 발에 철썩거리자 발가락의 감각이 사라졌다. 나는 그게 무無의 시작이라고 생각했다.

그때 나를 따라온 누군가가 내 어깨 위에 손을 올렸다. 나는 뒤를 돌아보았다. 그 사람의 눈동자에는 내가 없는 세상을 상상하면서 느낀 두려움과 공포와 슬픔이 있었다. 나는 망설이다가 마음을 바꾸었다.

그 후로 몇 주, 몇 달 동안 나는 가장 가까운 사람들에게 내 기분을 이야기하기로 했다. 소중한 사람들은 항상 내 곁에 있었다. 그러다가 나는 나의 경험에 관한 에세이를 썼다. 정신건강과 관련된 문제들과 씨름한 지 약 15년이 지난 후에야 전문가의 도움을 구했다.

아무래도 이제 이 글에 메시지를 엮어 넣어야겠다. 그러지 않으면 파멸의 일기장에 쓴 일기처럼 보일지도 모르니까. 우리는 각자 고통을 받으며 조용한 전투를 치르고, 자기만의 악마들과 맞서 싸우고 있다는 것이 내가 전하고 싶은 메시지다. 나는 이런 고통 때문에 오랫동안 피해서 달아났던 어둠 속에 빠져들었다. 혼자 이런 일을 겪고 싶지 않고 이런 일을 겪는 게 나 혼자만이 아니라는 것도 안다. 당신도 혼자가 아니라는 뜻이다. 나는 지금 당신에게 손을 내밀고 있다.

우리는 **함께** 돌아가는 길을 찾아낼 수 있다.

제이미 윈더스트 Jamie Windust | 작가, 에디터, 연설가, 모델

기억해

그래. 정신건강. 솔직히 여기 앉아서 무슨 말을 할지 생각해내는 데 한참 걸렸다. 노트북에 이 창을 열어둔 지 거의 3주나 지났다. 제목만 달랑 적어두고 그 앞에 앉아서 글을 쓸 준비만 한 채로. 그동안 아무에게도 공개하지 않았던 마음에서 우러나온 이야기들을 적었지만 삭제했다. 그러고 나서 후회했지만 다시 삭제했다. 당장 이 일에 뛰어들고 싶지는 않았지만 시작해야 한다는 걸 알고 있었다. 일부러 다른 일들에 신경을 집중하면서 더 바쁘게 지냈다. 내 마음속 기억 창고를 샅샅이 파헤쳐서 지금까지 내가 말한 적 없는 일들을 이야기하는 걸 피하고 싶었다. 내 앞에 펼쳐진 이런 상황은 정신건강에 관해 이야기할 때 다른 사람들이 겪는 일과 상당히 유사하다. 이 문제에 관해서 이야기할 필요가 있다는 사실을 알고 있는 것과 실제로 그렇게 하는 건 완전히 별개의 문제다. 겁이 나지만 중요한 일이다. 우리의 이야기를 남들과 나누는 데서 얻을 수 있는 가장 큰 장점 중 하나는 자신이 혼자라고 느끼는 사람들에게 그들이 혼자가 아니라는 사실을 알려주는 것이다. 물론 그렇다고 해서 그들의 문제가 반드시 나아지지는 않지만, 적어도 우리의 사고방식이 명확해지는 데 도움이 된다. 우리가 어떤 감정을 느끼는지를 인정하는 것은 가장 중요한 첫 단계다.

다들 정신건강에 관한 흔한 인용구들을 한 번쯤 들어본 적이 있을 것이다. 예를 들면 다리가 부러지면 병원에 가서 치료를 받듯이 정신건강과 관련된 문제들을 해결하기 위해 노력하라는 말이 있다. 나는 그런 비유가 지나치게 상황을 단순화한다고 생각한다. 물론 몸의 건강만큼이나 정신의 건강도 안정적으로 유지해야 한다는 말은 맞다. 하지만 다리가 부러진 것과 정신건강과 관련된 문제들의 결정적 차이는 다리가 부러졌다는 사실을 인정한다고 해서 일자리를 잃게 되는 일은 없다는 점이다. 인간관계를 잃거나 친구들을 잃지도 않는다. 이야기를 꺼내기 어렵지도 않고, 연대나 공감을 얻는 것도 어렵지 않다. 다리가 부러져서 병원에 가서 진료를 받는데 의사가 이해가 잘 안 간다고, 그냥 다른 방향으로 생각해보라고 말할 가능성은 거의 없을 것이다. 그렇다고 해서 자신의 정신건강 이야기를 하지 말라는 뜻은 아니다. 다만 그런 비유가 지나치게 흑백논리에 의존한다고 생각한다.

논바이너리이자 펨femme(여성적인 동성애자)인 나에게는 정신건강에 대한 자율권이 없다는 생각이 종종 든다. 내가 유일하게 자율권을 지니는 부분은 감당할 수 있는 수준의 정신건강 상태를 유지하기 위해 노력한다는 점이다. 우리는 트랜스젠더나 논바이너리와 관련된 표현과 인식이 시시각각 변화하는 시대에 산다. 높아진 소수자에 대한 인식과 그들이 전보다 많이 노출되는 것은 긍정적인 측면도 있지만 한편으로는 취약성 증가와 공공장소에서의 안전 문제로 이어질 수 있다. 나의 말과 몸이 전 세계 수천 명의 사람에게 알려지고 공유되면 많은 브랜드와 단체들은 맡은 일을 다했다고 생각한다. 그들은 자신이 해야 할 일을 했다고 생각하고, 이제 세상이 좋아졌다고 생각한다. 하지만 실제로는 나 같은 사람들은 이런 단체들의 보도 대상이 되는 특권을 누리기도 하지만 오히려 안전이 취약한 상황에 놓이게 된다. 우리 같은 사람들이 존재한다는 사실에 반감을 가진 사람들에게 갑자기 노출되기 때문이다.

그러면 갑자기 사회의 현미경 아래에 놓인 일반인 트랜스젠더들은 어떤 영향을 받겠는가. 그저 각자의 영역에서 살면서 잘 지내기를 바라는 사람들이 갑자기 모든 트랜스젠더를 대변해야 하는 상황에 놓인다. 이는 우리의 정신건강에 엄청난 악영향을 미친다.

당신이 트랜스젠더가 아닌 시스젠더cisgender라면 잠시 이런 상상을 해보기를 바란다. 알지도 못하는 사람들에게 자신과 자신의 젠더를 끊임없이 설명해야만 하는 상황. 그들에게 당신이 '누구'이고 '무엇'인지를 말하기 전에는 자유롭게 돌아다닐 수도 없는 세상에서 살아가야만 한다. 정작 진짜로 하고 싶은 말을 꺼내기도 전에는 하루에도 수십 번씩 똑같은 말을 되풀이해야 한다.

잉글랜드와 웨일스의 트랜스젠더 증오 범죄는 2014년 이후에 세 배로 증가했다. 그중에서 46퍼센트는 폭력 행위를 포함한다.* 경찰력의 지원이나 주의 부족으로 신고조차 되지 않은 트랜스젠더 혐오 범죄들은 또 어떤가? 트랜스젠더 커뮤니티에 관한 충격적인 통계 수치는 우리의 마음을 무겁게 짓누르지만, 서글픈 사실은 우리가 이런 현실을 이미 알고 있다는 점이다. 우리는 마음을 무겁게 하는 문제들에 너무나도 익숙해져 있다. 유색인종이자 트랜스젠더인 여성의 기대 수명은 35세다. 하지만 영국과 미국에서는 아직도 이런 여성들을 대상으로 발생하는 살인 사건을 신고하거나 그런 사건에 목소리를 높이지 않는다. 우리의 정신건강에 미치는 영향은 이해받기조차 어렵고 이에 대해 조처를 하는 일은 더더욱 어렵다. 오르기에는 너무 거대한 산이라는 사실을 잘 알기 때문이다. 우리가 직면하는 부당한 일들을 우리가 통제할 수 없다는 사실을 너무나 잘 안다. 우리는 일자리를 찾거나 새로운 집을 구할

◆ https://www.theguardian.com/world/2019/jun/14/homophobic-and-transphobic-hate-crimes-surge-in-england-and-wales

때 시스젠더인 사람들은 경험하지 않는 수많은 걸림돌에 부딪힌다. 하지만 우리는 이렇게 '일상적인 상황들'에 대처하기 위한 동료들의 지원이나 연대를 누리지 못한다.

내가 자기돌봄을 중요하게 여기고 좋은 정신건강 상태를 유지하기 위해 노력하는 것은 마치 〈아임 어 셀러브리티I'm a Celebrity〉*의 마지막 관문 같다. 왠지 진전이 있는 것 같고 자신이 응원하는 스타가 살아남을 것 같지만, 갑자기 바람을 불어넣은 거대한 공이 나타나서 모든 게 엉망진창이 되어버린다. 때로는 정신건강을 스스로 잘 관리하고 시스젠더 중심의 세상에서 나만의 길을 헤쳐나가는 법을 알고 있다는 생각이 들다가도 갑자기 "트래니tranny**"나 "저건 도대체 뭐야" 같은 말을 들으면 현실로 다시 내던져진다. 나는 정신건강과 관련된 문제를 다룰 필요가 있다는 깨달음이 젠더와 상관없이 많은 사람을 하나로 이어준다고 생각한다.

때때로 우리는
아주 흔한 대응기제에 빠져든다.
스스로 인지하지 못할 때도 있지만
사실 그건 **우리가 우리 자신에게 보내는 위험** 신호다.

이런 대응기제들은 일상생활 속에 너무나도 깊숙이 파고들어 있다. 우리는 그저 일상을 살아갈 뿐 우리가 해결해야 하는 과제들을 알아차

---

* 여러 명의 연예인이 정글에서 몇 주간 생활하면서 '왕'이 되기 위해 경쟁하는 영국의 리얼리티쇼.
** 주로 트랜스젠더 여성을 비하하는 단어.

리지는 못한다. 내 경우에는 알코올이 일상의 문제들을 잊을 수 있는 공간을 마련해주었다. 알코올의존증까지는 아니었지만 트라우마를 잊어버리거나 무디게 해주는 대응기제였다. 그 공간에서 나는 많은 것들을 잊을 수 있었고, 여기저기서 불쑥 마주치는 편견들이 희미해졌다. 섹스도 마찬가지였다. 내가 섹스 중독, 또는 내가 통제력을 잃거나 나도 알고 있는 해로운 이유로 섹스를 하려는 강박충동에 빠지리라고는 나조차도 몰랐다.

이런 행동들의 여파로 정신건강은 더욱 안 좋아졌다. 나는 낯설고 기이하며 어두운 곳에 있었다. 솔직히 말하면 나는 지금도 그 공간에 있다. 올해만 해도 내가 이해하거나 감당하기 너무 버거운 상황들이 여러 번 있었다. 예를 들어 성소수자 인권의 달Pride Month*은 가장 보람 있으면서도 그만큼 가장 힘겨웠던 시기다. 나는 여전히 미디어 세계를 헤쳐나가며 이와 관련된 일을 알아가는 중이다. 이전에는 누릴 수 없었던 기회와 경험들을 얻게 되었지만, 그 과정에서 내가 보여주거나 공유했어야 하는 메시지를 놓쳐버렸다.

이제 행동주의와 인플루언서들은 점차 합쳐지고 뒤얽히고 있다. 나는 그런 상황이 상충한다고 생각했다. 내가 인플루언서 활동을 즐긴다는 건 인정한다. 솔직히 말해서 돈벌이가 되고 (자랑을 좀 하자면) 수상 경력이 있는 잡지 《프루트케이크FRUITCAKE》처럼 다른 곳에서 내가 커뮤니티를 위해서 지속적인 활동을 할 수 있게 해준다. 하지만 나한테 그다지 큰 의미가 없는 멍청한 세상에 빠져버린 듯한 기분도 든다. 금세 눈에 띄는 논바이너리 퀴어로 그런 공간에 존재한다는 건 저항의 행동이었지만, 그것만으로 세상을 바꿀 수는 없다. 수많은 사람이 매일 겪

---

* 미국의 성소수자 인권 운동인 스톤월 항쟁을 기념하는 6월.

는, 일반 대중의 싸움이 아니기 때문이다. 나뿐만 아니라 내가 속한 커뮤니티에도 실망을 안겨주었다는 생각이 드니까 모든 걸 부정적으로 바라보며 비교하고 자기 회의에 빠져드는 심각한 악순환이 시작되었다. 나는 다시 알코올과 섹스에 기대게 되었고 점점 세상을 피하며 은둔하게 되었다. 도움을 주려는 사람들을 가로막았고 나 자신에게 숨 쉴 틈을 허락하지 않았다.

이 세상에 나만큼 자기 자신에게 해를 입히는 사람은 아마도 별로 없을 것이다. 진짜다. 나도 그런 내 모습이 싫다. '완벽주의'로 포장하곤 했지만 실제로는 어떤 면에서도 긍정적일 수 없는 모습이다. 내가 하는 일의 좋은 점을 깨닫지 못하고, 나의 실수와 실패를 지나치게 부풀려서 내가 하는 긍정적인 일까지 무색하게 만든다. 대학을 졸업한 지 1년밖에 되지 않았는데 예전에는 상상조차 하지 못했던 일들을 해내고 이루었다. 그런데도 여전히 내가 잘못한 일들이 수없이 많은 것만 같다. 올해 내가 저지른 실수들 때문에 모든 걸 망쳐버린 기분이 든다. 내가 열정적으로 전하고 싶은 메시지를 망치고, 자신을 대변하는 사람으로 나를 우러러보는 트랜스젠더와 논바이너리의 희망과 기대를 망가뜨린 것만 같다.

하지만 이제 나는 안다.
우리에게 실패와 실수가 허락된다는 사실을.
우리는 결국
그저 사람일 뿐이다.

더욱 중요한 사실은 우리는 자신이 이끄는 삶을 사는 유일한 사람이라는 점이다. 나는 나의 머리와 생각으로 지금까지 이뤄낸 일들을 직접 해내고 살아낸 유일한 사람이다. 가끔 나도 틀릴 때가 있다. 그동안 나의 정신건강을 분석하고 다른 트랜스젠더 및 논바이너리와 이에 관한 이야기를 나누는 과정에서 내가 알게 된 점은 우리는 언제나, 언제나 배울 수 있다는 것이다. 만약 실수를 하면 트랜스 인권의 말 위에 다시 올라타면 된다(아는지 모르겠지만 그런 게 실제로 있고 정말 아름답다). 그리고 처음 시작했을 때와 똑같이 불타오르는 정신으로 계속 앞으로 나아가면 된다.

내가 알게 된 다른 점은 자신의 신념과 일치하기만 한다면 행복하게 살 수 있으며 경제적 안정을 가져다주는 다른 일을 해도 된다는 것이다. 내가 하는 일의 대부분은 오로지 나의 정체성과 트라우마, 인생 경험을 집중적으로 다루기 때문에, 재미있고 감정적으로 힘겹지 않은 별개의 일을 하면 큰 보람과 도움이 된다. 정신적으로 부담이 되지 않는 선에서 우리는 우리의 믿음을 위해 싸워도 된다. 투사, 행동가, 선구자로 살아가는 모두가 정말로 그래도 된다는 걸 알기를 바란다. 때로는 재미있는 일을 해도 된다는 걸 기억하라. 휴식 시간이 있어도 당신의 투지는 여전히 빛나게 불타오를 것이다.

가만히 앉아서 자신이 잘못한 일을 분석해도 괜찮다. 대신 그 잘못이 당신을 집어삼키게 내버려 두면 안된다. 상황에 맞게 적당히 분석하고, 더 많은 사람들을 아우르고 그들이 당신이 시작한 싸움에 참여하도록 독려하는 방향으로 나아가라. 이건 우리 모두의 일이니까.

대학교에서의 마지막 해에 나는 누군가에게 도움을 청하면 정신건강이 얼마나 개선될 수 있는지 직접 경험했다. 학업에 대한 부담으로 스트레스가 심했고, 예상치 못한 고난을 맞닥뜨리기도 했다. 2017년 12월 31일에 나는 상당히 복잡한 영국 북부 출신의 한 남자와 트위터

로 대화를 나누게 되었다. 알다시피 누군가와 대화를 시작할 때 다음과
같은 기본적인 대화는 진짜 최악이다.

그: 안녕

나: 어, 안녕!

그: 잘 지내?

나: 그럼, 잘 지내지. 넌?

그: 어, 그냥 놀고 있어. 넌 뭐해?

아니면 이렇게 웃기고 난처하거나 손발이 오그라드는 깊은 대화로
곧바로 들어가기도 한다.

그: 부츠 안에 플립플롭을 신어도 편안할까?

나: 당연하지. 아예 플립플롭에 맞는 부츠를 만들어서 부츠와 플립플롭
을 합친 하이브리드를 부트플롭이나 플립부트라고 부르는 건 어때?

아니면 아무런 예고 없이 이런 말을 하거나.

나: 후무스 진짜 죽여준다.

그: 나는 후무스로 목욕도 할 수 있어. 욕조의 마개를 뽑는 대신 그냥 다 먹
어치워 버릴 거야. 점심 맛있게 먹어라.

우리는 처음부터 찰떡궁합이었다. 트위터로 계속 메시지를 주고받
다가 한밤중에 전화 통화를 하고, 온종일 음성 메모를 보내고, 스카이
프 통화를 하고, 똑같은 시간에 영화를 보다가 똑같은 순간에 정지 버

튼을 누르고 중간에 전화를 걸어서 영화 이야기를 나누곤 했다. (덧붙이자면 나와 경계선 관계borderline relationship라 할 수 있는 사이였던 단 두 사람이 모두 한니발 렉터를 진짜 좋아했다. 지금 이 글을 쓰는 도중에 이 사실을 깨달았다. 놀라운걸.)

인터넷상의 모든 인간관계와 전파를 통해 나누는 대화가 그렇듯이 우리는 직접 만나자는 이야기를 하게 되었다. 물론 나도 그를 간절히 만나고 싶었고 그도 마찬가지였다. 밸런타인데이에 그가 나를 보러 오기로 하고(뻔하긴 하지만 꽤 귀엽지 않나?) 시내에 있는 어느 식당의 창가 자리를 예약해두었다. 로맨틱한 분위기에 사방이 담쟁이덩굴로 둘러싸여 있어서 데이트하기 참 좋겠다고 늘 생각했던 장소였다. 그는 얼른 만나고 싶고 설렌다고 말했다. 내가 누군가에게 진짜로 관심을 두고 그 사람도 나에게 관심을 보이는 경우는 내 인생에서 흔한 일이 아니어서 나는 어쩔 줄 몰랐고 뇌에 과부하가 걸렸다. 학업은 나에게 이제 최우선 순위가 아니었다. 북쪽에서 내려올 미지의 남자를 만나는 데 내 모든 정신을 빼앗겼다. 깨어 있는 모든 순간에는 그가 여전히 나를 좋아하는지, 밸런타인데이의 만남이 진짜로 성사될 수 있을지 걱정했다.

몇 주가 흘렀고 첫 데이트를 하기로 날이 불과 일주일 남았을 때, 상황이 달라졌다. 그는 믿기 힘들 만큼 개인적인 이야기들을 털어놓기 시작했다. 그의 이런 부분을 나에게 알려주는 건 그의 마음이었지만, 들어주어야 할 이야기가 상당히 많았다. 나는 감정 스펀지 같은 사람이라서 다른 사람들의 감정과 기분을 내 것처럼 받아들인다. 그래서 그의 기분이 심각하게 가라앉았던 몇 주 동안 나도 수많은 감정들에 휩싸였다. 그의 말투와 태도는 달라졌고 나중에는 대화 내용도 달라졌다. 이제는 후무스나 모호한 것들에 대해 즉흥적인 수다를 떨지 않았고, 어둡고 해로운 이야기를 나누게 되었다. 그냥 그가 당시 정신적으로 안 좋은 상태라 이런 이야기들을 나에게 들려주었다고 해두자.

　그 사람이 그런 이야기들을 나에게 털어놓는다는 게 고맙기도 했지만, 길게 보았을 때 이런 상황이 우리 관계에 어떤 작용을 할지 걱정스럽고 불안하기도 했다. 정신적으로 힘든 친구나 애인을 둔 사람들처럼 우리의 문제와 대화들은 남들과 공유할 수 없는 이야기들이었다. 진짜였고 솔직했다. 나는 뭐라고 말해야 할지 몰랐다.

　여전히 나를 보러 올 거냐고 물어볼 때마다 그는 애초에 그럴 생각이 없었다고 털어놓았다. 진짜 이뤄질 수 있는 관계가 아니라 그저 온라인에서 이제 막 시작된 괜찮은 친구 사이였다고 말했다. 나는 이런 상황을 겪어본 적이 없었고 이 남자를 만나는 데 모든 꿈과 희망을 걸었기에, 그 말을 듣고 엄청난 충격에 빠졌다. 더는 무얼 어떻게 해야 할지 몰랐다.

　같이 영화를 보는 일도 힘겨워졌다. 내가 영화를 볼 시간이 없거나 재생 버튼을 누르는 타이밍을 살짝 못 맞추면 그는 버럭 화를 냈다. 나는 도움을 청하기로 했다. 정신적으로 힘들었고, 졸업을 앞두고 내가 원하는 성적을 얻으려면 정신을 바짝 차리고 집중해야 했다. 나의 상황에 대해서 대학 내 무료 상담치료사들과 이야기를 나눴고, 돈이라는 이름의 놀라운 여성을 만나게 되었다. 덕분에 나는 사랑 때문에 뛰어들었던 기이한 구덩이에서 가까스로 빠져나올 수 있었다.

　처음에는 이런 가짜 관계 속에서 헤맨 이야기를 다른 사람에게 한다는 게 바보 같았다. 아마 다들 이해할 수 있을 것이다. 상담치료를 시작하며 누군가에게 처음으로 이야기를 꺼낼 때는 나만 이런 문제를 겪고 있는 것 같다. 내 경우에는 돈이 논바이너리인 사람을 한 번도 만나본 적이 없어서 더더욱 그랬다. 정신건강이라는 문제에 다른 문제가 한 겹 더 추가된 상황이었다. 하지만 돈은 진심으로 나를 도와주었다. 우리가 나눴던 수많은 대화를 통해서 그녀는 내가 북부에서 온 미지의 남자와의 대화에 대처할 수 있도록 도와주었다.

어느 날 밤, 나는 그에게 전화를 걸기로 했다. 며칠 후면 그가 오기로 한 날이었다. 돈과 대화를 나눈 후에 나는 지금 상황을 분명하게 할 필요가 있다고 생각했다. 내가 정신적으로 이토록 힘들어하고 있기에 더는 시간을 낭비할 수는 없었다. 나는 담뱃갑을 들고 밖으로 나갔다. 줄담배를 피우게 될 상황이 올 거라는 직감이 들었기 때문이다. B&H 슈퍼 킹 블루* 한 대를 태우는 동안 전화기에 전화번호를 입력한 채로 앉아 있었다. 누군가에게 전화를 걸 때 온몸이 그냥 전화를 끊고 도망치라고 말하는 듯한 기분을 아는가? 역겹고 기분 나쁜 일이 벌어질 게 확실해서 그냥 그런 불쾌한 일을 피하고 싶은 기분만 든다. 하지만 나중에 시간이 흐른 후에 돌이켜보면 그때 그 전화 신호음을 견뎌낸 자기 자신에게 고마워하게 될 것이다.

그가 전화를 받았다. 처음 몇 분 동안은 그럭저럭 평범한 대화를 나눴다. 나는 398대째 담배를 피우며 "세상에, 세상에, 세상에"와 "지금까지 겪은 일 중 이게 최악이야"를 소리 없이 반복했다(나는 과장해서 말하는 걸 좋아한다). 마침내 나는 해야 할 말을 꺼냈다.

"우리 얘기 좀 할까? 너의 정신건강, 나의 정신건강 말이야. 지금 무슨 일이 벌어지고 있는 건지 그동안 충분히 설명했잖아. 내가 전에 데이트한 적이 별로 없고, 너에게 내 시간과 에너지를 쏟고 있고, 네가 정말 멋지다고 생각한다고. 그런데 너는 아직 그 정도는 아닌 것 같아. 그건 괜찮아. 하지만 알고 싶은 게 있어. 그래야만 내가 앞으로 나아갈 수 있으니까. 이기적이라고 해도 좋아. 뭐라고 해도 좋아. 그렇지만 나는 내

---

* 영국 담배회사 벤슨&헤지스의 제품명.

자존감을 지켜야겠어. 나는 네가 정말 좋은데 너도 나처럼 우리의 관계를 중요하게 여기지 않는다면 이 관계를 이어갈 수 없어."

나는 이런 말들을 쏟아낸 다음 곧바로 전화기를 귀에서 멀리 떼고 "세상에!"를 몇 번 더 외쳤다. 그러고 나서 그의 반응을 기다렸다. **이제 우리는 이 문제를 분명히 입 밖으로 꺼냈다.** 그는 내 생각이 맞다고 말했다. 우리의 관계는 그에게 별거 아니었고, 자신의 문제들에서 벗어나 그저 기분전환을 하는 정도였다는 것이었다. 진짜로 나를 보러 올 생각이 있었던 건 아니었다고 했다. 미안하긴 하지만 그냥 그런 기분이었다고 말했다. 모든 게 지독할 정도로 솔직했고 나는 온몸이 잠시 멈춰버리는 것만 같았지만, 그런 다음에는 〈닥터 후〉에서 크리스토퍼 에클스턴이 데이비드 테넌트로 재생하는 듯한 변화를 경험을 했고, 마음이 한결 가벼워졌다. 이런 말을 실제로 누군가에게 소리 내어 말하고 인생의 다음 단계로 나아갈 수 있는 내가 자랑스러웠다. 돈과의 상담 덕분에 여기까지 올 수 있어서 고마웠다. 그리고 나 자신을 온전히 지키는 동시에 그의 정신건강에 관한 이야기도 함께 나누면서 상황을 헤쳐나갈 수 있어서 감사했다.

당연히 전화를 끊은 후에는 펑펑 울었다. 다음 날 그의 전화번호를 지웠고 소셜 미디어 친구 목록에서 그를 삭제했다. 그리고 나흘 후에 당당하게 그 멋진 식당에 가서 한 명으로 예약을 바꾸고 혼자서 축하 만찬을 즐겼다. 나는 충격에서 회복할 수 있었고 더욱 강해졌다. (그리고 나의 주머니는 더욱 가벼워졌다. 비싼 식당이었으니까.)

적극적이고 현실적인 방식으로 나의 정신건강을 살필 수 있어서 기뻤다. 예전에 나는 다른 사람들보다 나의 정신건강을 우선으로 생각하는 것이 이기적이고 나르시시스트 같은 행동이라고 생각했다. 하지만 자신의 정신건강이 나아지도록 보살피는 것은 우선순위의 문제가 아니라 상호 존중의 문제라는 걸 깨달으면서 더 건강하게 나 자신을 존중하는 법을 알게 되었다.

나는 지금까지도 돈과 함께한 시간을 소중하게 여긴다. 그 상황에 대처하는 과정에서 나를 더욱 잘 알게 되었고, 앞으로 힘든 상황을 어떻게 헤쳐나가야 할지 배울 수 있었다. 그런 경우는 처음이었다. 나는 여전히 그녀의 조언을 활용한다. 새롭지만 똑같이 복잡한 상황들에 그 메시지를 변형해서 적용한다. 누군가는 상담이 너무 시스젠더 중심이라고도 말한다. 하지만 우리가 받는 도움과 지원은 젠더를 넘어서 모든 인간에게 효과가 있다.

사람들이 몇 년에 걸쳐서 신경에 거슬리고 불필요한 의학적·정신적 평가를 받을 필요 없이 자기 자신의 정체성을 인식할 수 있도록 우리는 우리의 어린 선구자들에게 더 나은 방향으로 변화하고 있는 세상을 보여주어야 한다. 그래야만 이 험한 세상에서 다양한 젠더로 살아가는 그들의 정신적·신체적 건강과 행복이 우선시될 수 있다. 그러기 위해서는 먼저 선배 트랜스젠더인 우리부터 자신의 정신건강을 이해하고 충분히 잘 관리할 수 있어야 한다(웃프지만 나는 이제 겨우 스물두 살인데 벌써 쉰 살쯤 된 것 같은 기분이 든다).

우리가 어떤 트라우마와 폭력에 직면하더라도 이에 관해 이야기할 공간을 찾을 수 있어야 한다는 교훈을 다른 이들에게, 궁극적으로는 자기 자신에게 줄 수 있다면 좋겠다. 일기에 적든, 상담치료사에게 털어놓든, 아니면 들판 한가운데서 크게 외치든 다 좋다. 이런 문제를 그냥 마음속에 담아두는 것은 도움이 되지 않는다. '우리는 더 많이 이야기해야 한다'는 말이 진부하게 들릴지 모르겠지만, 당신이 변두리에 있고 주변화된 커뮤니티에 속해 있다면 **목소리를 내는 행위는 당신의 가장**

정치적이고 강력한 도구 중 하나가 된다.

말에는 힘이 있다. 트랜스젠더들은 이 사실을 종종 잊어버린다. 우리는 자주 무시당하고 기피 대상이 되기 때문에 우리의 말과 경험이 쓸모없다고 생각한다. 마음에 담아둔 이야기를 털어놓아도 우리는 결국 가스라이팅을 당하거나 애초부터 우리는 중요하지도 않다는 말을 듣는다. 하지만 말에는 힘이 있고, 내뱉는 단어에도 힘이 있다는 사실을 기억하라.

모든 트랜스젠더 형제자매들에게 말하고 싶다. 당신이 어디에 있건, 얼마나 많은 일을 겪어왔건 간에 당신은 사랑받고 있다는 사실을 잊지 마라. 캄캄하고 무서운 여정이지만 따뜻하고 밝을 때도 있을 것이다. 커뮤니티에서 경험을 쌓고 자신감을 얻는 일은 소중하다. 난생처음 트랜스젠더 및 논바이너리 친구들에게 둘러싸여서 굳게 다문 입과 어깨의 긴장을 풀고 편하게 숨을 쉬는 경험은 평생 결코 잊지 못할 것이다. 그렇게 사랑으로 가득한 순간들도 찾아올 것이다. 당신을 진정으로 이해하는 사람들과 있는 그대로의 진실한 감정들이 가득한 순간들이 찾아올 것이다.

기억하라. 당신은 너무나도 사랑받는 사람이다.

로렌 머혼 Lauren Mahon | 라디오 진행자, 〈YOU, ME & THE BIG C〉 팟캐스트 진행자

트라우마의 시간

2019년 1월 8일 화요일 새벽 6시 30분, 나는 태국의 외딴 바닷가에 앉아 수정같이 맑은 바닷물이 고운 모래를 간질이는 모습을 바라보고 있다. 떠오르는 태양은 아픈 뼈마디를 달래주고 귓가에 들려오는 건 오직 산들바람이 지나가는 소리뿐이다. 여기는 천국처럼 고요하고 평화로운데도 나는 공황 발작을 겪기 일보 직전이다.

이번이 처음은 아니다.

2016년에 암 진단을 받은 이후로 나의 첫 번째 대응기제는 마음을 바쁜 상태로 유지하는 것이다. 박스 세트로 된 책이나 영상에 푹 빠지기도 하고, 친구들과 시간을 보내기도 하고, 내가 가장 좋아하는 소셜 미디어 계정에 들어가 계속 스크롤을 내리기도 하고, 암과 관련된 모든 일에 열정적으로 뛰어들기도 한다(입버릇처럼 말하지만 내 사업은 세상에서 가장 정교한 나의 기분전환 테크닉 덕분에 구축되었다). 어쨌든 근본적으로 나는 바쁜 여자가 되는 것으로 대응한다.

나는 암이 재발해서 내가 죽을 거라는 끝없는 생각을 잠재우기 위해서 이메일에 답장한다.

새로운 통증이 느껴지는 게 사실은 종양 때문이 아닐까 하는 불안을 떨쳐버리기 위해서 연이은 회의에 참석한다.

진짜 안 좋은 일이 조만간 일어날 것 같다는 생각을 멈추기 위해서 소셜 미디어 콘텐츠 일정을 잡는다.

암이 생기기 전의 몸을 그리워하는 슬픔을 모른 척하고 싶어서 티셔츠 화보 촬영을 위한 스프레드시트를 만든다.

내 마음을 어지럽게 만드는 건 단지 암뿐만이 아니다. 다들 그렇겠지만 서른 몇 살이 되면서 스트레스가 더욱 커졌다. 친구들과 가면 증후군이나 변하는 내 몸에 대한 이야기를 나누고, 확연히 줄어든 성생활에 대해 서글퍼한다. 그러니 인정하고 싶지는 않지만 나를 압도하는 심각한 상황에 더욱 자주 빠져드는 것도 놀라운 일이 아니다. 시냅스의 과도한 자극은 나의 인지 기능을 저해하고 감정 상태를 망가뜨린다. 마치 끝까지 가득 찬 유리잔처럼, 단 한 방울만 떨어져도 내 정신의 컵은 넘쳐버린다.

정신건강에 대해서 숲 전체를 보기란 어려운 일이다. 그렇지 않나?

내 경우에는 모든 문제가 점점 쌓이다가 어느 날 아침 눈을 떴을 때 뇌가 아주 느리게 기어가는 것처럼 느꼈다. 엄청나게 시끄러운 백색소음이 들려왔고 나는 더 크게 비명을 지르고 싶었다. 도저히 진정할 수 없었다. 자신을 소중하게 여기는 밀레니얼 세대처럼 나는 명상을 해보려고 했지만, 고요 속에서 난 차분할 수 없었다. 더 깊은 명상의 상태로 빠져들수록 오히려 메스꺼움과 당혹감이 더욱 심해졌다. 공황 상태가 목까지 차오르고 눈이 타들어가는 것처럼 아파서 가만히 있을 수 없었다. 뼈를 다 뜯어내서 던져버리고 싶었다. 나는 심하게 흐느끼며 거친 숨을 몰아쉬었다.

침묵 속에서는 트라우마를 피해 숨을 곳이 없다. 암에 걸렸던 경험으로 인한 상처를 바늘로 꿰맨 자국이 여전히 그대로 남아 있었고, 치유를 위해서는 그 나쁜 녀석들을 다시 풀어내야 했다.

하지만 당장 눈앞에 있는 상황에 대처하거나, '인지행동치료'라는 말을 꺼내기 전에, 나는 미친 듯이 운동복으로 갈아입고 운하를 향해서 달려갔다. **말 그대로** 내 문제들을 피해서 달아나려고 했던 것이다. 나는 가냘픈 두 다리로 최대한 빨리 뛰었다.

10분도 안 되어서 전력 질주를 멈추고 천천히 걷기 시작했다. 마치 형편없는 로맨틱 코미디의 한 장면처럼 쏟아지는 비를 맞으며 운하 옆에 우두커니 서서 울었다. 나는 망가졌고 갈 길을 잃었다. 할 수만 있다면 내 두개골을 뜯어내서 회백질을 움켜쥐고 그걸 해크니 마시스 근처의 흙탕물에 담가서 씻어내고 싶었다. 하지만 인체의 해부학적 구조가 그런 일을 허용하지 않으니까, 나는 모든 게 지나가기를 바라며 집으로 돌아가는 편을 택했다.

하지만 그것은 그냥 지나가지 않았다.

집으로 돌아온 나는 젖은 옷을 갈아입지도 않고 앉아 있었다. 이게 어떤 감정이건 간에 그저 휘몰아치게 내버려 두었다. 흐르는 눈물을 억지로 참지 않고, 깨어 있는 모든 순간에 억눌러왔던 생각들을 잠재우려고 애쓰지 않았다. 바로 그때, 위기의 순간에 종종 그러듯이 인생은 나에게 생명줄을 던져주었다. 언니한테 전화를 걸어 위로의 말을 듣고 싶어서 휴대전화를 잠금 해제했는데 마지막에 사용했던 앱이 화면에 나타났다. 당연히 인스타그램이었다.

나를 맞이한 것은 친구가 리포스팅한 이언 S. 토머스라는 작가의 글이었다. 이 글을 읽는데 그 단순함에 충격을 받고 깨달음을 얻었다.

나를 되찾을 수 있도록, 바로 그 순간에 나를 위해서 쓴 글 같았다.

그 글을 여기에 남긴다. 내가 그랬듯 당신에게도 필요할지 모르니까.

아무것도 하지 않을 필요 The Need to Do Nothing

당신이 매일 스스로를 위한 시간을 마련하지 않는다면,

말 그대로 아무것도 하지 않을 시간을 주지 않는다면,

당신의 몸은 갑자기 당신이 빚진 그 모든 시간을 가져가 버릴 것이다.

당신은 침대 옆에 주저앉아 울면서 중얼거릴 것이다.

"도대체 나는 뭐가 문제인 걸까?"

하지만 당신은 약하지 않고 당신에게는 아무런 문제가 없다.

당신은 그저 스스로에게 시간을 주는 것을 잊어버렸을 뿐이다.

치유 과정에서 앞으로 가야 할 길은 여전히 너무나도 멀다. 그건 분명하다. 하지만 이제는 공황과 그의 친구인 트라우마가 불청객처럼 갑자기 들이닥칠 때 TV를 크게 틀어놓고 옆방에 틀어박혀 있지는 않는다. 그저 의자를 끌어당겨서 앉은 후에 주전자를 올려놓고 물이 끓을 때까지 기다린다.

스스로에게
아무것도 하지 않을 시간을
준다는 것은
모든 감정을 느낄 수 있도록
허락해주는 것이기 때문이다.

굳게 다문 윗입술

의사들을 사람으로 생각하지 않는 편이 더 편하기도 하다. 그들에게 관심이 없어서도, 악의가 있어서도 아니다. 환자들은 이미 걱정이 산더미인데 때때로 '일이 잘 안 풀리는 날'이 있는 사람에게 자신의 목숨을 맡긴다는 사실까지 신경 쓰기가 너무 버겁기 때문이다.

하지만 사실 당연하게도 모든 의료·보건 종사자에게는 자신의 삶이 있다. 집 안 보일러에서 쿵쿵거리는 소음이 날 수도 있고, 다섯 달 동안 잠투정을 하는 어린아이가 있을 수도 있고, 심한 건선으로 고생할 수도 있고, 신용카드 빚에 허덕일 수도 있고, 꼭 현관에다만 똥을 싸는 고양이가 있을 수도 있다. 마스크에 가려진 진짜 모습이 드러나는 경우는 드물지만, 의사라는 직업 때문에 인정사정없는 상황에 부닥칠 때는 많다. 근무시간은 끝없고, 생일과 크리스마스를 놓치는 일이 다반사다. 계획한 대로 상황이 따라주지 않아서 환자를 잃는 끔찍한 날들도 있다. 우리는 학창 시절 물리 시간에 모든 작용에는 그와 동일한 반작용이 존재한다고 배운다. 의사가 환자의 가족과 결코 똑같은 고통을 느낄 수는 없겠지만, 반작용은 언제나 존재하며 실제로 상당한 타격을 입힌다. 청진기와 마찬가지로 굳게 다문 윗입술은 의사 유니폼의 일부라 할 수 있으니 당신이 의사들이 입는 타격을 알 리는 없다.

의사들의 머릿속에 깊이 뿌리박힌 '일이나 하자'는 사고방식을 바꾸기는 어렵지만, 그들 가운데는 우리처럼 뭔가를 시도해보려고 부단히 애쓰는 사람들이 분명히 존재한다. 나 같은 경우에는 『조금 따끔할 겁니다This is Going to Hurt』, 『응급실의 크리스마스Twas the Nightshift Before Christmas』라는 책을 집필하면서 그 메시지를 전달하기 위해 노력했다.

> 수술복을 입더라도 울어도 된다.
> 괜찮지 않아도 괜찮다.
> **격렬한 감정에 휩싸이거나**
> **충분히 인정받지 못한다고 느끼는 것은**
> **나약함의 표시가 아니다.**

이제 나는 우리가 전하는 메시지가 서서히 스며들고, 이 거대한 배가 조금씩 경로를 바꾸고 있다고 생각한다. 내게 트위터 메시지로 나만 잘 견뎌내지 못하는 것 같고, 나만 부담감에 짓눌리는 듯한 기분이 들곤 했다는 이야기를 털어놓는 의사들이 상당히 많았다. 그런 메시지를 받을 때마다 나의 말이 옳았다는 생각이 들고 자랑스럽다. 그리고 지난 수년간 내가 살아온 일분일초가 모두 가치 있게 느껴진다.

하지만 나에게 '과장한다'거나 '남자답게 굴라'고 메시지를 보낸 일곱 명의 의사도 있었다. 이런 사람들은 의사라는 직업에 대한 비뚤어진 믿음이 너무나도 깊어서 오히려 나의 의지는 활활 불타오른다. 언제든 나에게 '남자다워지라'는 말을 해도 좋다. 의사라는 직업 내부에 부정의 문화가 존재하는 한 나는 절대 멈추지 않을 것이다. 아니면 내 생각에 동의하고, 자기 자신을 돌보고 자신이 속한 병원에 변화를 일으키기 위해서 무엇인가를 실천하고 있다면 그 이야기를 나에게 해주길 바란다. 우리 집 보일러에서 쿵쿵거리는 소리가 나는데, 어떻게 하면 그걸 고칠 수 있는지 알려준다면 더욱 좋고.

제임스 블레이크 James Blake | 싱어송라이터, 음반 제작자

내가 어떻게 불평할 수 있겠어?

백인 남성도 우울증에 걸릴 수 있다는 생각은 특히 조롱거리가 되기 쉽다. 하지만 이성애자 백인 남성인 나도 우울증에 걸려 자살 충동에 시달린 경험이 있다. 그리고 이 경험에 대한 수치심은 여전히 나를 따라다닌다. 사람들과 이야기를 할 때면 나는 아직도 내가 겪은 지독한 슬픔을 마치 대수롭지 않은 일처럼 가볍게 말하거나 아예 언급 자체를 피한다. 그 대신에 내가 지금 얼마나 더 행복한지를 강조한다. 더 나아지기 위해 했던 일에 대해 말하고, 그 일이 힘들었지만 얼마나 보람되었는지, 내가 어떻게 다시 힘을 낼 수 있었는지를 강조한다. 내가 어떻게 삶에 대한 통제력과 열정을 잃게 되었는지가 아닌, 어떻게 되찾았는지에 집중한다. 그게 내 방어기제의 마지막 보루다.

문득 《뉴욕타임스》와 인터뷰했던 일이 떠오른다. 기자는 내가 어린 시절에 힘겨웠던 이유가 무엇인지, 어쩌다가 20대 후반에 그렇게 어두운 시절을 보내게 되었는지 물었다. 나는 이렇게 대답했다. "잘 아시다시피, 다른 아이들한테 괴롭힘을 당했고, 뭐, 그런 것들 때문이죠." 그러고 나서 곧바로 그렇게 대충 말한 것을 후회했다. 그 기자는 이런 말을 했던 것 같다. "그랬군요. 그러면 꽤 평범한 어린 시절을 보냈네요."

젠장. 그동안 공식적인 자리에서 우울증과 불안장애에 관해서 이야기하고 나의 고통을 표현한 앨범을 여러 장 냈는데도 마치 내가 사기꾼 행세를 한 기분이 들었다. 그러면서도 내가 가진 카드를 다 보여주지 않

232

고, 어렸을 때 내가 얼마나 더 한심하고 나약했었는지 드러내지 않았다는 사실에 안도했다. 어쩌면 그 기자의 말이 맞을 수도 있다. 그가 나보다 더 심한 일을 겪었을 수도 있으니까.

나는 학창 시절 처음으로 다른 사람들에게 분한 마음을 가지게 되었다. 사랑이 넘치고 나를 지지해주는 부모님 아래서 자랐고, 내 또래 세대에는 드물게 부모님이 이혼하지도 않았다. 가족의 균열과 학대를 겪고 나에게 화풀이를 하던 몇몇 아이들에게 대응할 만한 준비가 전혀 안 된 상태에서 학교에 다녔다는 사실을 이제는 안다. 나는 '지나치게 예민한' 아이였고, 어떻게 행동해야 할지 배운 적이 전혀 없었다. 그동안은 온실 속 화초처럼 무균실 속에서 자란 아기와 다름없었는데, 이제는 모든 병에 걸려서 아팠다. (어린 시절에 행복했던 기억들도 많다. 특히 부모님과 내가 의지할 수 있던 친구들에 대한 기억들이다. 하지만 그런 긍정적인 일들에 집중하지 못했기 때문에 아팠던 것 같다.)

학창 시절에는 이어폰을 끼고 혼자 걷거나 연습실에서 피아노를 치는 데 수천 시간을 할애했다. 처음엔 몰래 울고 싶어서 연습실에 갔지만 가끔은 피아노를 치고 싶기도 했다. 열두 살 때부터는 비디오게임에 중독되어서 밖으로 나가 사람들과 어울리는 일이 드물었다. 몇 년 동안 '절친들'이 있었는데 지금 돌아보면 그 친구들에 관해서 잘 몰랐던 것 같다. 하지만 그때는 그런 친구들이라도 있다는 사실에 감사했다.

나는 여자아이들을 떠받들고 흠모했지만 언제나 친구로만 머물렀다. 여러 번 사랑에 빠졌지만, 그 사랑을 되돌려 받지는 못했다. 물론 내가 당연히 그들의 사랑을 받을 자격이 있는 것은 아니지만, 그들은 몇 년 동안이나 나와 어울리면서 자기 친구들이 나를 괴롭히고 모욕하도록 내버려 두었고, 어색한 상황에서는 나를 배신했다. 감수성이 풍부하고 예민한 소년은 그들을 웃게 해주었지만 그들은 소년의 몸을 원하지 않았다. 어리고 철없던 시절이었으니 나를 어떻게 대해야 할지 몰랐던 그 아이들도 이해는 된다. 하지만 그때는 분하고 화가 났다.

남자아이들은 섬세한 나를 약하다고 생각했다. 나는 영리하고 눈치가 빠르기는 했지만 운동에는 그다지 취미가 없었다. 그게 남자아이들과의 관계에서 나의 첫 번째 실수였던 것 같다. 이번에도 나는 어떻게 행동해야 할지 몰랐다. 몇 년 동안 내가 행동장애가 있는 게 아닐까 생각했다. 지금도 마찬가지다. 어쨌든 간에 변덕스러운 괴롭힘과 모욕을 당하는 날들은 해를 거듭하며 계속되었다.

나는 이런 배신과 박해, 거절의 감정들을 마음속에만 담아두었다. 그 나이 때 내가 아는 수준의 대략적인 성 고정관념에 비추어 볼 때 나는 내가 여성의 섬세함을 지녔지만 남성의 몸 안에 갇혀 있다고 생각했다. 물론 그런 이야기를 농담처럼 넘겼고 아무도 내가 우는 모습을 보지 못하도록 단단히 감췄다. 스물두 살 때까지 나는 성경험이 없었다. 여자들 곁에 있는 게 어색해서 자연스럽게 행동하지 못했다. 나를 낱낱이 드러내야 하는 섹스가 두려웠다. (어떤 의미에서 〈형태를 띠다Assume Form〉는 친밀한 관계에서 안전함을 느끼는 능력을 발견하는 것에 관한 곡이다.) 내가 디제이로 성공했기 때문에 여자들이 나를 따르는 거라는 생각이 들었고, 갑자기 나에게 관심을 보이는 사람들을 믿지 않았다. 그래서 그런 사람들을 밀어냈다. 모든 여자의 얼굴이 예전에 나를 배신하고 모욕했다고 생각한 여자아이들의 얼굴로 천천히 변해갔다. 모든 남자의 얼굴은 나를 과소평가하고 기죽이며 괴롭혔던 남자아이들의 얼굴로 변해갔다.

유명해질수록 나의 피해망상은 이기적인 나르시시즘으로 바뀌어갔다. 나를 과소평가했던 사람들에게 내 가치를 입증하려는 집착은 금전적인 보상을 가져다주었다. 나의 첫 번째 감정 언어인 음악은 이런 목적을 달성하는 수단이 되었다. 나는 모든 사람들에게 그들이 오랜 시간 동안 무엇을 놓쳤는지 보여주고 싶었다.

그런 면에서 나는 어느 정도 성공했지만 자기집착과 고립은 더욱 심해졌다. 나는 사람들이 알고 있는 모습처럼 성공한 사람이 아니었다. 겉으로 보기에는 '피치포크Pitchfork* 평점 8.0 이상을 기록한 음악 베스트' 목록에 오르고 승승장구하는 커리어를 자랑하는, 자신이 뭘 하고 있는지 아는 남자였다. 하지만 실제로는 몇 년째 상처받고 절대로 집 밖에 나가지 않고, 자아의 감옥에 갇혀 쇠약해지고, 공동 작업을 거절하고, 금전적인 출혈을 겪고, 친구들과 그들의 가족과 친척에게 이용당하고, 하루에 열네 시간씩 비디오게임을 하고, 담배를 피우고, 암담한 우울증에 빠져서 매일 공황 발작과 환각을 겪고, 존재론적 위기를 느낄 때까지 자기 자신을 전혀 돌보지 않는 어른아이였다. 이 두 가지 모습 사이의 간극은 더욱 커졌다. 스스로에게 "내가 존재하는 이유가 뭐야?" 같은 질문들을 던졌고 나는 더는 살고 싶지 않다고 대답했다. 집 밖으로 짙어지는 전운戰雲이 두려웠다. 그 안에 들어서면 사람들이 나에게 무엇을 기대할지 알기 때문이었다. 정상적인 상호작용과 새 앨범. 정상적인 상호작용을 하기도 힘든데 새 앨범을 내는 건 더더욱 불가능했다.

내가 어떤 기분인지 사람들이 알아주기를 바랐지만, 그런 이야기를 들려줄 수 있는 언어가 내게는 없었다.

이렇게 상세하게 이야기하는 까닭은 누가 나를 안쓰러워해주기를 바라서가 아니다. 단지 상대적으로 부유하고 유명해서 동정을 받을 이유가 전혀 없는 백인 남성도 우울증에 걸릴 수 있다는 사실을 알려주기 위해서다. 모든 것들이 사회적 기대와 허용에 어긋날지라도.

---

* 인디 음악 비평 사이트.

우울증의 원인은 단지
외부의 억압만이 아니다.
나의 경우에는 대개
감정의 억압 때문이었다.

내가 우울해하거나 슬퍼할 자격이 있다는 것을 나 스스로 온전히 믿는지는 아직도 잘 모르겠다. 나는 백인이고 시스젠더이고 남성이다. 다른 어떤 집단보다도 나 같은 사람들에게 인생은 수월하다. 하지만 그런 특권을 누린다고 해서 나에게 이 세상에 머무르고 싶은 마음이 더 생기지는 않았다. 그보다 나 자신을 놓아버린다는 것이 내게는 더 부끄러운 일이었다.

결국 나는 백인성whiteness에서 비롯된, 망상이 섞인 정신적인 힘의 장場을 문득 느끼게 되었다. 유색인종이나 LGBTQ+ 커뮤니티에 속한 사람은 나랑 똑같은 일을 겪거나, 그보다도 훨씬 더 많은 일을 겪었을 텐데…. 그에 비하면 나의 고통은 보잘것없는 것이라는 생각이 들었다. 불편하지만 이성적인 생각이었다(케힌데 앤드루스Kehinde Andrews가 지적한 백인성의 '정신증'은 백인 대부분이 여전히 겪고 있는 문제다. 나는 여전히 이성애자 백인 남성으로서 분명한 혜택을 누리지만, 주변화된 집단에 대한 책임까지 무시할 수 있는 잠재의식 능력은 없었다). 접시 위에 또 다른 접시가 쌓여서 거의 감당 불가능한 수준에 다다랐다. 나는 어린 시절 경험한 트라우마와 슬픔을 언급하는 것이 부끄러웠다.

그런 생각에다 미디어에서 남성 음악가의 감정 표현에 대한 일반적인 낙인까지 더해준 바람에 나는 '슬픈 소년 왕자와 완두콩'이라는 동화 속 주인공이 된 것 같은 기분이 들었다.

하지만 고통을 비교하는 것은 아무에게도, 특히 자기 자신에게 도움이 되지 않는다는 여자 친구의 말을 듣고 나는 정신을 차릴 수 있었다. 여자 친구가 겪은 일들을 생각해보면 이 조언은 더욱 의미가 있다. 삶에서 그렇게 많은 특권을 누리는데도 내가 스스로를 괴롭히고 불평불만을 늘어놓는 모습을 지켜보면서 파키스탄 여성인 그녀는 얼마나 좌절감을 느꼈을까. 제길.

이번에는 통계를 살펴보자. 「예일 세계 건강 보고서Yale Global Health Review」에 따르면, '2015년 (미국의) 40~65세 비非히스패닉 백인 남성의 자살 조자살률*은 10만 명당 36.84명이었다. 이는 일반 미국 인구와 비교하면 두 배가 넘는 비율이다'.* 우리는 지나치게 많이 대변되는 집단이지만 자살에서도 큰 비중을 차지한다.

이런 상황을 고려할 때, 특권을 누리는 수많은 백인 남성들이 왜 자신에게는 고통을 느낄 정당한 권리가 없다고 느끼고, 자신의 권리를 주장할 수 없는 고통에 대처하지 못하는지 자세히 살펴볼 필요가 있다.

심지어 이 글을 쓰고 있는 나조차도 '누가 신경이나 쓰겠어? 이 세상에는 슬픈 백인 남성들보다 훨씬 더 중요한 문제들이 많은데'라는 생각을 한다. (처음 쓰는 글의 주제로는 너무 터무니없어. 멍청한 녀석, 생각을 좀 해라. 그리고 그 조그만 바이올린은 치워버려.) 하지만 나는 이야기를 계속 이어갈 것이다. 우리는 모든 사람의 정신건강에 대한 논의를 진전시킬 필요가 있고, 이게 내가 말할 자격이 있다고 여겨지는 유일한 이유가 되기 때문이다.

우리(시스젠더 백인 남성)는 기억해낼 수 있는 가장 어린 시절부터

---

* 연간 총 자살 인구의 수를 해당 연도의 총인구로 나눈 수치를 천분율로 나타낸 비율.
◆ '백인 남성의 자살: 특권 계층의 예외White Male Suicide: The Exception to Privelege' - yaleglobalhealthreview.com/2017/05/14/white-male-suicide-the-exception-to-privelege (14 May, 2017)

친구와 가족, 미디어를 통해서 (기본적으로 '소년은 울지 않는다'는) 사회 전체에 영향을 미치는 해로운 남성성과 예민함에 대한, 표면적으로 호모포비아적인 두려움을 주입받아왔다. 그리고 나이가 들면서 이 세상이 우리의 성공에 유리하게 구축되어 있다는 사실을 서서히 깨닫는다. 결과적으로 우리는 결국 개인의 심리적 위축이 수치스러운 일이라고 생각하게 된다.

나는 백인 남성의 자아가 지나치게 커지는 것은 심리적으로 위험하다고 생각한다. 성공의 중요성이 너무 큰 것도, 세상이 다른 사람들에 비해 우리에게 더욱 활짝 문을 열어주는 것도 마찬가지다. (우리 중 대다수는 그런 이점이 존재한다는 사실을 마음속 깊이 느끼지만, 의도적으로 무시한다. 잠재의식으로는 부당하다는 것을 알면서도 그런 이점을 최대한 활용해야 한다고 생각한다.) 우리가 무슨 일이든 할 수 있고 무엇이든 될 수 있다는 생각은 위험하다. 공감과 사랑으로 여성을 이해하지 않고 그저 이용 가능한 자원으로 여기는 것도 위험하다. 그렇게 자본주의적이고 자기중심적인 열정을 추구하느라 뒤늦게 우리의 생존을 위해 필요한 또 다른 근육인 **마음**을 돌보는 것을 소홀히 했다는 사실을 깨닫게 되는 것도 위험하다.

나는 내가 도널드 트럼프가 된 듯한 기분을 느낀 적이 있다. 그가 4억 1,300만 달러가 있으면서 빈털터리인 척 세무 기록을 조작한 것처럼. 불만을 품은 수많은 백인 남성들이 자기 자신을 트럼프와 깊이 동일시하는 것도 놀랍지 않다(분명히 말해두지만 나는 **절대로** 그러지 않는다). 그리고 우리는 하고 싶은 일은 무엇이든 하고 말하고 싶은 것은 무엇이든 말한다. 정작 그 행동으로 자신은 아무 영향을 받지 않으면서.

이런 상황은 백인 남성들이 어떤 말을 하고 행동을 할 자격이 있는지에 관한 바람직한 토론으로 이어지고 있다. 나는 우리도 다른 사람들과 똑같은 자격이 있다고 생각한다. 이 지점에서는 경청과 균형 잡힌 시각이 필요하다. 또한 나는 모든 사람이 그 크기에 상관없이 고통을 느낄 자격이 있다고 생각한다. 주변화된 사람들과 마찬가지로 특권을 지닌 사람들의 우울증과 불안장애에 대한 수치심이 더 심각해지는 것을 바라지 않는다. 그 고통의 문제를 다루지 않는다면 모든 사람에게 피해를 주는, 병적으로 자기중심적인 시스젠더 백인 남성들이 더 많아질 것이다(그리고 그들 중 몇몇은 그 문제에 대한 앨범을 만들 것이다).

4

도움을 청해도
괜찮아

내가 어떻게 도울 수 있을까?

정신적으로 위기를 겪고 있는 사람을 돕는 것은 세상에서 가장 어려운 일 중 하나다. 마치 총격전이 벌어지고 있는데 무기로 머리빗을 들고 나서는 것과 같은 일이다. 뇌가 붕괴하고 하늘이 어둠으로 가득할 때는 누구라도 옳은 말을 하기가 정말 어렵다. 만약 당신이 누군가를 도와주고 싶은데 그들을 위로할 수 있는 말을 찾기 어렵다면 나는 **"당신은 혼자가 아니다"**라는 말을 추천한다.

사람들은 보통 타인의 위기를 마주하면 일단 본능적으로 도움을 주거나, 문제를 해결하려 하거나, 그들이 상황을 이해할 수 있도록 맥락을 제공하려고 한다. 이런 반응들에 악의가 있는 건 아니지만 때로는 문제 자체를 이해할 수 없으면 해결책을 제시할 수도 없는 경우도 있고, 때로는 아예 도와줄 수 없는 상황도 존재한다. 다른 사람의 뇌에서 일어나는 문제를 해결하려고 하면 더욱 심각한 상황이 발생할 수도 있으며, 상황의 맥락을 제공하는 것이 듣는 사람을 더욱 외롭고 미치게 만들 수도 있다. 사실 옳은 말을 하는 것은 어렵다. 옳은 말 자체가 존재하지 않을 때도 있다.

힘든 순간을 견뎌내는 누군가를 돕기 위해서 옳은 말을 하기란 어쩌면 영영 불가능한 일일지도 모른다. 그래도 당신이 하지 말아야 할 말, 대신 할 수 있는 말에 관한 아이디어들을 아래에 적어보겠다.

사람들이 하는 말: 솔직히 말해서 어떤 사람들은 집도 없고 먹을 음식도 없어. 암에 걸린 사람들도 있고. 심지어 농사를 짓다가 트랙터에 부딪히는 끔찍한 사고를 당해서 다리가 절단되고 없는 사람들도 있다고! 우울해할 만한 진짜 이유가 있는 사람들도 있단 말이야. 나는 네가 정신을 차리고 생각을 좀 해봤으면 좋겠어. 네 인생이 얼마나 멋진데!

내가 하고 싶었던 말: 내가 그걸 모르는 것 같아? 뜬눈으로 밤을 지새우며 인생이 이렇게 멋진데 나는 왜 이렇게 불행한지 자책하지 않는다고 생각해? 내가 다른 사람들에게는 없는 특권을 누리고 필요한 건 모두 가지고 있는 행운아인데도 여전히 너무나도 불행하고 엉망진창 속으로 빨려 들어가는 것만 같은 기분이 들어서 매일 죄책감을 느끼지 않았을 거라 생각해? 네가 그런 말을 한다는 건 나의 가장 어두운 생각들이 사실이라는 걸 확인시켜주는 거야. 내가 내 인생에서 아름다운 것들에 대해 감사하지 못하고 모든 것의 어두운 부분만 보는, 오냐오냐 버릇없이 자란 바보 멍청이라고. 네가 도와주려고 애쓴다는 건 알지만 고통은 상대적인 것이 아니야. 고통은 고통이고, 사람이 고통을 받으면 다른 건 중요하지 않아. 나는 네가 내가 처한 상황이 얼마나 힘든지 안다고 말해주면 좋겠어. 설령 네가 그걸 다 이해할 수는 없다고 해도. 나는 네가 내 곁에 있어주면 좋겠어. 그런데 이제는 트랙터 사고로 다리를 잃은 그 사람이 왠지 걱정되네. 고마워.

사람들이 하는 말: 오늘 밤에 그냥 나랑 같이 놀자! 술도 마시고 춤도 추자. 그러면 조금이라도 기분 전환이 될 거야!

내가 하고 싶었던 말: 네가 나를 걱정하고 내 기분이 나아지도록 도와주고 싶어 한다는 건 알겠어. 하지만 지금 클럽에 가서 술을 마시고 춤을 춘다는 게 나한테는 EDM이 흘러나오는 땀이 줄줄 나는 지옥에 가자는 소리로 들려. 게다가 공황 발작이 일어나기 딱 좋은 장소인 것 같고. 불안장애가 없는 사람들의 기분을 나아지게 해주는 일들이 불안장애가 있는 사람들에게는 낯선 사람들로 가득한 방에 알몸으로 걸어 들어가서 억지로 차차차를 추어야 하는 상황처럼 느껴지거든. 지금 나는 집에서 영화를 보면서 핸드폰으로 게임을 하고 한바탕 운 다음에 일찍 자는 게 나아. 너는 '클럽'에서 즐거운 시간을 보내고 오기를 진심으로 바랄게.

사람들이 하는 말: 솔직히 말해서 그렇게 안 좋은 상황 같지는 않은데⋯.
내가 하고 싶었던 말: 야, 진짜 그 정도로 나쁘거든? 제발 꺼져줄래?

사람들이 하는 말: 어쩌면 너는 우울한 게 아니라 그냥 피곤하고 배가 고픈 걸지도 몰라. 뭘 좀 먹고 잠을 좀 자봐. 그러면 분명히 기분이 나아질 거야.
내가 하고 싶었던 말: 네 말이 맞아. 어쩌면 나는 그냥 피곤하고 배가 고픈 걸지도 몰라. 우울증 때문에 나 자신을 돌보고 싶지 않거든. 내가 자기 돌봄을 받을 자격이 있는 사람이라는 생각이 들지 않아. 그렇게 말해줘서 고마워. 하지만 그런 말을 들으니 꼭 네가 손가락 마디에 반지를 끼고 내 얼굴에 주먹을 날린 것 같은 기분이 드네. 너한테 마음을 열고 내가 어떤 기분인지 말하는 건 정말 힘든 일이었어. 너는 그냥 다정한 말을 건네는 거라는 걸 알지만, 이제는 네가 나를 없는 문제를 지어내고 아무것도 아닌 일로 소란을 피우는 사람으로 여기는 것만 같아. 나는 네가 내 이야기에 귀를 기울여주고 나의 고통이 진짜라고 말해주면 좋겠어. 그런데 나 갑자기 배가 고파. 마마이트 토스트 좀 만들어줄래?

사람들이 하는 말: 내 사촌도 불안장애가 있었는데 어떤 여자한테서 마법의 약을 받고 나서 모든 문제가 사라졌대.

내가 하고 싶었던 말: 마법의 약이 네 사촌의 불안장애를 낫게 해줬다니 정말 다행이네. 하지만 정신건강이 좋지 않은 사람에게 대체의학을 권하는 건 건강하지 않을 뿐더러 위험하기까지 해. 나도 대체의학 정말 좋아하고 어떤 사람들한테는 진짜로 도움이 된다고 생각하지만 무언가가 **나를 구원해줄 수 있다**는 생각에만 집착한 나머지 상담이나 명상 같은 전통적인 치료법을 무시하고 싶지는 않아. 그래도 조언해준 건 정말 고마워!

사람들이 하는 말: 너 지금 관심받고 싶어서 미친 척하는 거야….

내가 하고 싶었던 말: 진짜? 내가 진짜로 그런다고? (일단 심호흡 좀 하자.) 정신적으로 문제를 겪은 적이 있는 사람은 아마도 관심받고 싶어 한다거나 미쳤다는 말을 수없이 들었을 거야. 그런 말을 너무 많이 듣다 보면 점점 그렇게 믿게 돼. 칼에 팔이 찔린 사람이 울부짖는 걸 보고 미친 척한다고 하진 않잖아. 그러니까 내가 공황 발작을 겪거나 주체할 수 없을 정도로 울면 그냥 내 감정을 온전히 느낄 수 있게 내버려 둬.

사람들이 하는 말: 그런데 너는 진짜로 뭐 때문에 불안한/슬픈 거야?

내가 하고 싶었던 말: 아무것도 아니야. 그게 문제지. 아무런 일이 안 일어났는데도 나는 세상이 끝나는 듯한 기분이 들어. 나는 매일 매 순간 두려움에 떨고 있어. 지금까지 한 번도 느껴본 적 없는 슬픔이 밀려오는데, 내 인생에는 슬퍼할 만한 일이 없거든. 사람들은 아무것도 아닌 일로 슬퍼하기도, 무서워하기도 해. 그게 정신질환이야. 네가 그걸 이해할 수 있다면 좋겠어.

사람들이 하는 말: 나는 너를 사랑해. 내가 너의 모든 문제를 해결할 수 있어.

내가 하고 싶었던 말: 안타깝지만 그럴 수 없어. 너는 그저 한 사람이고 내 문제들을 해결하거나 나를 구원할 수는 없어. 그래야 할 필요도 없고. 나를 지지해주고 내 곁에 있어줄 수는 있겠지만, 이건 나만의 싸움이고 그 누구도 나를 여기서 벗어나게 해줄 수 없어. 정신건강이 안 좋은 시기를 겪을 때는 파트너나 친구나 부모님이 자신을 구원해줄 수 있다고 간절히 믿고 싶어지지만, 실제로 나를 구원할 수 있는 사람은 오직 나뿐이야. 나는 한동안 내 기분이 나아질 수 있는 일들을 해야 해. 너는 정말 멋진 사람이지만 나의 뇌와 나의 인생은 네가 책임져야 할 문제가 아니야. 네가 내 문제들을 해결해줄 수 있다고 말하면 나는 그게 사실이라고 믿고 싶어져. 공동의존적인 관계를 만드는 건 지금 나한테 정말 안 좋은 일이야. 나를 위해서 토스트를 구워주고 내 손을 잡아줘. 하지만 네가 내 문제들에 대한 해답이라고는 말하지는 마. 그건 사실이 아니니까.

네가 대신 할 수 있는 말:
- 너무 안됐다. 정말 힘들겠구나.
- 내가 그리로 갈게. 10시까진 도착할 거야.
- 정말 힘든 시간을 견뎌내고 있구나. 이제는 너 자신을 몰아붙이지 말고 잘 돌봐줘야 해.
- 내 어깨에 기대서 울어도 돼(어차피 이 옷 마음에 안 들었거든).
- 눈물에 화장이 번져서 목까지 흘러도 너는 여전히 예뻐!
- 지금은 네가 약속을 취소해도 돼. 만약 네 다리가 부러졌다면 아무도 네가 출근할/파티에 갈/회의에 참석할 거라고 생각하지 않을 거야.

그러니까 너는 마음속의 다리가 부러진 거고 넌 그 다리가 다 나을 때까지 그냥 두어야 한다고 생각해.

- 너의 모든 감정은 중요해.
- 이건 네가 지어낸 이야기가 아니야. 진짜야.
- 너는 고통에 빠져 있고 혼자서는 나아질 수 없어. 다른 병도 다 마찬가지야. 너에게는 도움이 필요하고 너는 나아질 거야.
- 잠시 조용히 있어도 돼.
- TV 볼래?
- 내 손을 잡고 심호흡을 해봐. 우리는 함께 헤쳐나갈 수 있어.
- 네가 지금 약하다는 기분이 든다는 걸 알아. 하지만 너는 너무나도 강해. 너는 그 누구의 눈에도 보이지 않는 싸움을 하고 있잖아. 오늘 네가 여기 있다는 사실 그 자체만으로도 너는 정말 대단한 일을 해낸 거야.

내가 여기 네 곁에 있어
나는 너를 사랑해
이건 너의 잘못이 아니야
한 번도 너의 잘못인 적이 없었어
시간이 걸리겠지만
점점 나아질 거야.

아수라장 속에서 먹고 기도하고 사랑한 해

트리거 워닝: 음식, 섭식장애

10년 전에 나는 베들럼Bedlam*에서 1년을 보낸 적이 있다. 지금은 런던 남부의 베슬럼 왕립 병원Bethlem Royal Hospital으로 알려진, 유럽에서 가장 오래된 정신병원이다. 나는 그 시간을 '먹고 기도하고 사랑한 해'라고 부른다. 나는 (할 수 없이) 먹었고, 우리 엄마는 (미친 듯이) 기도했다. 엄청난 사랑을 받은 덕분에 나는 그 시간을 견뎌낼 수 있었다. 엘리자베스 길버트Elizabeth Gilbert의 『먹고 기도하고 사랑하라』와는 상당히 다르지만, 분명히 성장과 깨달음으로 가득 찬 한 해였다. 다만 나의 성장과 깨달음은 상징적인 표현이 아니었다. 나는 실제로 15킬로그램 정도 살이 쪘고, 성장했고, 내가 변화해야 한다는 사실을 깨달았다.

지금 그 시절을 되돌아보면 비현실적인 느낌이 든다. 나의 세상은 너무나도 작고 편협했으며 제대로 된 관심을 받지도 못했다. 그 후 몇 년에 걸친 '회복 과정'은 정말 길고 힘겨웠다. 나는 퇴원한 지 열 달 만에 다시 병원 대기자 명단에 올랐고, 1년 후에 또다시 같은 상황이 발생했다. 나는 주간 환자**였다가 외래 환자였다가 개인 상담치료를 받기도 했다. 한때는 다양한 12단계 프로그램에도 참여해보았고 절실한 순간

---

* '아수라장'이라는 뜻도 있다.
** 입원 생활에서 외래 진료로 전환하는 과도기에 있는, 낮에만 병원에서 지내는 환자를 가리킨다.

에는 대체요법에 기대기도 했다. 나는 내가 나아지려고 **마음만 먹으면** 곧바로 회복되리라 생각했기에 마음대로 되지 않는 상황들 속에서 낙심했다. 게다가 모든 학대 관계가 그렇듯이 발을 빼내기가 어렵다는 점이 문제였다. 거식증은 매혹적이었고 그게 내가 아는 전부였다.

305제곱미터 정도 되는 공간에 갇혀서 '먹고 기도하고 사랑한 해'를 보내는 동안 내가 어떤 일을 할 수 있었을까 가끔 생각해보곤 한다. **당신**이라면 어떤 일을 했을까? 글쓰기? 새로운 기술 배우기? 예전 기술 되살리기? 〈왕좌의 게임〉 보고 또 보기? 넷플릭스에 올라온 모든 영화 다 보기? 나는 남는 시간에 『전쟁과 평화』를 읽고 셰익스피어의 모든 작품을 다 읽을 수도 있었다. 〈레미제라블〉의 가사를 다 외우고 〈프렌즈〉의 모든 에피소드를 줄줄 읊을 수도 있었다. 스페인어를 배워서 유창하게 구사할 수도 있었다. 너무나도 많은 일을 할 수 있었을 텐데, 나는 아무것도 하지 않았다. 그때 내가 아팠다는 사실을 자꾸만 잊는다.

나는 그 해를 규칙적이고 지루한 일과로 소모했다. 매일 이른 아침 군대식 모닝콜 소리에 잠에서 깨어 체중을 측정했다. 우리는 무리를 지어 한 명씩 진료실로 이동했고 열의가 넘치는 (친절한) 야간 당번 직원들이 체중을 측정했다. 아마도 빨리 일을 마치고 퇴근하고 싶었겠지. (체중이 늘었을지도 모른다는) 두려움에 맞서고 나면 남은 하루는 (음식을 먹는다는) 또 다른 두려움에 시달리며 흘러갔다. (45분씩 식사 세 번, 15분씩 간식 세 번) 모두 여섯 번 식당에 가야 했다. '휴식 시간'에는 모두 함께 둘러앉아서 식사 이후의 불안감과 분노를 표출했다. (가끔 시리얼의 양을 제대로 측정하지 못하는 정말 끔찍한 일을 저지른 직원에게 분노하기도 했지만, 짜증나는 다른 환자에게 분노할 때가 더 많았다. 물론 모든 사람이 아픈 상태였지만 진짜로 신경을 거슬리게 하는 사람들도 있었다. 나는 그해에 내가 아무도 때리지 않았다는 게 너무 놀랍다. 나를 때린 사람이 없다는 건 **소름 끼칠 만큼 놀랍다**.) 그런 다음에는 잠을 자거나 우리에 갇힌 동물처럼 복도를 서성거리면서 남은 하루 대부분을 보냈다.

가끔 방문객이 오는 날도 있었다. 내 동생은 그때 11학년이었는데 부모님이 동생의 중등교육자격시험 준비를 '도와주라'면서 나에게 보냈다. 동생은 오기 싫었겠지만, 덕분에 나는 거식증과 병동 생활을 잠시 잊고 목적의식과 정체성을 느낄 수 있었다. 나는 시험에 아주 능한 언니였고 병원 바깥에는 나를 기다리고 있는 세상이 있었다.

그룹치료를 받기도 했다. 이때 우리는 보통 우유나 요구르트에 관한 이야기를 하거나 (대체로) 서로에 대한 불평불만을 토로했다. 그래도 말을 할 수 없는 반사요법reflexology*과 명상은 다들 좋아했다. 때로는 직원들의 인솔하에 병원 주변을 산책하기도 했다. 주변 풍경은 정말 아름다웠다. 병동 바깥에서 예술 및 공예 활동도 했는데, 나는 도예를 했다. 그때 만든 그릇 중 몇 개는 지금까지도 간직하고 있다. 이따금 밤에 공포영화를 보기도 했다. 종종 응급 알람 소리가 울릴 때면 우리는 우리 곁에서 무서운 일들이 벌어지고 있다는 사실을 새삼 깨달으며 한동안 공포영화를 보지 않기도 했다. 때로는 환자들이 탈출을 하기도 했다. 누가 울타리를 뛰어넘었다는 소식이 들려오면(자유다!) 처음에는 웃기다가도 나중에는 어디로 달아난 걸까 걱정했고 식사 시간에 다시 만나면 안도하곤 했다.

그해에 나는 완전히 낫지는 못했지만 정신건강에 관해서 많은 것들을 알게 되었다. 다른 사람들이 내가 결코 알지 못했을, 절대로 겪고 싶지 않은 감정의 혼란을 경험하는 것을 목격했다. 다른 모든 정신질환도 마찬가지겠지만 섭식장애는 젠더, 연령, 성적 지향, 인종, 계급과 무관함

---

*   마사지, 지압 등을 활용하는 대체요법.

을 느꼈다. 아이가 있는 환자들도 있었고 어린이 환자들도 있었다. 내가 병동에서 지낼 때 가장 나이가 어린 환자는 열세 살이었고 가장 나이가 많은 환자는 예순이 넘었다. 남자 환자도 몇 명 있었다. 나만 피부색이 갈색인 건 아니었다. 부유하고 화려한 사람들도 있었고 그렇지 않은 사람들도 있었다. 애스콧의 레이디스 데이Ladies' Day at Ascot*에 참석하기 위해 외출한 환자도 있었다. 다른 병실의 환자는 입원하기 전까지 호스텔에 살았고 단 한 번도 외출하지 않았다. 그 두 사람은 동갑이었다. 왠지 둘 다 지금까지 살아 있을 것 같지 않다.

모든 상황이 어떻게 나아졌는지 구체적으로 짚어서 말하기는 어렵다. 지금의 내 인생은 10년 전과는 몰라볼 정도로 달라져 있다. 그때는 내가 이런 인생을 살 수 있으리라고는 감히 꿈도 꿀 수 없었다. 오해하진 마라. 모든 문제가 해결된 것은 아니다. 나는 미혼이고 아이가 없다. **항상 행복하지도 않다.** 친구가 수백 명 있는 것도 아니다. 인스타그램 계정에 인증 배지가 달린 유명 인사도 아니다. 직장에서 탁월한 성과를 내는 것도, 억대 연봉을 받는 것도, 세상을 변화시키고 있는 것도 아니다. 플랭크 자세는 3분을 넘기지 못한다. 어딘가 이상하고 덜렁거리며 말실수를 많이 한다. 때때로 극심한 불안에 시달린다. 서른세 살이나 되었는데도 다른 사람들이 나를 어떻게 생각하는지 신경 쓰고 내가 겉돌지 않을까 생각하느라 너무 많은 에너지를 낭비한다. 내가 더 깔끔하고 자신감 넘치고 웃긴 사람이었으면 좋겠다. 나에게 더욱 친절하게 대하려고 노력 중이다. 나는 자기 자비self-compassion를 연습 중이다. 이제는 이별이든 슬픔이든 질병이든 아니면 그냥 그래야만 해서든, 우리 모

---

* 영국 왕실에서 주최하는 경마 행사인 로열 애스콧Royal Ascot 기간에 상류층 인사들이 드레스 차림으로 모이는 자리.

두에게 가만히 지내는 몇 해 동안의 시간이 필요하다는 사실을 안다. 가만히 지내는 시간 동안 우리는 성장할 수 있다. 가만히 있는 동안 우리는 많은 발견을 할 수 있다. 가만히 있어도 괜찮다.

> 심적 고통과 두려움이 있었지만
> 결국 나를 구원한 것은
> 사랑과 용기였다.
> **심적 고통과 두려움은**
> **언제까지나 존재하겠지만**
> **사랑과 용기도**
> **언제까지나 존재한다.**

나는 오늘 나의 체중이 얼마인지 모른다. 하지만 내가 여전히 성장하고 늘 새로운 깨달음을 얻고 있다는 건 안다. 그야말로 진정한 선물이다.

LGBT의 친구가 되는 법

　사회에 호모포비아가 존재하는 한, 정신건강과 관련된 문제들을 겪는 사람 중에서 젊은 LGBT들의 비율이 불균형적으로 커다란 수치를 기록할 것이다. 그렇지 않은 사람들보다 레즈비언, 게이, 바이섹슈얼, 트랜스젠더로 정체화하는 청년들은 학교에서 괴롭힘을 당하고, 정신건강 서비스를 찾고, 심지어 자해나 자살로 내몰릴 가능성이 훨씬 더 크다. 상황이 점차 나아지고 있고 이런 수치들은 줄어들고 있지만 어린 학생 LGBT들에게는 조롱이나 오해, 의심 대신 그들의 정체성을 긍정하고 인정하는 목소리가 여전히 절실하게 필요하다. 안타깝게도 이것은 단지 학교에 국한된 문제가 아니다. 모든 연령대의 LGBT 수천 명이 자신의 정체성을 밝힐 수 없는 상황에 놓여 있고, 커밍아웃을 한 사람들은 공개적으로 괴롭힘을 당하거나 친구들과 가족들에게서 거부당하기도 한다.

　아마도 모든 사람의 가까운 지인 중에 LGBT가 있을 것이다(그 사실을 당신이 알든 모르든 간에 말이다). 당신은 이렇게 물어볼지도 모른다. "그런 사람들을 위해서 더 나은 상황을 만들려면 내가 무엇을 할 수 있을까?" 모든 사람은 LGBT인 가족, 친구, 또래, 직장 동료를 향한 포용과 지지를 표현하기 위해 다양한 일을 할 수 있다. 나의 경험을 토대로 LGBT의 친구가 되는 방법에 관해서 다음과 같은 조언을 하고 싶다.

1. LGBT에 대한 지지와 포용을 표현하라.

LGBT들이 학대에 직면하면 작은 포용의 목소리나 지지하는 생각보다 부정적인 편견들이 더 크게 다가오는 경우가 많다. 그러니 LGBT를 지지하는 마음을 말로 표현하라.

2. 레즈비언, 게이, 바이섹슈얼, 트랜스젠더를 농담의 소재로 삼지 마라.

대부분은 순수한 농담이고 누군가에게 해를 끼치려는 의도는 없지만 (예를 들어) "그건 진짜 게이 같잖아"처럼 부정적인 표현들은 동성애가 나쁘다거나 동성애를 진지하게 받아들일 수 없다는 생각을 심어주고 편견을 조장한다.

3. 학대를 소리 높여 알리고, 학대에 맞서 저항하라.

이런 행동을 하지 못할 것 같다면 학대에 직면한 사람 곁에 당신이 있다는 사실을 알려줘라.

4. 다른 사람들에게 알려주기 위해서 먼저 스스로 지식을 쌓아라.

호모포비아 및 트랜스포비아와 관련된 대부분의 편견은 무지에서 비롯된다. 다른 사람들에게 가르쳐줄 수 있도록 스스로 지식을 쌓아라. 예를 들어 사람들은 바이섹슈얼인 동시에 트랜스젠더일 수 있다는 사실을 모르는 경우가 많다. 이런 주제들에 관한 이야기를 나누면 사람들의 마음을 변화시킬 수 있고 모든 형태의 편견을 근절할 수 있다.

5. 이성애자일 거라고 지레짐작하지 마라.

당사자가 직접 말하기 전까지 어떤 사람의 섹슈얼리티나 그 파트너의 젠더를 지레짐작하지 마라. 나도 "여자 친구 있어요?"라는 질문을 받았을 때 마음이 불편했던 경험이 여러 번 있다.

6. 우울한 기분이 들어도 괜찮다.

친구와 가족이 정신건강에 대해 솔직하게 이야기할 수 있도록 격려하라. 그러면 그들이 자기 자신을 돌볼 수 있도록 도와줄 수 있다. LGBT들은 이런 문제들을 겪을 가능성이 더욱 크다. 주변 사람들에게 관심과 감사를 적극적으로 표현하라.

LGBT를 향한 차별이 없어진다면 세상은 훨씬 더 행복하고 안전한 곳이 될 것이다. 그렇게 되기까지는 시간이 좀 걸리겠지만… 이런 단계들을 밟아나간다면 당신도 보탬이 될 수 있을 것이다.

피해자들은 증오범죄를 잘 신고하지 않는다.
'그런 일은 항상 일어난다'고
생각하기 때문이다.

완전한 사회적 평등과 포용의 혜택은 LGBT에게만 국한되지 않는다. 자신의 LGBT 친구들이나 가족들이 더 큰 위험에 노출되어 있지 않다는 사실을 알게 된다면, 섹슈얼리티나 젠더에 상관없이 모든 사람이 더욱 안전하고 안심할 수 있는 행복한 삶을 살 수 있을 것이다. 당신에게는 작은 변화가 LGBT들에게는 엄청난 변화가 된다. LGBT 평등을 위한 당신의 지지를 표현하라.

그의 베스트 맨*

일단 미안하게도 이 이야기는 런던에서 시작한다. 재미없다는 건 알지만 런던일 수밖에 없다. 나의 천식을 진찰한 지역 보건의는 승인하지 않았지만 '이 년bish'은 런던에 살고 있기 때문이다.

여기서 '이 년'은 바로 나를 가리킨다. 12월 27일 오후 4시 45분에 페이퍼체이스 토트넘 코트 로드 지점에 걸어 들어가고 있던 나. 기대하시라. **두구두구두구**. 이제 막 신랑 들러리가 되어달라는 말을 들은 참이었다!

신랑 들러리. **신랑 들러리라고!!!** 나는 내가 과연 신랑 들러리를 맡게 되는 날이 올까 곰곰이 생각해봤다. 체중이 약 114킬로그램이나 되는 거구의 게이 코미디언이자 제대로 된 관계를 유지해본 적이 없는 나로서는 이번이 신부가 되는 것에 가장 근접한 경험이 될 터였다.

(진짜 신부인) 로셸은 신부가 주목받지 못할 만큼 과한 옷은 입지 말아달라고 이미 나에게 부탁한 상태였다. 하지만 그게 사실은 '**한번 해볼 테면 해봐, 뚱뚱한 남자 동성애자야! 그래서 우리가 너한테 신랑 들러리를 서달라고 부탁한 거라고!**'라는 뜻의, 모호하지만 경쟁심을 불러일으키는 신호였는지는 확실하지 않다.

---

* 여기서 베스트 맨best man은 '신랑 들러리'라는 뜻과 말 그대로 '가장 멋진 남자'라는 중의적인 의미로 쓰였다.

내가 페이퍼체이스에 가던 날, 로셸은 내 미래의 형수님이 될 예정이었다. 서른여덟 살인 우리 형 숀과 결혼할 예정이었기 때문이다. 나는 정말 기뻤다.

형과 내 사이가 항상 좋지는 않았다. 터울도 큰 편이고 형제지간이라 해도 성격이 다르게 마련이니까(형은 흔히 생각하는 상남자에 가깝다). 내가 발레아레스제도의 한 섬에서 개최되는 프라이드 퍼레이드를 위해서 특별히 제작한 카일리 미노그 메가믹스의 음파만큼이나 곧은 straight(이성애자) 사람이 아니라서 더욱 그랬겠지만. 이런 현실을 생각하면 우리 둘 사이에는 커다란 틈이 존재했다.

사실 예전에 형이 약혼했을 때 나한테 신랑 들러리를 서달라고 부탁했었다. 형의 전 약혼자는 '누군지 밝힐 수 없는 익명의 여자'라고 해두자. 내가 보기에 그녀는 스페인의 창턱에 버려진 바나나 껍질만큼이나 매력이 없었다. 그녀가 우리 형수님이 되지 않기를 바랐기에 형의 신랑 들러리가 되고 싶지 않았다. 사실 나는 그 두 사람에게 그다지 관심이 없었다.

이와는 정반대로 로셸은 내가 진짜 우리 형수님이 되었으면 하는 사람이었다. 나이는 마흔한 살이었고 재미있으며 대화를 즐기는 사람이었다. 희한한 유머 감각이 있어서 나를 배꼽 잡고 웃게 했다. 우리 형은 이전의 약혼이 깨지고 난 후에 얼마 지나지 않아 로셸과 함께 살게 되었다. 두 사람은 급속도로 사랑에 빠졌고 나와 엄마는 정말 기뻤다. 그들은 최대한 빨리 결혼하고 싶어 했다.

어쨌든 내가 페이퍼체이스로 걸어 들어가기 전으로 다시 거슬러 올라가면… 12월 27일 오후 2시 30분이었다. 형과 로셸 그리고 나는 프랑코 망카Franco Manca*에서 피자 세 판을 배불리 먹고 나온 참이었고 엄밀히 말하자면 형은 아직 로셸에게 프러포즈를 하지 않은 상태였다. 두 사람은 그 전날 밤에 일단 구두로 언약을 주고받았고, 우리는 점심을 먹으면서 형이 어떻게 프러포즈를 할지 상의했다. 두 사람은 반지를 사서 저녁 6시에 세인트 판크라스 역에 있는 거대한 시계와 입맞춤하는 연인 동상을 배경으로 프러포즈를 하기로 했다. 그건 정말 **#이성애자들**다웠고 나는 그 두 사람이 이성애자라는 사실을 새삼 깨달았다.

정말 다정하게도 그들은 나에게 나중에 그곳에서 프러포즈 사진을 찍어달라고 부탁했다. 신랑 들러리가 되기로 했으니 나는 자연스럽게 프러포즈 준비를 돕게 되었다.

12월 27일 오후 3시 45분에 나는 두 사람을 우버에 태워서 해턴 가든으로 보냈다. 다이아몬드 강도가 나오는 그저 그런 영국 인디 영화들에 수없이 등장했던 장소니까 보석상들이 많을 거라고 생각했다.

형과 로셸은 반지를 살 만큼 수중에 돈이 많지는 않았지만 개의치 않았다. 즉흥적인 게 가장 중요했다. 무슨 일이 있더라도, 〈디블리의 교구 목사The Vicar of Dibley〉^{**}에서처럼 소금&식초 맛 과자를 구해야 한다고 하더라도, 저녁 6시에는 프러포즈를 하기로 했다.

형은 이전에 한 번도 우버를 타본 적이 없었다. 런던에서 40마일 떨어진 곳에 살기도 했고, 아버지가 블랙캡을 모는 택시 기사였기 때문에 우리 가족에게 우버는 상당한 논란거리였다. 형은 우버를 이용해야 한다는 게 조금 불편한 눈치였다. 하지만 일분일초를 다투는 상황이었기에 나는 형에게 그런 도덕관념은 눈 딱 감고 잊어버리고 디미트리(별 4.97개)가 곧 프리우스를 몰고 올 테니 얼른 차에 타라고 말했다. 그리고 그만큼 괜찮은 기사를 구한 게 진짜 얼마나 다행이냐고 말했다.

* 영국의 화덕 피자 체인.
** 1994년부터 2007년까지 방영된 영국 시트콤.

두 사람은 다이아몬드 상점으로 갔고 나는 토트넘 코트 로드에서 한 시간 정도 이리저리 걸어 다녔다. 박싱데이 세일 중인 '그저 그런 가게들'을 둘러보고 나한테는 별로 필요하지 않지만 다른 사람들에게 '선물'로 줄 장식품들을 구경했다. 일단 선물했다가 4월이 되면 다시 돌려받을 생각이었다.

그러던 중에 2층 규모의 거대한 페이퍼체이스 매장이 눈에 띄었다. 토트넘 코트 로드 주변의 지리를 잘 아는 사람이라면 페이퍼체이스가 '문구 덕후'를 방심하게 만드는 위험한 장소라는 걸 알고 있을 것이다. 나는 문구 덕후다. 문구를 너무 좋아한다. 아무리 사들여도 더 사고 싶다. 파스텔 색상의 몰스킨 (유선) 노트와 펜 세트는 내 마음의 문을 여는 열쇠다. 글로 적기만 해도 흥분될 지경이다.

오후 4시 45분에 토트넘 코트 로드의 페이퍼체이스로 들어가면서 나는 신랑 들러리이자 웨딩 플래너로서 임무를 다하기 위해 여기에 온 것이고 두 사람이 세인트 판크라스 역에서 열어보게 될 엄청난 약혼 카드를 사러 왔다고 되뇌었다. 정말 특별한 카드를 찾고 싶었다.

약혼 축하 카드 진열대의 줄마다 채워진 카드들을 하나씩 살펴보는데 문득 슬픔이 밀려왔다.

모든 카드에는 '영원히 행복하게', '앞으로 오래도록 서로 사랑하며 살기를', '두 사람이 함께 나이 들어가기를' 같은 말들이 적혀 있었다. 모두 장수에 관한 내용이었는데 서글프지만 우리에게는 해당하지 않는 이야기였다.

그날 아침에 로셸은 암 말기라는 진단을 받았다. 의사는 이미 치료할 수 없는 상태고 전이되었다고 했다.

나는 토트넘 코트 로드의 끝에 있는 암 전문 치료 부서로 두 사람을 데리러 갔고, 우리는 다 같이 가장 가까운 피자집으로 갔다. 그 밖에 다른 어떤 일을 할 수 있었을까?

나는 그들을 택시에 태워서 보석상들이 많은 거리로 보냈고 반지를 구하라고 했다. 그 밖에 다른 어떤 일을 할 수 있었을까?

나는 그들을 위한 완벽한 카드를 구해주고 싶었다. 그 밖에 다른 어떤 일을 할 수 있었을까?

어떤 자식이 마지막 한 장 남은 '피욘세Feyoncé' 약혼 카드를 잽싸게 들고 갔다. 앞에는 비욘세 그림이 있고 거기에 반지를 끼우는 것에 관한 농담이 쓰여 있는 카드였다. 그 카드를 사지 않은 건 다행이었다. 로셸은 뭔가 우아하고 세련된 것을 원했을 테니까. 비욘세도 정말 멋지긴 하지만 적절하지는 않았던 것 같다.

나는 한 칸 한 칸 샅샅이 살피면서 적당한 카드가 있는지 찾아보았다. 세일 코너도 둘러보고 렌티큘러 엽서들도 꼼꼼히 살펴보았다. 혹시 '새로운 일을 찾은 걸 축하해!'라는 메시지가 적힌 카드를 우리 형과 결혼하는 건 중노동과 다름없을 거라는 농담으로 바꿀 수 있을지도 생각해보았다. 하지만 그럴 리는 없었다.

나는 옆에서 도와주던 매장 직원에게 갑자기 불평을 쏟아내기 시작했다. 물론 손님을 도와주는 게 자기 할 일이기는 하지만 그때 나는 진짜로 바쁘고 정신없는 상태였기 때문에 그 직원은 분명히 직원이 아니었더라도 도움을 주었을 것이다.

"도대체 영원히 함께
행복하게 살았다는 말 이외의
다른 카드는 없나요!!!?!
**왜 이렇게 다 형편없고
꿈같은 소리만 늘어놓는 거죠???"**

크리스마스 때문에 재고가 별로 없다는 직원의 말에 나는 눈을 흘겼다.

이제 오후 5시 45분이었다. 벌써 한 시간이 흐른 것이다. 지금 당장 출발하지 않으면 늦겠다 싶은 바로 그 순간에 나는 그 카드를 발견했다.

완벽한 정사각형 모양의 커다란 금빛 카드였다. '축하해! 내 사랑을 모두 담아서'라는 문구가 적혀 있었다.

나는 카드를 사고 덜컹거리는 73번 버스 안에서 바닥에 나동그라지지 않으려고 애쓰면서 축하 메시지를 적었다. 두 사람을 정말 사랑한다고, 언제까지나 두 사람의 곁에 있겠다고, 두 사람의 신랑 들러리가 되는 날이 너무나도 기다려진다고.

드디어 오후 6시가 되었다. 로셸은 나에게 목발을 넘겨주고 동상에 의지해서 일어섰다. 형과 나는 약 3미터 떨어진 곳에 서 있었다. 형은 나에게 카메라를 건네며 심호흡을 한 다음, 로셸을 향해 걸어가서 한쪽 무릎을 꿇고 청혼을 했다. 그리고 두 사람은 '내 시간을 당신과 함께 보내고 싶어요'라고 적혀 있는 트레이시 에민Tracey Emin의 네온사인 작품 아래에서 키스했다.

그 한마디가 모든 것을 말해준다.

우리는 세인트 판크라스 르네상스 호텔로 가서 진을 잔뜩 퍼마셨고, 스파이스 걸스가 〈워너비Wannabe〉 뮤직비디오를 찍었던 곳을 둘러보았고, 신부와 신랑을 위해 건배했다.

3월 16일, 결혼식 날이었다. 형과 나는 진홍색의 양복을 맞춰 입었다. 내가 이 두 사람의 신랑 들러리라는 게 너무나도 자랑스러웠다. 아주 멋진 예식이었다. 로셸은 다른 사람의 도움 없이 혼자서 등기소의 복도를 걸어서 완벽하게 입장을 했다. 정말 아름답고 섹시했다. 신부에 비하면 나는 전혀 주목받지 못했지만 조금도 화가 나지 않았다.

피로연 자리에서 나는 (일명) 악명 높은 신랑 들러리 축사를 했다. 우리는 현재를 축하하기 위해 이 자리에 모였고, 오늘 이 자리는 오로지 사랑만을 위한 가장 순수한 결혼식일 거라고 말했다. 우리 부모님처럼 (세금이 줄어드는) 금전적인 혜택이나 돈 때문에 결혼한 게 아니라고 말했다. 둘 다 빈털터리였기 때문이다.

우리는 함께 웃고 같이 먹고 마셨다. 우리는 춤을 추며 정말 행복한 하루를 보냈다.

웨딩 케이크를 자르기 전에 누가 한 입 먹은 흔적이 있었는데 범인이 누구였는지에 관한 미스터리는 풀리지 않았다(내가 그런 건 절대로 아니다). 클라이브라는 디제이는 90년대와 2000년대의 인기 댄스곡이 흘러나오는 와중에 계속 멘트를 했다. 그가 "나는 단지 러어어어어브 머신이야~ 나의 퐈아안타지를 채우고~ 한 번 아니 세 번 키스해줘~ 난 괜찮아!"* 이렇게 노래를 부르자 다들 그 사람의 말투를 따라 하며 웃었다. 아름다운 밤이었다.

오늘은 5월 4일이다. 지금 나는 이 에세이/이야기/두서없는 말들을 늘어놓고 있다. 잘나가는 여성인 스칼릿과 출판사의 거물들에게 이 글을 제출해야 하는 마감일을 며칠 넘긴 상태다. 상황이 매우 안 좋아져서 지금 내가 쓸 수 있는 것이라고는 오직 이 글뿐이다. 정말 슬픈 일이다. 내가 할 수 있는 일은 이게 끝이다.

나를 아프게 하는 주제에 관해서 글을 쓸 때면 항상 두려움을 느끼곤 하지만, 지금 나는 두려움에 떨면서 이 글을 쓰고 있지 않다. 나는

* 악틱 몽키즈의 〈러브 머신Love Machine〉 가사 일부.

온전히 사랑에서 우러나서 이 글을 쓴다. 여전히 형은 내가 평생 보았던 것 중에서 가장 멋진 남자의 모습을 보여준다. 형은 슈퍼맨으로 살아가고 있다.

형은 강인한 모습으로 로셸을 살뜰하게 보살피고 끈기를 잃지 않는다. 형은 의사와 간호사들과 종양학자의 소견을 기억하고 말기암과 관련된 전문용어들을 배운다. 가족들에게 연락하는 것도 잊지 않는다. 멀리 떨어져 있는 가족들, 가까운 가족들, 펍에서 만난 친구들까지도.

형은 슈퍼맨으로 살아가고 있다.

형은 디지털에 중독된 그 어떤 밀레니얼보다도 더 빠른 속도로 사람들의 문자에 답장을 보낸다. 형은 10년 전에 아버지가 암으로 세상을 떠나신 이후로 내가 줄곧 찾아 헤맸던 롤모델이 되었다.

지난 10년 동안 내가 아버지만큼 사랑할 수 있는 남자를 찾을 수 있기를 그토록 간절히 바랐는데 그게 바로 형이었다. 그동안 항상 곁에 있었는데 몰라봤다니, 등잔 밑이 어두웠나 보다. 지난 10년간 형과 나는 서로에게 화를 내기도 하고 저녁 식사 자리에서 의견 차이로 다투기도 했으며, 서로 챙기지 못하고 소홀했던 적도 있었다. 브렉시트 투표에서도 의견이 달랐다. 형이 자신의 귀를 뜯어버리고 싶다고 생각하지 않고 〈탑기어〉의 한 에피소드를 끝까지 볼 수 있다는 사실도 불만스러웠다. 나도 참 이상한 동생이었다.

이렇게 서로 너무 다른 형제지만, 우리는 지금 토트넘 코트 로드에 있는 유니버시티 칼리지 병원 근처 벤치에 함께 나란히 앉아 있다. 형에 대한 걱정과 불안보다도 형이 정말 자랑스럽다는 마음이 더 크다. 나는 지금까지 살아오면서 다른 어떤 남자가 이렇게까지 자랑스러웠던 적이 없다. 내가 항상 형이 나에게 필요한 존재이기를 바랐던 것처럼 이제 곧 형에게도 내가 필요한 시기가 올 것이다.

나는 상상할 수 있는 최악의 고통을 겪고 있는 사람의 가장 소중한 가족이나 친구, 앞으로 그런 경험을 하게 될지도 모르는 사람들을 위해 이 글을 쓰게 된 것 같다. 그 누구도 고통을 덜어줄 수 없는, 어처구니없을 정도로 힘겨운 상황을 겪고 있는 사람들과 그 주변인들을 위해서.

이 글을 쓰는 지금, 나는 앞으로 어떤 상황이 벌어지건 간에 내가 할 수 있는 유일한 일은 형을 도와주고 지지해주는 일이라는 사실을 깨달았다. 형이 마음을 열고 이야기할 수 있는 시간과 공간을 마련해주고, 분노와 부당함, 고통을 토로할 수 있게 해주고, 롤러코스터처럼 시시각각 변하는 감정을 온전히 느낄 수 있도록 해줄 것이다. 내가 언제나 형의 곁에 있다는 사실을 믿고 안도하면서.

바로 이 순간에 나는 형제자매간의 우애가 깊은 친구들이 더는 부럽지 않다. 지금 내가 세상에서 가장 바라는 것은 형이 잘 지내는 것밖에 없기 때문이다.

이제서야 나는
그의 베스트 맨이 된다는
진정한 의미를 깨달았다.

제마 스타일스 Gemma Styles | 작가, 인플루언서, 디자이너

정상이여, 안녕

정상이라는 말을 들었던 사건이 내가 지금까지 겪은, 나를 가장 방해하는 일 중 하나였다고 생각한다. 그런 말을 하면 사람들은 나를 의아한 표정으로 쳐다본다. 그게 맞는 반응일지도 모른다.

모든 사람은 때때로 스트레스를 받는다.
모든 사람은 걱정을 한다.
그러는 건 완전히 정상이다.

모든 사람은 울적할 때가 있다.
명상을 하라.
비타민을 먹어라.
당신이 느끼는 감정은 정상이다.

모든 사람이 천장에 달린 화재 경보 장치만 힐끗 보아도 머릿속에서 온갖 무서운 상상이 펼쳐져서 밤마다 완전히 녹초가 될 때까지 깨어 있을 만큼 고생할까? 배터리가 다 됐거나 센서가 고장 났는데 화재가 발생해서 한밤중에 잠에서 깨면 어쩌지? 아예 깨어나지 못하면 어쩌지? 나는 일어났는데 배우자는 안 일어나면, 그 사람을 바깥까지 끌고 갈 만큼 나는 힘이 세지 않는데 어쩌지? 문 잠금장치가 열기 때문에

팽창해서 안 열리면 어쩌지? 창문도 안 열리면, 우리가 1층에 사는 게 아니라면 어쩌지? (대피하기에는) 너무 늦어서 연기 때문에 우리 고양이가 질식하면 어쩌지? 위층까지 연기가 퍼져서 키가 작은 윗집 아이들이 질식하면 어쩌지? 설령 내가, 우리가 살아남는다고 해도 이런 죄책감 속에서, 이런 상실을 겪은 후에 어떻게 살아갈 수 있지?

(휴대전화를 침실에 두지 않고 잠을 청하려고 했던 날 밤에 일어났던 일을 예로 들어보았다. 자기 전에 휴대전화를 사용하는 것이 '나쁘다'고들 하지만 이건 더 끔찍했다.)

이렇게 심한 불안감을 느끼는 것이 정상이라면, 다른 사람들도 이런 불안감을 느낀다면, 왜 나는 남들처럼 대처할 수가 없는 걸까? 내가 겪고 있는 상황이 정상이라면, 사람들은 더 심각한 상황 속에서 살고 있다면, 왜 나는 이렇게 우울한 걸까? 만약 이게 정상이라면, 내가 언제까지나 이런 감정을 느낄 거라면, 나는 어떻게 계속 살아갈 수 있을까?

예전에 어떤 강의에서 자해 행위를 하는 사람들에게 그들이 느끼는 감정이 정상이라고 말해준다면 위로가 될 거라는 말을 들었다. 나는 이런 생각이 들었다. **'어떻게 그게 위로가 된다는 거지? 그렇게 기분이 나쁜 상황에서?'** 강의를 같이 들은 사람들에게 그런 말을 했더니 그들은 내가 친절하고 힘이 되는 든든한 말에 정말 이상한 반응을 보인다고 했다. 그게 사실일 수도 있겠지만 그럼 그건 아마도… 내가 정상이 아니어서 그런 것은 아닐까?

정상이라고 말해주는 위로가 정말 연민 어린 반응이라는 건 나도 안다. 혼자가 아니라는 생각이 들게 해주려고 애쓰는, 좋은 마음에서 우러나는 행동이다.

하지만 정신건강과 관련해서 **정상**normal이라는 말은 위험한 단어가 될 수 있다. 정상이라고 규정하면 그 상황에 갇혀버리게 된다. 만약 어떤 상황이 정상이라면 그 상황을 해결하기 위한 그 어떤 행동도 취하지 않는다. 고장 난 게 아니라면 수리할 필요가 없는 것처럼. 정신건강과 관련된 문제들에 관한 논의가 **정상화되는**normalized 것이 정말 중요하다고 생각하지만, **고통을 당연하게 여겨서는 안 된다.**

복잡한 문제다. 그러면 이런 것들을 '해결할' 수 있는지 고민할 수밖에 없기 때문이다. 정신건강과 관련된 문제를 겪는 것은 두통을 앓는 것과는 다르다. "머리가 아프다고요? 여기 두통약이 있습니다." 해결. 완료. "정상으로 상태가 회복되었습니다." 정말 그럴 수만 있다면 얼마나 좋을까?

나는 앞으로 내가 우울증이나 불안장애를 '극복'할 수 있으리라고 믿지 않는다. 그래도 희망은 있다. 내 삶도 변하고, 내 뇌의 화학물질도 변하고, 예전에는 더 이상한 일들도 일어났기 때문이다. 내가 마흔, 쉰, 예순이 되어서도 이런 감정들에 시달릴 거라는 생각을 하고 싶지 않다. 어쩌면 안 그럴 수도 있겠지만 (누가 알아?) 그럴 수도 있다. 솔직히 말해서 나는 상당한 고통을 겪어왔다.

몇 개월 전에 내가 기억하는 한 가장 심각하고 오래 지속된 우울삽화를 겪은 적이 있다. (크리스마스는 즐거웠으니까) 중간에 잠깐 빛이 있었지만, 전반적으로 보면 심각하게 나쁘고 암울한 상황이 오래도록 계속되었다. 약 5주 동안 〈그레이 아나토미〉 시즌 14개를 다 시청했다. 인정하려니 부끄럽지만… 내가 얼마나 셀 수 없을 정도로 많은 시간과 날들을 엉망진창인 상태로 먹구름 아래 소파에 앉아서 보냈는지 조금은 알 수 있을 것이다. 다른 일은 아무것도 할 수 없을 만큼 모든 의욕이 사라졌고, 아무도 내가 이런 상태에 빠져 있다는 걸 모르길 바랐다. 그나마 숀다Shonda*와 함께 그 시간을 보낼 수 있어서 다행이었다. 나는 **'내년이면 서른 살이 되는구나'** 생각했다. 서른이라는 나이 자체가 두렵기보다 서른 살이나 되어서도 여전히 똑같은 정신적 혼란 속에서 헤매야 한다는 생각이 들어서 견딜 수가 없었다. 아니면 그보다도 정말 '그냥' 슬펐던 걸까?

사실 정신건강과 관련된 문제들은 일상적이다. 어떤 사람들에게는 단거리 경주처럼 순식간에 일이 벌어지지만, 우리 같은 사람들은 마라톤에서 터덜터덜 걷는 일이다. 급격한 위기를 겪는 것이 아니라 오랫동안 지속되는 문제들로 오랜 시간 고통받는다. 이런 문제에 관해서는 신속하거나 쉬운 해결책이 없다. 따뜻한 물로 목욕을 하고 차를 몇 잔 마시거나 비가 내린다고 해결되는 문제가 아니다. 그런데 왜 다 액체에 관한 이야기들이지? 우울증에는 아름답고 신비하거나 바람직한 면이 없다. 불안장애에 걸린다고 해서 변덕스러운 조증 요정Manic Pixie Dream Girl이 되는 것은 아니다. 실제로 그런 병에 걸리면 힘들고 지루하다.

올해 나는 그간 여러 이유로 미뤄왔던 상담치료를 시작했다. 다시 약을 복용하기 전에 최후의 수단으로 시도해본 것이었다. 약의 도움을 계속 받아야 한다는 사실에 몹시 화가 났다. 왜 나야? 왜 나는 다른 걸까? 왜 내가 그래야 하는 걸까? 정신질환을 자신의 일부로 받아들이는 과정에서 슬픔을 느끼는데, 혼자서 그 지점까지 도달하기란 쉽지 않다. 사람들이 당신의 말에 귀 기울여주고 당신을 이해해주면 사막 속의 오아시스를 만난 듯한 같은 기분이 든다. 상담치료사에게 내 감정을 이야기하면 그녀는 그게 정상이라거나 다들 그런 감정을 느낀다고 말하지 않는다. 그녀는 내가 느끼는 감정들의 이름을 알려주고, 이런 말을 한다. "걱정의 목적은 기릴 만하지만, 효과가 없어요." '기릴 만하다'는 표

● 〈그레이 아나토미〉의 제작자.

현은 칭찬할 만한 좋은 생각이라는 뜻이다. 걱정은 문제와 위험에 대비하기 위해 존재한다. 동굴 밖을 어슬렁거리는 검치호랑이의 습격에 대비하기 위해서였을까? 불안은 우리를 안전하게 지켜주고 싶어 한다. 정상적인 감정은 아니지만 이해는 된다. 내가 정말 슬펐을 때는 왜 그런지 이해가 가지 않았다. 이해는 도움이 된다.

내가 개인적인 이야기를 너무 많이 늘어놓았는지도 모르겠다. 어쩌면 내 경우는 그렇게까지 심각하지는 않았는지도 모른다. 어쩌면 내가 문제들을 제대로 설명하지 못했을 수도 있고, '정상'이라는 단어를 너무 많이 써서 아무런 의미도 전달되지 않을지도 모른다.

하지만 나는 그 이유에서 정신건강에 관해서 이야기하는 것이 정말로 중요하다고 생각한다. 정신건강에 관한 글을 읽는 것 역시 마찬가지다. 다른 사람들을 이해하고 자신을 이해받기 위해 노력하고, 비슷하게 어려운 상황에 있는 사람들을 알게 되면 도움이 된다. 지혜가 담긴 짧막한 글귀와 인용구, 이해할 수 있는 다른 사고방식을 발견하는 것이 엄청난 영향력을 미칠 수 있기에 이야기는 중요하다. 친구들과의 대화부터 책과 팟캐스트, 당신의 말에 귀를 기울이고 이해해주는, 강렬한 만화를 그리는 소셜 미디어 계정까지.

이런 감정들을 한 번도 느껴보지 않은 사람들은 이해하기 어려울 수도 있다. 살아 있지 않은 것이 살아 있는 것보다 더 나을 수도 있다는 사실을 한 번도 진지하게 생각해보지 않은 사람들에게 이런 감정들은 인간의 본성에 반하는 것처럼 여겨질 수도 있다. 하지만 그들의 정상은 우리의 정상과 다르고 누구도 정상을 규정할 수는 없다.

당신이 직면한 상황은 정상적이지 않지만,
당신이 그런 일을 겪는 유일한 사람은 아니다.

비어트리스

"늦어서 미안합니다. 길을 잃었어요." 일흔 정도 되어 보이는, 짧은 머리에 기민한 눈빛을 지닌 작은 체구의 여자가 문을 열었을 때 나는 이렇게 말했다.

"그렇군요." 두 눈은 더욱 밝아졌고 그녀는 살짝 즐거워하는 듯한 목소리로 말했다. 내가 한 말을 공중에 매달아놓으려는 것처럼 잠시 침묵이 흘렀다. "그럼 들어오세요."

빅토리아풍의 타일이 깔린 좁은 현관을 지나서 왼쪽으로 돌자 작은 거실이 나왔다. 책상과 의자, 낮은 책장이 있었고 한구석에는 꽃이 담긴 작은 유리 화병과 식물을 키우는 화분이 있었다. 한쪽 벽에는 이랑 모양의 보라색 침대보가 깔린 싱글 베드가 놓여 있었고 베갯잇 위에는 깨끗한 티슈가 조심스레 펼쳐져 있었다. 나는 자신을 비어트리스라고 소개한 그 여자를 바라보았다.

"누워야 하는 건가요?"

침대의 머리맡에 놓인 의자에 앉으며 그녀가 말했다. "눕는 게 불편하면 앉아도 돼요. 하지만 괜찮다면 눕는 게 좋겠네요. 왜 여기에 오게 되었는지 말해줄래요?"

스물여섯 살 때 나는 **길을 잃었다.** 어머니는 내가 세 살 반일 때 갑작스럽게 (뇌종양으로 혼수상태에 빠져서 2주 만에) 세상을 떠났고, 아버지는 곧바로 재혼했다. 어린 시절에 나는 흔히 말하는 '복잡한 가정

상황' 속에서 그럭저럭 살아나갔다. 그 무렵의 아이들은 점토처럼 유연하게 적응하기 마련이니까. 하지만 10대에 들어서자 나는 섭식장애와 충동적이고 현실 도피적인 행동으로 가득한 깊고 어두운 구덩이 속에 빠졌다. 일정한 거처 없이 한동안 해외에 나가 있었다. 그때는 몰랐지만 그 당시에는 나는 우울증을 앓았다. 잠시 병원 생활을 했던 것을 제외하면 나는 혼자 힘으로 그 구덩이에서 기어 나와서 대학에 들어갔고 어찌어찌 삶을 헤쳐나갔다(3주간의 병원 생활 동안 친구 두 명을 사귀었고 한 여자아이가 거식증으로 죽는 걸 목격했다). 그렇지만 이게 내가 상담 치료를 받기로 결심한 이유는 아니라고 비어트리스에게 말했다.

"그래요? 그러면 이유가 뭔가요?" 머리 뒤편에서 목소리가 들렸다.

나는 천장을 올려다보았다. 빛바랜 흰색 페인트에 긁힌 자국이 몇 군데 있었다. 앞으로 익숙해져야 할 풍경이었다.

"소설을 쓰고 싶은데 진도가 안 나가요. 계속 첫 부분을 다시 쓰고 있어요."

침묵이 다시 이어졌다.

"그렇다면 처음부터 시작하지요. 괜찮겠어요?"

1년 동안은 일주일에 두 번씩 그녀를 만났다. 그다음 5년 동안은 일주일에 한 번씩. 매주 똑같은 의식이 반복되었다. 가쁜 숨을 몰아쉬고 미안해하며 문 앞에 도착했다.

"늦어서 미안합니다. 차가 너무 막혀서…."

"늦어서 미안합니다. 전화 통화가 길어져서…."

"늦어서 미안합니다. 또 길을 잃었어요. 알아요, 압니다. 2년이나 되었으면 이제 길을 잘 알아야 한다고 생각하실 텐데…."

매번 상담 시간이 끝나면 그녀는 자리에서 일어나서 책상으로 천천히 걸어간 다음 수첩을 살펴보았다. 나는 그녀 옆 책상에 기대서 수표를 작성했다.

"수표책의 남은 쪽에도 써넣어요. **제발**." 그녀는 안경을 코끝에 쓴 채로 내 쪽을 바라보며 단호한 목소리로 말하곤 했다.

"그럴 필요는 없어요. 다른 수표들에도 하나도 안 썼는걸요." 나는 수표책을 넘겨보며 항의하곤 했다.

"하라고 하면 그냥 할래요? 네?" 그녀는 안달이 나서 한숨을 내쉬며 말하곤 했다.

담배를 피워서 걸걸한 목소리에 번뜩이는 재치와 통렬한 상식을 지닌 이 남아공 출신 유대인 심리치료사는 나에게 무엇을 해주었을까?

그녀는 매주 목요일마다 그 침대 끝에 50분간 앉아 있었다. 거의 1년 내내, 내가 거의 모든 감정을 거쳐 갈 동안. 내가 평소와는 달리 조용했던 날들에도, 내 혈관 속에 금속이 흘러 다니고 관절이 뻣뻣하게 부어오르고 머리가 멍해진 기분이 들었던 날들에도 그녀는 거기에 있었다. 물론 상담에 집중하지 못하고 산만하고 초조했던 날들도 많았다. 상담을 그만두고 길 건너 운동장에서 들려오는 아이들 소리에 귀 기울이고, 햇볕이 쏟아지는 바깥으로 나가서 생생한 삶을 살고 싶을 때도 있었다. 웨스트 햄스테드에 있는 이 나이 든 여성의 집에서 몇 년씩이나 내가 뭘 하는 건지 의아한 날들도 있었다. 그녀가 사기꾼이 아닐지 의심해본 적도 있다. 사실 나에겐 잘못된 부분이 없는데 그녀는 그냥 돈벌이를 위해서 나를 받아준 게 아닐까? 심리치료사들은 그녀처럼 고집스러우면 안 되고 내가 그들의 감정을 알아서도 안 된다고 들었는데…. 어쨌든 애착과 상실에 관한 똑같은 책들이 꽂혀 있는 선반들을 나는 얼마나 더 오랫동안 볼 수 있을지 궁금했다.

그녀는 내가 볼 수 없는 곳에 앉아서 책보다는 인생과 사람을 통해서 얻었을 법한 지혜를 나누어주었다. 그 목소리는 내가 그 방에 있지 않을 때도 항상 내 곁에 머물렀다. 그래서 나는 어떤 상황에서든 그녀가 어떤 말을 할지 예측할 수 있었다.

"그냥 기다려요. 지금 당장 판단하거나 행동을 취하려고 하지 말아요. 기다리면 자연스럽게 방법이 떠오를 거예요." 어떤 사람이나 상황에 대해서 그녀는 이렇게 말하곤 했다.

나는 나쁜 소식으로 가슴이 찢어지는 듯이 괴로워하며 그녀를 찾아오기도 했다.

"견딜 수가 없어요."

"견딜 수 없는 상태 그대로 내버려 둬요."

그녀가 말했다.

"그건 '오, 뿔라*, 포도 좀 까주세요' 카테고리에 해당하는 것 같네요." 그녀는 영화 속 남부 사투리가 나오는 메이 웨스트Mae West**의 대사를 인용해서 이렇게 말하곤 했다. 내 이야기에서 내가 철이 없거나 게으르다고 넌지시 말해주는 그녀의 방식이었다. 하지만 그녀는 거의 모든 경우에 '게으름'은 성격적 특성이 아니라 증상이라고, '게으름'에 관해서도 생각해볼 필요가 있다고 말했다.

언젠가 그녀는 이런 말로 나를 놀라게 했다. "입을 다무는 법을 배워요. 그런 기분이 들 때 바로 친구에게 전화하지 말아요. 그 감정을 그대로 느끼거나 책을 집어 들어요. 다음 주에 나한테 올 때 그 감정을 가지고 와요. 그렇게 할 수 있는지 한번 두고 볼게요."

• 　성서에서 결혼한 여자를 뜻하는 단어.
•• 　미국의 영화배우.

또 이런 말을 한 적도 있었다. "3년이라는 짧은 시간 동안에도 어머니가 당신에게 정말 강한 무언가를 남겨주신 게 분명해요. 그렇지 않았다면 지금쯤 당신은 부서져 버렸을 거예요. 슬픔보다 더 깊은 곳에 아직 꺼지지 않은 불씨가 남아 있다는 게 느껴져요. 그 불씨를 다시 살려봐요. 어떻게 하면 그럴 수 있을지 함께 고민해봅시다."

"내가 선생님을 우울하게 만드나요?" 언젠가 초조해하며 내가 이렇게 물어본 적이 있다. 내 목소리는 낮고 단조로웠으며, 내가 그 방에 다른 에너지를 가져왔다는 게 느껴졌다. 내 마음이 상담에 집중하지 못하고, 커다란 진전을 보이지 못하고, (그녀를 웃게 만드는 것이야말로 내가 제일 좋아했던 일인데) 내가 그녀를 전혀 웃게 하지 못했던 날이었다.

그녀는 잠시 침묵하더니 평소보다 더 쉰 목소리로 말했다.

"어떤 감정을 느끼든, 어떤 하루를 보냈든, 당신은 언제나 환하게 웃으며 우리 집 현관 앞에 나타나지요."

그녀가 나에게 더 잘 살고 사랑하는 법을 가르쳐준 그 무렵, 예전에는 결코 배운 적이 없었던 자기돌봄의 씨앗을 내 안에 심어주었을 무렵, 내 미래의 남편이 나에게 청혼을 하려던 그 주에 비어트리스는 세상을 떠났다.

"많이 마르셨네요. 괜찮으세요?" 이상하게도 '건강 문제'로 휴식 기간을 보낸 후에 그녀가 문을 열었을 때 나는 무심코 이렇게 말했다.

그녀가 대답했다. "살이 많이 빠졌어요. 귀찮기는 하지만 괜찮아요."

그러다가 다시 상담이 중단되었다.

몇 주가 지난 후에 나는 한 통의 전화를 받았다. 전화를 건 사람은 비어트리스의 딸이었다.

그녀가 목이 메는지 울먹이며 서둘러 말했다. "엄마는 병원에 계세요. 엄마가 당신에게 이 말을 전해달라고 하셨어요. 엄마가 당신을 정말 좋아하셨대요."

세상이 빙빙 돌았다.

"선생님은 괜찮으시겠지요?" 나는 이렇게 물었다.

딸의 목소리는 더욱 높아졌다. "이만 가봐야겠어요. 하지만 엄마는 당신이 그 사실을 알기를 바라셨어요. 당신이 그걸 꼭 알아야 한다고 말씀하셨어요."

장례식은 내가 잘 아는 런던 북부의 한 묘지에서 열렸다. 나는 사람들로 빽빽이 들어찬 작은 유대교 회당의 뒤쪽에 앉아서 울었다. **이분은 너의 상담치료사야.** 나는 그 사실을 잊지 않으려고 애썼다. 그녀의 친구들과 가족들이 연단으로 나아가 그녀에 대해 이야기할 때 나는 슬퍼하는 사람들의 얼굴을 둘러보았다. 그중 누가 그녀의 환자들이었을까 궁금했다. 나는 그녀의 목소리에 담긴 모든 뉘앙스를 알고 있었고, 그녀가 걱정스러워하거나 피곤해하거나 주의가 흐트러졌을 때가 언제인지 눈치를 챌 수 있었다. 이렇게 그녀를 정말 깊이 알고 지냈는데 어쩌면 나는 그녀를 전혀 모를지도 모른다는 사실을 깨달았다. 그래서 혼란스럽고 괴로웠다. **"견딜 수가 없어요."** 그때 내 머릿속에서 그녀의 목소리가 들려왔다. **"견딜 수 없는 상태 그대로 내버려 둬요."**

10년이라는 시간이 흘렀다. 그녀가 살던 거리를 지날 때면 나는 아직도 속도를 줄이고 차를 천천히 몬다. 결혼식, 두 아이의 탄생, 내가 갇혀버린 기분이 들 때, 내 혈관 속에 다시 금속이 흘러 다니는 것만 같은 기분이 들 때. 내 인생의 모든 중요한 순간들마다 그녀가 사무치게 그리웠다. 아직도 가끔 머릿속에서 그녀의 목소리가 들려온다. 첫 상담을 마치고 작별 인사를 하면서 내게 말했던 때처럼, 똑같이 걸걸하고 따뜻한 목소리다. 그때 그녀는 웃으면서 경고했다. "상담을 받아볼 생각이라면 앞으로 꽤 힘든 여정이 될 거예요. 하지만 약속할게요. 우리가 그 여정을 함께할 거라고."

　나는 종종 그녀가 잠들어 있는 묘지에 들른다. 그 화단에서 9미터 정도 떨어져 있는 작은 너도밤나무에는 우리 어머니가 29년 전부터 잠들어 있다(어머니도 똑같이 남아공 출신 유대인 여성이었고, 만약 살아계셨다면 그녀와 거의 비슷한 연세였을 것이다).

애도

애도는
당신을 빨아들이는 고통이자,
그들의 손길이
사는 곳이다

애도는 몸속을 아프게 해서
처음에는 숨기려고 애쓰지
나는 그가 여전히 살아 있다는 믿음 속에서 살아가
그 훤한 얼굴이 너무나도 그리워
비가 오나 눈이 오나 나는 항상 생각하겠지
당신이 그 고통을 어떻게 숨겼는지, 왜 나는 몰랐던 건지
잠 못 드는 수많은 밤을 보냈어
끔찍한 일이 실제로 일어났다는 사실을 감추기 위해 애쓰며
그렇게 커다란 상실을 감당하려 애쓰며
친절과 사랑은 아무런 대가 없이 주어진다는 걸 깨달았어
그 어떤 말로도 빈자리를 채울 수는 없지만
내가 울적할 때면 당신의 영혼이 느껴져
작별 인사를 하지 못했다는 생각이 갑자기 떠올라서
하늘을 향해 입맞춤을 보내곤 해

낮에도 밤에도 나는 절대 잊지 않을 거야
당신과의 추억은 평생 살아남을 거야
사랑해, 마이크

미란다 하트 Miranda Hart | 배우, 작가, 코미디언

이 세상에는 당신이 필요해

여러분 안녕.

내 말 좀 들어보시길. 나는 짜증이 나! 영화관에서 뒷사람이 의자를 발로 차면 진짜 너무나도 뒤돌아보고 싶은데도 그냥 올림픽 경기에 출전한 선수처럼 무서운 속도로 팝콘을 집어삼키며 이따금 '쯧' 소리를 내면서 속만 끓이는 영국 사람처럼 짜증이 나는 게 아니야. 커피 한 잔을 즐기는 차분한 아침 식사 자리에서 도저히 참을 수가 없어서 "오, 마저리. 제발 입 좀 닥쳐줄래!" 하고 갑자기 짜증을 내는 상황도 아니야 (나는 그런 장면을 목격하는 게 너무 재밌어!). 그 대신 연민에서 비롯된 좌절감과 뒤섞인, 힘이 넘치는 짜증이야. 사람들이 변화할 수 있도록 도와주고 싶어. 그들이 변화할 수 있다는 것을 나는 알아. 나는 바로 당신을 도와주고 싶어. 지금 이 글을 읽고 있는 당신 말이야. 안녕, 나는 당신을 알아. 당신을 사랑해. 여러분 안녕.

나는 누가 당신에게 당신이 아프다고 말한 적이 있을까 봐 짜증이 나. 누가 당신에게 당신은 그저 통계수치에 불과하다고 말한 적이 있을까 봐 짜증이 나고, 누가 당신에게 불안은 관리만 할 수 있을 뿐이라고, 결코 완전히 다 나을 수 없을 거라고 말한 적이 있을까 봐 짜증이 나. 혹시 당신이 자유롭고 모험이 가득한 삶을 살 자격이 없다고 생각할까 봐 짜증이 나. 나는 당신을 아끼기 때문에 짜증이 나. 그리고 당신이 그렇게 고통받을 필요가 없다고 진심으로 믿기 때문에 짜증이 나. 희망은

분명히 있어. 나를 믿어. 나는 알아. 나는 수년간 뇌과학자부터 영혼의 스승에 이르기까지 모든 치료법에 관해 다 알아보고 전반적인 건강과 행복을 얻을 수 있는 해결책을 찾아보았기 때문이지. (**해결책은 분명히 존재해.** 당신의 고통을 풀어줄 해결책은 지금 당신이 생각하는 것보다 덜 복잡하고 신비할 수도 있어.) 내가 나쁜 길에 서 있었기 때문에 나는 문제를 알아보고 깊이 파헤쳐야만 했어. 여러 면에서 나쁜 길이었고 내가 해답을 찾았을 때 그 해결책들은… 아, 자유를 얻게 되어 얼마나 기뻤는지.

당신에게 하고 싶은 말이 너무나도 많아. 일단 이 멋진 책에서는 요즘 내 마음속에 떠오르는 작은 생각들을 나누고 싶어. 더 어렸을 때 나에게 해주고 싶었던 말들, 인생의 지금을 살아가고 있는 당신에게 도움이 되기를 바라는 생각들. 하지만 잠깐, 갑자기 놀라운 아이러니가 떠올랐어. 어쩌면 행운이라는 생각도 들고 가슴이 시리기도 하네. 나는 지금 서식스주 로드멜의 작은 집에 머물면서 이 글을 쓰고 있는데, 바로 길 건너에 버지니아 울프의 집이 보여. 그녀가 살아 숨 쉬던 그 집을 가만히 바라보고 그녀가 내다보았을 창문 안을 들여다보곤 해. 매일 정원을 가로질러 집필실까지 걸어갔을 그녀의 모습을 떠올려보면, 나는 심호흡을 하게 돼. 마치 우리 사이가 전혀 단절되지 않은 것처럼 그녀의 고통이 생생하게 느껴져서. 우리 모두는 훨씬 더 커다란 것의 일부이며 고통을 공유하지. 감옥에 갇힌 것처럼 그녀가 처한 상황이 얼마나 답답했는지, 우울증 때문에 얼마나 괴로웠는지, 그녀의 비범한 마음속에 얼마나 무거운 생각들이 가득했는지 느껴져. 버지니아 울프가 살아 있다면 이 책을 자랑스러워하리라 생각해. 우리가 자신의 경험을 나누고 그녀는 알지 못했지만 다행히 우리는 알고 있는 것들을 나눈다는 사실을 자랑스러워하고, 우리가 과거와 현재의 자매들을 위해 이루어내고 있는 변화들에 대해서 자랑스러워할 거야. 나약함은 우리의 원동력이야. 우리는 버지니아 울프가 상상조차 하지 못했을 방식으로 문화를 바꾸어나가고 있으니까. 현재 그리고 과거부터 지금까지의 모든 슬픔을 떠올리며 나는 눈물을 닦아. 이제 내 작은 생각들로 다시 돌아가 보자. 버지니아를 위해서, 당신을 위해서, 우리 모두를 위해서.

현재 당신에게 붙은 꼬리표가 당신을 규정하지 않아. 언젠가 그런 상태에서 벗어나겠지만, 일단 지금은 그게 당신의 슈퍼파워가 될 수 있어. 그 꼬리표는 당신이 변할 수 있도록 도와주는 도구야. 예전에 나도 그런 상황을 겪었거든. 보물이 숨겨진 깊은 동굴에 들어갔다가 바깥으로 돌아온 모든 사람도 마찬가지야. 그 동굴에 들어간 당신은 전사야. 감정을 회피하는 게 겁쟁이의 탈출법이지. 그 반대가 아니야. 자신의 괴로움을 슈퍼파워로 재구성하는 과정에서 당신이 얼마나 강인한 사람인지를 깨달을 수 있을 거야. 또한 어둠을 통과하는 용감한 여정에서 찾아낸 특별한 보물로 무엇을 할 수 있는지도 깨달을 거야.

만약 당신이 불안하다면 당신은
아프지
특이하지
나약하지
그 문제에 갇혀 있지
정신적으로나 다른 면에서나 불안정하지
감정 과잉 상태이지
유별나지
'바보' 같지

혼자이지

건강염려증 환자이지

없는 이야기를 지어내고 있지

이상하지

통계 수치에 불과하지

구제 불능이지

않아.

당신이 어떤지 내가 말해줄까? 당신은 **사람**이고 **살아 있어.**

당신은 당신만의 이야기가 있는 복잡한 사람이고 결코 혼자가 아니야. 이 세상 모든 사람은 복잡하고 자신만의 이야기가 있지. 모든 사람이 수없이 다양한 이유로 고난과 시련, 방해와 혼란을 겪고 두려움을 느껴. 어떤 사람들은 그렇고 어떤 사람들은 그렇지 않은 것이 아니라 모두가 그래. 이 사실을 아는 것은 진짜로, 진짜로 중요해(내가 정신건강이라는 단어나 그 단어와 관련된 통계 수치를 안 좋아하는 이유지). 당신은 사랑받는 사람이고 특별한 이야기를 지닌 사람이야. (아무래도 우리 같이 차 한잔하면서 이야기를 나눠야겠어. 차 마실 때 스콘과 잼도 준비하자. 샌드위치랑 케이크도. 감자 칩도 먹고, 그런 다음에 다시 달콤한 음식을 먹자. 우리 모두에게는 실컷 즐기는 축제의 날이 필요하니까.)

고통이 없는 인생은 없다.
고통의 주된 원인 중 하나는
고통 없이 인생을 살아보려고
애쓰는 것이다.

이 사실에 대해서 잠시 깊이 생각해보자. 나는 고통을 피하려고 애쓰다가 몇 년간 완전히 녹초가 될 정도로 스스로를 혹사한 적이 있어. 다른 사람들은 모두 얽매인 데 없이 자유로워 보였고 그냥 내 삶에 고통이 있어서는 안 된다는 생각이 들었거든.

첫 번째 해결책은 순응이야. 지금 당신을 괴롭게 하는 문제가 무엇이건 간에 밀어내고 해결하고 바로잡고 질책하려고 할수록 문제는 점점 더 커질 거야. (이 말을 처음 했던 사람이 누구였는지는 기억이 나질 않지만) 뇌과학자들의 말처럼 '저항하려고 할수록 집요하게 지속해'. 싸워서 물리치고 싶은 생각이 본능적으로 든다는 것은 나도 알아. 하지만 그러는 대신 그 문제를 맞이하고 친구로 삼아서 받아들이고 경청하면 역설적으로 상황이 변화하기 시작하고, 그 문제의 무게가 기적처럼 바로 사라지기도 하지. 비탄에 빠져 있거나 불안해하거나 슬퍼하는 친구에게 '그냥 **해결해버려**, 너는 **그런 감정을 느껴서는 안 돼**, 너는 **이상해**, **이 모든 건 이제 그만둬야 돼**, 그냥 밖으로 나와서 **네 인생을 어떻게든 해봐!**'라고 소리칠 셈이야? 으흠, 아니야. 당신은 사랑하는 사람에게 절대로 그런 말을 할 사람이 아니거든. 그런데 왜 자기 자신에게는 그런 말을 하는 걸까? 귀를 기울이고 자신이 느끼는 감정을 온전히 느껴야 해. 그게 회복의 시작이야.

내면의 비평가를 발견해봐. 우리는 모두 내면의 비평가와 함께 살아가는데, 불안이 불안장애로 이어지고 스트레스가 질병으로 이어질 때는 바로 그 내면의 비평가가 더 큰 목소리를 내게 되었을 가능성이 매우 커. 나는 그 비평가를 '선임 부사관 샌디'라고 부르지. 샌디가 어찌나 잔혹하게 구는지! 믿기 힘들 정도라니까. '오늘 할 일을 다 못했잖아', '너는 여성스러운 면이 부족해', '너가 잘못했어', '너 또 소셜 미디어에 사생활을 지나치게 드러냈잖아. 솔직히 말해서 너는 진짜 멍청해' 등 샌디는 거칠고 상스러운 말도 해! 당신은 어쩌면 단지 내면의 비평가 병inner-critic-itis에 걸렸는지도 몰라. 물론 노력이 필요하긴 하지만 이런 생각들에 귀를 기울이고 이렇게 말하는 것이 비결이 될 수 있어. '샌디(내면의 비평가에게 각자 원하는 이름을 붙여도 좋아), 안녕? 네 말 들려. 네가 두려워한다는 거 알아. 하지만 그건 옳지 않아. 우리는 최선을 다하고 있고, 네가 쏟아내는 말들은 과거의 생각이니까 우리는 이제 그런 말은 들을 필요가 없어.' 이게 바로 자기 자신에게 친절하게 대하라는 말 이면에 숨겨진 원리지. 내면의 비평가에게서 멀어지는 사고 회로가 만들어지면 뇌가 **실제로** 변화하니까.

당신이 내향적인 사람인지 확인해봐. 수줍음을 타거나 파티를 좋아하지 않거나 하는 정도가 아니라 진정한 의미에서의 내향성을 뜻하는 거야. 내향적인 사람들도 때로는 시끄러울 수 있고 공연하는 것을 즐기고(나 말이야!) 항상 수줍음을 타지는 않거든. 내향성과 관련된 수많은 일이 엄청난 깨달음을 주기도 해. 예를 들어 '아, **그래서** 내가 많은 사람이 모이는 자리를 싫어하고 몇몇이 모여서 차분하게 대화하는 자리에서만 사람들과 교류하려고 했구나', '아, **그래서** 나한테 혼자 있는 시간이 그렇게 많이 필요한 거구나. 에너지를 다시 얻기 위해서였어', '아, **그래서** 내가 책을 읽을 때 음악을 들으면 집중이 안 되는 거구나', '아, **그래서** 내가 벽이 없는 개방형 사무실을 싫어하는구나' 이런 깨달음은 끝이 없어. 내가 20여 년 전에 알았더라면 좋았을 일은 그 무엇보다도 내가 내향적인 사람이라는 점이야. 나는 이런 부분을 모르고 사는 것이 불안과 만성피로 증후군의 주요 원인 중 하나라고 생각해. 당신이 독서를 좋아한다면 수전 케인Susan Cain의 『콰이어트』를 추천할게. 아니면 케인의 테드 강연을 들어도 되고. (잡지에 실려 있는 퀴즈 말고) MBTI(마이어스–브릭스Myers-Briggs 성격유형 검사)처럼 공신력 있는 성격 검사를 받아보거나 만약 자신이 내향적인 사람이라면 그런 면을 이해해봐. **세상은 당신의 연약하고 예민한 신경계에 맞춰진 곳이 아니니까 자신의 그런 부분을 잘 관리해야 해.** 걱정하지 마. 내향적인 사람이라는 건 **진짜 대단한 일이니까.** 어서 이리 와. 우리는 차를 많이 마시며 깊은 대화를 나누고 종종 저녁 아홉 시에 자러 가지(다 그런 건 아니지만). 외향적인 사람들도 멋져. 우리는 그들을 사랑하고 우리에게는 그들이 필요해. 하지만 내향적인 사람들은 혁신가인 경우가 많아서 보호하고 지지해줘야 해. (아인슈타인의 말을 조금 다르게 옮겨보자면) 내향적인 사람들이 자신의 조용한 삶 속에서 마음에 자극을 주기 위해 노력하지 않았다면 이 세상에는 상대성이론, 아이폰, 음악과 그림 대부분, 약간의 코미디는 존재하지 않을 거야.

지금 당신이 처한 상황은 타고난 정체성을 받아들여야만 궁극적으로 해결된다는 사실을 기억해. 다시 말하면 이런 뜻이야.

당신이 그저
이 세상에 태어난 것만으로
사랑받고 받아들여지고
완벽하다는 사실을 안다면
불안은 널리 뻗어나갈 수 없어.

당신이 (아무것도 '할' 필요 없이) 스스로 사랑받고 인정받는다는 사실을 안다면, 그저 자기 자신으로 살아가는 것만으로도 이 지구에서 삶의 목적이 있는 특별한 존재라는 것을 깨닫는다면, 불안은 사라질 거야. 당신은 언제나 사랑받고 인정받으니 다른 사람의 판단에 대한 두려움 없이 자신의 꿈과 욕망을 인정할 수 있을 거야. 또 사랑과 교감이 더욱 깊어질 거라는 사실을 알기 때문에 자신의 약한 모습도 고백할 수 있을 거야. 자신의 마음에 귀를 기울이는 만큼 자신을 존중하게 될 거고, 자신을 존중하면 다른 사람들을 존중할 수 있지. 당신의 인생에서 '마땅히', '반드시', '꼭' 이런 말들은 사라지게 될 거야. 그런 게 왜 필요하겠어? 당신은 사랑받고 받아들여지는데. **아무것도 증명해 보이지 않아도 괜찮아.** 자유롭게 '아니'라고 말할 수 있고, 더는 남들과 비교하지 않아도 돼. 자신이 특별한 존재라는 사실을 알고 이런 축복을 만끽하면 되니까. 다른 사람들과 비교할 필요가 뭐가 있겠어? 그저 다른 사람들을 사랑하면 되는데.

그러니까 당신, 잘 들어봐. 만약 당신이 주변 상황 때문에 혼자라는 생각이 들거나 무섭거나 혼란스럽거나 슬프다면 (또는 이 모든 사항에 해당한다면) 나는 너무너무 애석해. 만약 당신이 아직은 자신을 사랑하고 받아들일 수 없다면 나도 그렇다는 걸 기억해줘. 우리 모두 마찬가지고 우리는 모두 연결되어 있다는 것도 기억해. 이 책에 실린 글을 쓴 모든 이들, 그리고 이 책을 읽고 있는 모든 이들도. 우리가 처한 상황과 각자의 괴로움은 서로 다르게 보일지 몰라도 표면을 아주 조금만 벗겨내면 사실은 모두 똑같은 두려움에서 비롯되니까. **당신은 그저 이 세상에서 유일무이한 존재이기에 사랑받고,** 당신에게는 특별한 삶의 목적이 있고 이 세상은 당신이 필요해. **그러니 다른 생각은 하지 마.** 내가 가서 짜증을 내줄 테니까!

사이먼 암스텔 Simon Amstell | 코미디언, 감독, 작가 & **제임스 라이튼**James Righton | 뮤지션

나는 아직도 모르겠어

〈나는 아직도 모르겠어I Still Don't Know〉*는 제임스 라이튼과 내가 〈벤자민Benjamin〉이라는 퀴어 영화를 위해서 만든 곡이다. 영화 속에서 주인공인 우울한 젊은 감독 벤자민은 관객들의 사랑을 받으려고 애쓴다. 하지만 그는 점차 자신에게 진정으로 필요한 것은 친밀한 관계를 위해 내면의 연약함을 인정해야 한다는 사실을 깨닫게 된다. 도입부에서 벤자민은 아름다운 가수인 노아를 만나고 그와 함께 있기를 간절히 바라지만 그를 받아들이지 못한다. 노아는 벤자민이 사랑을 허락할 때까지 끈기 있게 기다린 후에 마침내 이 노래를 부른다.

나는 아직도 모르겠어
네가 나를 어떤 사람이라고 생각한 건지, 아직도 모르겠어
어디로 가버린 거야?
여기 나와 함께 있고 싶어 했잖아

혼자서도 괜찮다는 걸 너는 알겠지
하지만 너는 길을 잃어버렸어

◆ 가사 및 음악 저작권 ©Simon Amstell and James Righton, 2018. 사용 허락하에 게재.

왜 너는 나에게서도 길을 잃어버렸지?

영원히 두려워하기를 바라는 거야?

새로운 사람을 만날 생각인 거야?

어떤 감정을 느낀다면 있는 그대로 말해봐

누군가가 너를 안아줘도 괜찮다는 걸 알잖아

나는 알고 싶어

네가 나를 어떤 사람이라고 생각한 건지, 알고 싶어

어디로 가버린 거야?

여기 나와 함께 있고 싶어 했잖아

혼자서도 괜찮다는 걸 너는 알겠지

하지만 너는 길을 잃어버렸어

왜 너는 나에게서도 길을 잃어버린 걸까?

영원히 두려워하기를 바라는 거야?

새로운 사람을 만날 생각인 거야?

어떤 감정을 느낀다면 있는 그대로 말해봐

누군가가 너를 안아줘도 괜찮다는 걸 알잖아

누군가가 너를 울게 하도록 해줘

누군가가 너를 위해 아파하도록 해줘

누군가가 너를 위해 아파하도록 해줘

영원히 두려워하기를 바라는 거야?

새로운 사람을 만날 생각인 거야?

어떤 감정을 느낀다면 있는 그대로 말해봐

누군가가 너를 안아줘도 괜찮다는 걸 알잖아

영원히 두려워하기를

바라는 거야?

새로운 사람을 만날

생각인 거야?

어떤 감정을 느낀다면

있는 그대로 말해봐

누군가가 너를 안아줘도

괜찮다는 걸 알잖아

끔찍하고 경이로운

이분법을 낱낱이 파헤치다

사실 나는 이 글을 어떻게 시작해야 할지 잘 모르겠다. 하지만 우리가 정신건강에 관해 이야기할 수 있는 공간이나 언어가 거의 없는 문화 속에서 살고 있다는 사실을 생각하면 나의 난감함도 아마 별로 놀랍지 않을 것이다. 전 세계적으로 정신건강이라는 문제를 둘러싸고 있는 수치심과 침묵의 문화 때문에 이런 상황이 계속된다. 사람들이 자신이 겪는 어려움을 이야기할 수 없는 경우가 많기 때문이다. 내가 사교 활동이나 일과 관련된 자리에서 손목의 흉터를 가리려고 소매를 내린다는 걸 깨달을 때나, 정신과 의사가 아닌 치과 의사의 진료를 받고 왔다고 사람들에게 말할 때, 사실은 그렇지 않은데도 '나는 잘 지내'라고 말할 때, 이런 문제가 새삼 떠오른다.

심각한 정신질환을 앓으면서 살아가는 사람은 이러한 이중적인 현실로 인해 상당히 당황스러운 자아의 단절을 겪게 된다. 나의 '프로페셔널하며 차분하고 믿음직스러운' 자아는 '수치스럽고 히스테리를 부리는 부끄러운' 정신적으로 아픈 자아를 감추려고 애쓴다. 이렇게 해로운 이해 방식은 좋음과 나쁨, 건강함과 병약함, 정상과 비정상 등 사회적으로 형성된 이분법을 통해 더욱 뚜렷하게 드러난다. 이러한 이분법 때문에 우리는 (특히 신자유자본주의의 도식하에서) 자아를 미화하고 관리하고 통제하며 현재 상태의 틀 안에 꿰맞춰야 한다는 압박감을 느끼게 된다.

　나는 이런 현상이 내 생각에 영향을 미치는 방식을 해체하기 위해서 부단히 노력해왔지만 절대 쉬운 일은 아니었다. 거의 평생 나 자신을 이러한 이분법적인 단어들로 판단해왔고, 지금까지도 그 단어들은 내 생각(과 감정)을 괴롭힌다. 하지만 다른 사람들과 마찬가지로 이렇게 단순하고 시대에 뒤떨어진 사회적 규범 체계보다 내가 훨씬 더 복잡한 존재라는 사실을 아주 천천히 깨닫기 시작했다. 나는 완전히 좋은 사람도, 완전히 나쁜 사람도 아니며 완전히 건강하지도, 완전히 병들지도 않았다. 완전히 정상도, 완전히 비정상도 아니다. 심지어 그 사이의 어떤 상태에도 해당하지 않는다. 나는 반나절 동안 그 모든 상태를 경험할 수도 있다. 나 자신을 '관리'하거나 '통제'하고 싶지 않다. 심지어 스스로를 이해할 수 있다고 해도 어느 정도까지 이해하고 싶은지는 잘 모른다. 대신 나는 결코 나를 완벽히 알거나 정의할 수 없다는 사실을 받아들이기 위해 애쓰고 있다.

　이런 깨달음은 나의 정신에도 상당한 도움이 되었다. 혼란스러운 정신 상태 속에서도 위안을 찾고 힘겨운 상황에 적응해나가는 일은 계속 진행되고 있지만, 이런 여정을 시작한 것만으로도 '나아져야' 하고 '정상'이어야 하고 '가장 좋은 모습'을 보여주어야 한다는 압박감에서 조금은 벗어날 수 있었다.

　또한 진단을 받은 것도 이와 관련하여 나름의 역할을 했다. 진단을 받는 일은 긍정적일 수도, 부정적일 수도 있다. 진단은 한 사람의 정신 건강 상태를 반드시 해결해야 하는 '문제'로 구체화하는 측면이 있기는 하지만, 명확한 이해에 도움을 주고 행동 계획을 수립할 수 있도록 하는 촉매 역할을 하기도 한다. 10대 시절 나는 진단받기를 간절히 바랐다. 나에게 '무슨 문제가 있는지' 알고 싶었다. 그래야만 그 문제를 없애버릴 수 있으니까. 하지만 20대 초반에는 이런 상황을 거부했고 '해결해야만 할 문제'를 만들고 싶지 않았다. 솔직히 말하자면 2년 전쯤 양극성 정동장애bipolar disorder 진단을 받았을 때는 도움이 되지도, 안 되지도 않았다. 나의 기분은 예전과 다를 바 없었다. 때로는 나의 정신 상태 때문에 좌절감을 느끼고 혼란스럽기도 하고, 때로는 만족스럽고 편안하기도 했다.

거센 폭풍우를 견디다

공식적인 진단을 받은 것은 스물네 살 때였지만 나는 열세 살 때부터 정신건강 관련 서비스를 이용해왔고 (정신증, 편집증, 불안장애, 우울증, 조증을 포함해서) 오랫동안 다양한 심리적 어려움을 겪어왔다. 양극성 정동장애를 앓으며 살아가는 사람은 극도로 기분이 좋은 순간들과 극도로 기분이 나쁜 순간들, 그리고 그 사이의 모든 감정을 헤쳐나가야만 한다.

지금까지 살아오면서 나는 약을 복용하지 않은 적도 있고, 지나치게 약을 많이 복용한 적도 있다. 내 의지에 반해서 강제로 입원하기도 하고 누군가의 도움을 격렬하게 거부하기도 했다. 반대로 도움을 구했지만 무시당한 적도 있었다. 자기파괴에 몰두한 적도 있고 자기애에 빠진 적도 있다. 내 마음의 가장 어둡고 무서운 곳에 다녀온 적도 있고, 내 지성의 가장 날카롭고 흥미로우며 가장 큰 성취감을 주는 곳에 다녀온 적도 있다. 가끔은 정신건강과 관련된 문제들 덕분에 감정에 대한 인식과 통찰력, 지식을 얻게 되어서 고마운 마음이 들기도 한다. 하지만 솔직히 말하자면 때로는 앞으로의 내 인생이 너무나도 힘드리라는 생각도 든다.

양극성 정동장애와 정신증을 앓으며 살아가는 사람으로서 내가 가장 힘들었던 부분 중 하나는 나 자신을 믿을 수 없다는 기분이 든다는 점이다. 내 감정과 경험, 생각을 믿을 수가 없다. (뇌의) 화학적 불균형, 불안, 정신증, 편집증, 우울증 또는 조증 때문에, 혹은 왜곡되거나 왜곡되지 않은 것이 무엇인지 알아내기 위해 내가 처한 현실을 계속해서 샅샅이 분석해야 한다. 그 무서운 과정은 나를 지치고 불안하게 만든다. 손가락 사이로 모래가 떨어지는 것을 막으려고 애쓰거나, 제자리에 두지 않아서 잃어버린 물건을 마지막으로 보았던 곳이 어디인지를 떠올리려고 애쓰는 듯한 기분이 든다.

나는 마음의 완전한 밑바닥까지 다녀온 적이 있다. 우울증의 깊은 바닥에 사는, 심신을 쇠약하게 만드는 끈적끈적한 까만 타르가 몇 달씩이나 나를 집어삼키는 곳이다. 나는 그곳을 잘 알고 있고, 그곳에 한 번만 다녀온 것이 아니다. 병명을 진단받은 후에 내가 현실을 받아들이기 힘들었던 다른 이유는 내가 있는 곳이 굉장히 낯익었기 때문이다. 평생에 걸쳐서 분명히 몇 번이고 다시 찾아올 장소라는 것을 알았다. 하지만 내가 아는 또 다른 사실은, 그곳에 빠질 때마다 나는 놀랍게도 매번 어떻게든 다시 기어 나온다는 것이다. 항상. 어김없이. 그렇다고 해서 내가 용감하거나 강하다고 느끼면서 그 과정을 수월하게 헤쳐나가는 것은 결코 아니다. 하지만 내가 자랑스럽다. 새삼 마음을 굳게 먹게 된다. 나는 항상 빠져나올 것이다.

가장 어두운 순간들에 나는 외할아버지가 엄마에게 들려주었던 조언을 떠올린다. (정말 놀랍게도 외할아버지는 예순의 나이에 대학에서 심리학을 공부하셨다. 그게 얼마나 큰 영감을 주는지!) 그 조언은 다음과 같다.

"진정으로 가장 어두운 순간들, 모든 희망이 사라지고 출구가 보이지 않은 순간들에 네가 할 수 있는 유일한 일은 작은 공처럼 몸을 웅크리고 거센 폭풍우를 견뎌내기 위해 최선을 다하는 것뿐이다. 몇 시간, 며칠, 몇 주, 몇 달, 몇 년이 지난 후에라도 언젠가 반드시 먹구름이 뿌리는 비는 바닥날 것이고 폭풍우는 잦아들 것이다. 너는 작은 공처럼 웅크린 자세로 밖을 내다보다가 천천히 기지개를 켤 것이다. 폭풍우가 남기고 간 피해를 복구하는 데는 시간이 좀 걸리겠지만 차근차근 노력하면 회복할 수 있다. 네가 폭우 속에서 얼마나 많은 것들을 배우고 성장했는지 알면 깜짝 놀랄지도 모른다."

비는 언제나 그치기 마련이고,
구름은 언제나 걷히기 마련이다.
해는 언제나 다시 비치기 마련이다.

힘의 전략을 찾다

그런 곳에서 다시 돌아오는 자신의 모습을 상상하기란 불가능하지는 않더라도 어려운 일이다. 하지만 당신은 꼭 돌아올 것이다. 반드시. 다시 위로 올라가서 빠져나오는 데 도움이 되고 의지할 수 있는 것들을 찾도록 노력하라. 창가에 따스하게 내리쬐는 햇볕일 수도 있고, 당신의 상상력을 일깨우거나 잠시나마 탈출하는 데 도움이 되는 책이나 팟캐스트, 노래일 수도 있다. 따뜻한 물로 샤워할 때 느껴지는 온기일 수도 있고, 당신의 놀라운 심장이 가만가만 뛰는 소리일 수도 있다. 자신이 어떤 사람인지, 어디에 있는지, 이 세상에서 자신의 소중한 자리를 깨닫게 해주는 작은 것들을 찾아보라.

내 경우에는 독서와 교육, 지식에 대한 갈구가 가장 강력한 힘을 발휘했다. 어린 시절에 나는 공부를 좋아하지 않았다. 집에서 나는 항상 '창의적인 사람'이었다. 열여덟 살 때 우울증이 특히 심해져서 힘들었던 시기에 나는 온라인에서 우연히 철학에 관한 영상 몇 개를 보게 되었고 굉장한 관심이 생겼다. 마치 나의 뇌가 한동안 꺼져 있다가 문득 다시 전원에 연결된 것만 같았다. 이 무렵 나는 패션 분야에서 BTEC*를 받으려고 다니던 직업학교를 중퇴한 상태였는데, 다시 학교로 돌아가서 학업을 마치기로 했다. 그래야 대학교에 진학할 수 있기 때문이었다. 엄마의 지지와 내가 정신병원에서 지낼 때 선물을 보내주셨던 멋진 지도교수님의 도움이 컸다. 훌륭한 두 여성 덕분에 나는 학업을 무사히 마칠 수 있었다. 엄마 그리고 교수님, 정말 고맙습니다.

대학에서 철학과 심리학을 공부하자 세상은 완전히 달라졌고(심리학에 관해서는 내 경험을 통해 알게 된 지식이 어느 정도 쌓였던 것 같다), 나는 겁에 질렸다. 주변의 학우들은 다들 대입 준비 과정으로 해당 과목을 이수한 상태였기 때문에 나보다 유리한 상황인 것 같았다. 부족한 부분을 따라잡기 위해서 나는 매일 도서관에서 교재와 부교재를 읽었고, 철학 이론을 해석하고 온라인 데이터베이스와 듀이십진분류법**을 활용하는 법을 익혔다. 이번에도 나는 뇌 안에서 시냅스가 재구축되고 새로운 경로가 형성되는 것이 느껴지는 듯한 흥분을 경험했다. 예전에는 나의 뇌가 단지 고통과 질병, 괴로움으로 가득 찬, 제 기능을 발휘하지 못하는 절망스러운 늪이라고만 생각했었는데, 이제는 내가 움직이고 훈련할 수 있으며 지식과 힘을 비롯한 유용한 것들로 채울 수 있는 놀랍고 유연한 근육이라는 생각이 들었다. 그 누구도 나에게서 그런 지식과 능력을 빼앗아갈 수 없다는 사실이 가장 좋았다. 나는 공부에 중독됐다. 학업을 이어나가서 두 개의 석사 학위를 땄고 지금은 박사과정을 마무리하고 있다. 사이코치고는 괜찮은 성과다!

---

* 　영국 고등교육 학력 인증 자격.
** 　국제적으로 통용되는 대표적인 도서 분류 체계.

안전하고 수월하게 공부할 수 있다는 게 굉장한 특권이라는 사실을 잘 안다. 어떤 사람들에게는 학교에 다니거나 공부를 하는 것이 불가능하다. 나는 그런 특권을 누릴 수 있어서 다행이었다고 생각한다. 그게 내가 지식 및 교육 시스템에 대한 접근을 민주화하기 위해 힘쓰는 이유이기도 하다. 모든 사람에게 이런 여정이 효과가 있는 것은 아니지만, 살아남는 데 도움이 되는 것이 무엇인지 파악하고, 견뎌내는 데 도움이 되는 힘의 전략을 찾는 것은 매우 중요하다.

행여나 내 말을 오해하지는 말기를 바란다. 나는 그 이후로도 상당히 어려운 시간을 겪었다. 나 자신을 돌보고 작은 공처럼 몸을 웅크리고 지내는 데 상당한 시간을 할애해야만 했다. 아내 르네와 사랑하는 가족들의 도움과 더불어, 내가 기지개를 켜면 오래되거나 새로운 단어들과 생각들로 이루어진 세상이 나를 기다리고 있다는 사실을 기억한 덕분에 그 시간을 버텨낼 수 있었다. 그러면서 나의 잠재력을 깨닫고 많이 배울 수 있었고, 나의 끔찍하고 경이로운 마음과 관련된 수치심과 이분법적 사고를 잊어버릴 수 있었다.

낙인·수치심·침묵의 문화에 저항하다

나는 정신건강에 관한 논의를 잠재우기 위해 안팎에서 작용하는 낙인과 수치심의 문화에 저항하려고 애쓴다. 새로 알게 된 지인과 동료들에게 나의 경험을 이야기함으로써 나의 질병에 대해 솔직해지려고 노력한다. 또한 내가 다른 사람들이 마음 편히 이야기할 수 있고 신뢰할 수 있는 사람이 되도록 힘쓴다. 정신건강과 관련된 어려움을 겪든 그렇지 않든, 우리는 모두 작은 변화를 만들어낼 수 있다.

• 자신이 사용하는 언어를 바꿔보라. 혹시 '미쳤다'와 '사이코'라는

단어를 경멸이 섞인 표현으로 사용하는가? "기분은 어때?"라고
묻는 대신에 "너는 대체 뭐가 문제야?"라고 말하는가?

- 자신의 무의식적인 편견을 바로잡아라. 혹시 다른 사람들이 자신의 정신건강에 대한 구체적인 이야기를 꺼내면 그들이 '오버한다'거나 '부정적'이라거나 TMI를 제공한다고 생각하는가?

- 자신의 인생에서 소중한 사람들을 어떻게 도와줄 수 있을지 생각해보라. 만약에 정신적인 문제로 괴로워하는 친구나 가족 때문에 지치거나 짜증이 난다면 그들이 필요한 서비스를 찾아내거나 받을 수 있도록 도와주는 것은 어떨까?

- 다른 사람들을 도울 방법에 관해 생각해보라. 만약에 공공장소에서 힘겨워하는 사람을 보았고 안전하게 다가갈 수 있다는 생각이 든다면, 그 사람에게 도움이 필요하지는 않은지 확인해보는 것은 어떨까?

- 자기 자신에 대해서 생각해보라. 가장 친한 친구에게 그러듯이 자신의 안부를 확인하는가? 인내심을 가지고 이해하는 마음으로 자신을 대하는가? 아니면 심리적으로 몰아세우는가?

이렇게 작고 미세한 변화들은 엄청난 영향을 미치고, 사람들을 고립시키고 두렵게 만드는 벽을 어느 정도 없앨 수 있다. 모든 사람이 우울증이나 정신증을 겪는 기분을 아는 건 아니지만, 두려움과 외로움, 상처받은 기분은 모두가 느껴본 적이 있다. **우리는 정상과 비정상이라**

는 이분법적인 단어들 대신에 이런 감정들이 하나의 스펙트럼 위에 존재한다고 생각할 필요가 있다. 그래야만 공감과 이해, 인내심을 끌어낼 수 있고 정신건강과 관련된 어려움을 겪는 사람들이 좀 더 쉽게 이 세상을 헤쳐나갈 수 있다.

사이코로 살다 보면 혼란스럽고 겸허해지는, 끝없이 무서운 감정들을 겪게 된다. 경악스럽고 심신이 쇠약해지고 다이내믹하다. 압도적인 감정에 휩싸이고 대담해지고 좌절하고 두려워한다. 정말 멋지고 지독한 덫에 빠지고 깨달음을 얻는다.

끔찍하고 경이롭다. 나도 마찬가지다.

정신건강은 당신의 친구다. 진짜로

친구가 울적해할 때 내가 하는 일들

1. 괜찮은지 물어본다.
2. 경청한다. 친구가 괜찮다고 하건 괜찮다고 하지 않건 간에.
3. 친구가 겪고 있는 문제들이 중요하다고 말해주며 안심시킨다.
4. 친구가 과민반응을 보이거나 신경에 거슬리게 굴고 부적절한 행동을 한다고 생각하지 않는다.
5. 절대 친구가 겪는 문제들이 심각한 게 아니라고 생각하지 않는다.
6. 친구가 짐이 된다고 생각하지 않는다.
7. 가끔 친구가 잘 지내는지 확인한다.
8. 친구가 자기 자신을 최우선으로 여기고 마음 편히 생각할 수 있도록 격려한다.

내가 울적할 때 하는 일들

1. 내 기분이 안 좋다는 사실을 인지한다.
2. 마스크 팩을 한다.
3. 아니면 와인 한 잔을 마신다.
4. 아니면 둘 다 한다.
5. 그냥 할 일이나 하자고 한다.

당신은 어떤지 모르겠지만 나에게는 위에 적은 두 가지 목록 사이의 차이점을 찾기가, 음, 그리 어렵지 않다.

나의 고백

나는 내 정신건강에 대해 **절대로** 진지하게 생각하지 않는다.

내가 정신건강과 행복의 중요성을 얼마나 굳게 믿는지, 정신의 건강을 몸의 건강과 똑같이 중요하게 여겨야 한다고 얼마나 열렬하게 강조하는지는 아무런 상관 없다. 정작 나의 정신건강에 관해서는 '따뜻한 사랑과 보살핌TLC, Tender Loving Care'이 고작 『마틸다』에 나오는 트런치불 교장 선생님 수준이다. 그러니까, 형편없다는 뜻이다.

내가 왜, 어째서, 언제부터, 어디에서부터, 아니면 도대체 어떻게 내마음이 이런 태도를 가지게 되었는지는 알 수 없지만, 나만 그런 것은 아니라는 사실을 점차 깨달았다. 또한 그게 꼭 약점이 될 필요는 없다는 사실도 알게 되었다. 그리고 내가 마음가짐을 바꾸려고 노력할수록 상당히 유용한 자기돌봄 메커니즘으로 변화하게 되었다. 말하자면 '바보들을 위한 자신의 정신건강 진지하게 생각하기Taking Your Mental Health Seriously for Dummies'라고 할 수 있겠다.

당신(그리고 나. 잘 들어, 그레이스)이
'우울한 당신'을
'우울한 친구'로 대하기를 바란다.
말 그대로 간단한 일이다.

울적할 때 스스로에게 실제로 문자를 보낸다거나, 참석하기로 했던 모임에 가지 않고 자기 자신을 찾아간다거나, 정신건강과 관련해서 친구들에게만 베풀고 정작 스스로에게는 허락하지 않았던 이해와 포용을 제공한다는 뜻은 아니라고 생각할지 모르겠지만, 나는 진짜로 그렇게 한다. 내 얘기를 들어보라.

힘들어하는 친구들, 불안해하는 연예인들, 정신건강과 관련된 문제들을 부정하는 이전 세대들에 관한 이야기를 들으면 나는 언제나 가장 먼저 공감과 연대를 표한다. 나는 정신건강의 심각성을 이해하고 받아들여야 한다는 편에 서서 열렬히 지지하고 입증하고 주장한다. 그런데 정작 내 마음의 문제들에 대해서는 아무것도 모르는 사람이 되어버린다. 내 마음의 문제를 부정하고 정신건강의 중요성에 대해서 구시대적인 견해를 지닌, 내가 거부하는 바로 그 반대론자가 되어버린다. **나의** 정신건강에 대해서는 문제를 인정하기보다 마치 어딘가에 발을 찧어서 병가를 내는 게 나은 것처럼 행동한다.

어쩌다가 이렇게 무지하고 완고해졌는지는 모르겠지만 나는 내 정신건강과 관련된 문제들을 결코 진지하게 받아들인 적이 없다. 이게 나만의 문제가 아니라는 것은 확실하다. 신체적 증상이 나타나지 않는다면 나는 '괜찮은' 것이다. 팔이 부러지거나 독감에 걸렸거나 발가락이 물리적으로 떨어져 나가지 않는다면 나는 잘 지내는 것이다. 하지만 우리는 (우울감에서 불안과 우울증, 외상 후 스트레스 장애 및 그 사이의 모든 것을 포함해서) 정신건강의 스펙트럼이 신체적인 고통이나 상처와 다르다는 사실을 안다. 크건 작건 간에 정신건강은 신체적 질병이 열 배로 커져서 뇌 안에 자리 잡은 것처럼 우리의 마음을 짓누른다. 하지만 눈에 보이지 않으면 마음에서도 멀어진다고 하지 않나.

나는 마음가짐을 완전히 변화시키기 위해 수없이 노력해왔고 이제는 확실히 어느 정도 성과를 거뒀다. 나 자신을 예단하지 않고 나와 나의 정신건강을 진지하게 받아들일 수 있게 되었다. 즉시 생각과 행동을 바꿀 수 없다면 최소한의 자기돌봄을 하는 방법을 생각해냈다. 언젠가 끔찍한 일주일을 보낸 후부터 이 방법을 사용하기 시작했다. 그 당시에 나는 수많은 행사와 회의에 참석하느라 정신없이 바빴다. '약속은 지켜야지!' 하는 생각이었다. 하지만 과연 나 자신에게 그런 약속을 한 적이 있었는지는 단 1초도 생각해보지 않았다. 나는 울적했고 불안했으며 스트레스를 받았다. (비록 영국의 여름은 아닐지라도) 빌어먹을 여름 하늘처럼 우울했다. 그 주의 378번째 할 일처럼 여겨지는 일을 하러 나설 참이었는데 집에 너무나도 가고 싶었다. 포근한 이불 속에서의 따뜻한 사랑과 보살핌이 간절했다. 집에 갈 수 있도록 아주 사소한 거짓말을 해볼까도 생각해보았다. 친구가 아프다고 할까? 강아지 밥 주는 걸 깜박했다고 할까? 생각에 생각이 꼬리를 물다 보니 내가 결근하는 원인이 내가 정신적으로 자연발화하기 일보직전인 상태라서가 아니라 친구한테 문제가 생겼거나 강아지가 배고프기 때문이라고 하면 사회적으로 좀 더 용인되는 이유가 무엇인지 의아해졌다. 결국에는 친구를 도와줘야 할 일이 생겼다고 거짓말을 했는데, 내가 말한 친구는 사실 나 자신이었다. 내 친구에게 내가 필요했다. 그 친구에게는 위로가 필요했고, 이야기를 나누고 편히 쉴 시간이 필요했다. 나의 정신건강이 나의 우울한 친구가 되었다고 생각한다.

그렇다고 해서 이런 방법이 건강과 행복에 대한 나의 무심함을 해결해준다고 생각하지는 않는다. 다들 강아지에게 밥 주는 걸 깜박할 때도 있으니 내가 이런 말을 했다고 해서 강아지 핑계를 대는 이메일이 잔뜩 쏟아지게 하려는 것도 아니다. 하지만 그런 방법이 나에게는 확실히 도움이 되었다. 내 친구는 울적했고 그 친구에게는 내가 필요했다. 지금은 그 친구를 돌봐주는 게 내가 해야 할 일이라는 사실을 안다. 다른 친구에게 베풀어주었을 만한 도움을 나에게도 베푼다. 내 마음가짐을 바꿀 수 없다면 상황에 대한 대처법을 물리적으로 변화시키면 된다.

한 걸음 물러서서 나 자신을 돌봐야 한다는 걸 느낄 때마다 나는 다른 사람에게 정신건강과 관련된 나의 필요를 내 친구의 일처럼 이야기한다. 나를 위한 일을 하고 자기돌봄을 실천할 때 나의 문제들을 그저 내 안에서만 포용하고 정신건강의 중요성을 온 세상에 소리 높여 널리 알리지 못해서 살짝 죄책감이 들기도 한다. 하지만 최소한 지금은 나를 '돌보는 것'을 우선으로 생각한다. 나의 정신건강은 나의 친구이며, 그 친구에게는 종종 내가 필요하니까.

'그냥 일이나 하자'고 자기 자신을 몰아세우고 싶을 때 사실 마음속으로는 휴식이 필요하다는 생각이 든다면, 자기 자신의 친구가 되어보라. 자신의 말을 경청하고 자신을 잘 돌보고 자신을 이해하려고 애써라. 친구를 돌보는 것이 부끄러운 일이 아니듯이, 자기 자신을 돌보는 것도 부끄러운 일이 아니다.

용기

약한 모습을 보이는 것은 내게 실패를 의미했다. 나는 그런 모습을 보이는 것이 무서웠고 부끄러웠지만,

결국 도움을 청한 것이
내 평생 가장 용기 있는 행동이었다.
도움을 청한다는 것은 포기가 아니다.
포기하기를 **거부하는** 것이다.

도움을 청하는 것은 힘을 보여주는 일이고 자기 자신에게 대단한 친절을 베푸는 일이다. 자신의 약한 면을 용기 있게 드러낼 수 있을 때 아마도 당신은 가장 강한 모습일 것이다.

"What is the bravest thing you've ever said?" asked the boy.

"Help," said the horse.

"지금까지 네가 했던 가장 용감한 말은 뭐였어?" 소년이 물었다.
"도와줘." 말이 대답했다.

회피

2011년 겨울, 나는 싸구려 우산을 접고 런던 중심부의 어느 건물 안으로 재빨리 들어갔다. 비가 오지 않았더라면 나는 이글 하우스가 그 좁은 골목에서 가장 추한 건물이라는 사실을 알았을 것이다. 이글 하우스는 모던하지만 너무나도 낡은 건물이었다.

계단을 끝까지 올라가니 짙은 크림색 페인트칠로 끈적거리고 번들거리는 방이 보였다. 그곳에는 40명가량 되는 사람들이 똑같은 플라스틱 의자에 앉아 있었다. 나는 앞쪽에 놓인 커다란 괘도 옆에 서 있는 남자의 시선을 피하며 머리를 숙이고 어깨를 낮춘 자세로 최대한 미안해하며 들어갔지만 그는 나에게 "안녕하세요! 아무 데나 편한 곳에 앉으세요!"라며 인사를 건넸다.

그 남자는 말을 이었다. "그래서 1953년에 채드는 자신의 교구에 전화 라인을 개설하기로 했고, 그렇게 시작된 거죠! 우리는 그 이후로 엄청난 성장을 했고 이제는 전국에 수천여 명이 넘는 자원봉사자들을 보유하고 있습니다. 사마리탄즈Samaritans*의 역사에 대해 궁금한 점이 더 있나요?"

햇볕에 피부가 그을린 남자가 손을 들었다. 그는 가슴에 크고 흰 글씨로 케피어KEFIR라고 적힌 흰색 직사각형 모양의 배지를 달고 있었다.

* 영국의 자살 예방 핫라인.

안녕하세요. 제 이름은

KEFIR

입니다

"이 단체는 여전히 종교적인 연관성이 있나요?"

"아니, 아닙니다." 괘도 옆에 서 있던 남자가 자기 얼굴 앞에서 손을 내저으며 말했다. "그런 건 전혀 없습니다."

질문을 한 사람은 케피어밖에 없었다.

다음 순서는 자기소개였다. 우리는 각자 자신의 이름을 말하고 그곳에 온 이유를 이야기했다. 그 방에 있던 사람 중 절반 정도가 심리학을 공부하는 학생들이었고, 상담치료사가 되기 전에 조금 더 경험을 쌓고 싶다고 말했다. 나머지 사람들은 어깨를 으쓱하며 여유 시간에 무언가 '좋은' 일을 하고 싶다고 말했다. 내가 뭐라고 말했는지는 잘 모르겠다(기억이 나질 않는다). 무엇이 진실이었는지는 더더욱 모르겠다.

그날 모임은 일종의 설명회였다. 우리는 자원봉사활동에 시간을 얼마나 할애해야 하는지 알게 되었다(평일 근무뿐 아니라 매달 최소한 한 번은 야간 당직을 해야 했다). 그리고 우리가 겪게 될지도 모르는 어려운 상황들에 관한 이야기를 들었다.

"비상 전화 핫라인에는 성적인 전화가 걸려오기 마련이에요. 우리한테 걸려오는 전화 다섯 번 중 한 번은 누군가의 목소리를 들으며 자위행위를 하려는 사람한테서 온 전화죠. 999˚의 경우에도 이와 비슷한 비율일 겁니다. 그런 사람 중 일부는 곧바로 티가 나기도 하지만, 어떤 사람들은 여러분에게 이야기하는 도중에 그런 행위를 하기도 합니다. 그 경우는 알아내기 힘들죠."

나는 손을 들었고 자원봉사자는 내 쪽을 향해서 고개를 끄덕였다. "그러면 어떻게 해야 하나요?" 내가 물었다.

"전화를 건 사람에게 그런 행동은 부적절하니 다음에 다시 전화하라고 말해줍니다."

다섯 번 중 한 번. 나는 그 후로도 한참 그 숫자들을 생각했다.

설명 시간이 끝났고 우리는 집으로 가서 사마리탄이 되어보고 싶은지 결정했다. 나는 한번 해보고 싶었다.

신청서를 작성한 후 나는 '선택의 날'에 초청받았고 선택의 날 이후에는 평판 조회를 받았다. 그런 다음에야 훈련을 시작할 수 있었다. 여섯 개의 강의를 이수하고 나면 수습 기간 동안 실전에 투입되고, 아홉 개의 강의를 전부 이수하고 범죄기록 관리국에서 신원조회를 받고 나면 사마리탄이 될 수 있었다. 나는 과정을 끝까지 밟지는 못했다.

토요일 오전 10시부터 오후 4시까지 나는 전화 수화기만 가지고 상대방에게 내가 그 사람의 말을 잘 듣고 있다는 것을 전달하는 방법을 배웠다. 그건 바로 '적극적 경청'이었다. 우리가 본능적으로 내는 소리인 '음'과 '그래요'는 상대방에게 우리가 관심을 기울이고 있음을 알려준다. 상대방이 방금 한 말을 요약하거나 개방형 질문을 하면 훨씬 더 효과적이다. 상대방의 감정에 맞추는 것이 중요하다는 이야기를 들었다.

우리가 그룹별로 모였을 때 나는 케피어를 알아보았다. 그는 말을 많이 하지는 않았지만 다리를 꼰 자세로 몸을 앞으로 기울였고 여러 번 고개를 끄덕였다. 적극적 경청을 실천하고 있는 것처럼 **보였다**. 힘든 상

• 영국의 긴급 상황 신고 번호.

황에서 전화를 건 사람도 케피어가 몸을 앞으로 기울인 모습을 본다면 위로를 받으리라고 생각했다. 다과 시간에 나는 그에게 어디서 왔는지 물었고 그는 '이스라엘'이라고 답했다. 나는 그에게 "당신의 이름이 아랍어로 '불신자不信者'라는 뜻이라는 걸 알고 있나요?"라고 물었다. 그리고 곧바로 후회했다. 그는 코를 찡그리며 이렇게 대답했다. "네, 전부터 알고 있었어요." 케피어는 아마도 나보다 나이가 열 살은 더 많았을 것이다. 우리는 화제를 바꾸었다.

우리는 우리가 맡은 역할의 한계에 관해서도 알게 되었다. 우리가 응급 구조 전화를 걸 수 있는 상황은 매우 제한적이었다. 그 당시에는 누군가가 손목을 그어서 출혈이 심해서 죽을 것 같다고 말해도 우리가 도움을 제공할 수는 있지만, 전화를 건 사람의 허락을 받지 못하면 구급차를 불러줄 수는 없었다. (내가 훈련을 받은 후 몇 년이 지나서야 사마리탄즈는 이 규칙을 바꾸었지만, 여전히 전화를 건 사람의 프라이버시를 보호한다. 2017년부터는 전화를 건 사람이 13세 미만, '취약한' 10대 청소년, 또는 심각한 위험에 처한 가능성이 있는 성인일 경우, 전화를 건 사람이 자신의 정보를 제공한다면 사회복지사나 응급 구조 전화를 연결해줄 수 있다.)

나는 누군가가 나를 위해서 구급차를 불러주기를 바랄지 생각해보았다. 몇 년 전에 나는 서서히 굶으면서 영양실조 때문에 잠시 청력 손상을 겪었다. 2011년에 나는 스스로 잘 극복해나가고 있으니 뭔가 좋은 일을 해야겠다고 생각했다. 그때 나는 스물네 살이었다.

강의 5와 6은 우리가 그동안 배웠던 것들을 연습하는 시간이었다. 그 주 토요일에는 사마리탄즈 자원봉사자와의 면접이 잡혀 있었다. 면접관은 우리가 감정적인 괴로움을 겪는 사람들에게 걸려온 전화를 받을 만한 실력이 되는지를 판단할 예정이었다.

그 당시에 나는 낯선 사람 세 명과 함께 런던 중심부의 아파트에 살고 있어서 이글 하우스까지 오는 길이 그리 멀지 않았다. 한 명은 시끄러운 북부 출신 사람이었는데, 가장 최근에 한 다이어트 이야기를 끊임없이 했고, 자기는 '주말을 위해서 산다'고 몇 번씩이나 말하곤 했다. 다른 한 명은 낯가림이 심하고 집에 잘 있지 않은 스코틀랜드 사람이었다. 말을 걸 때마다 눈을 피했는데, 금요일에는 밤마다 코카인에 잔뜩 취해서 낯선 사람들을 집으로 데려오곤 했다. 그리고 나머지 한 명은 빈정거리는 프랑스 남자였다. 나는 주방에서 식사하는 게 싫었고 거실에서 TV를 보는 게 싫었으며 침대에서 잠을 자는 게 싫었다.

아파트의 현관문에는 마름모꼴의 작은 유리창이 달려 있었다. 나는 나가기 전에 창문으로 밖을 내다봐야겠다고 늘 생각했다. 어느 날 아침, 내가 창문 밖을 확인하지 않고 문을 열었을 때 현관 앞 계단에 누군가가 앉아 있었다. 내 쪽을 향하고 있는 등이 뭔가 이상했다. 내가 다가가는 소리에도 몸을 돌리지 않았다. 그렇다고 해서 내가 옆으로 돌아서

지나갈 수도 없는 상황이었다. 나는 용기를 내서 가까스로 "저기요"라고 말했고 그 사람이 천천히 돌아보자 진짜로 헉 소리가 났다.

처음 내 눈에 들어온 것은 까만색 안대였다. 그다음은 이가 없는 입과 머리카락이 뭉텅이로 빠진 두피가 보였다. 그는 나를 똑바로 바라보았고, 쿵쿵거리는 심장 때문에 나는 문을

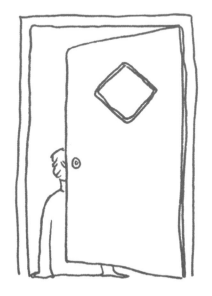

닫았다. 그런 다음 다시 문을 열고 집 밖으로 뛰쳐나갔다. 뒤에서 문이 쾅 하고 닫히는 소리가 들렸다. 나는 대담한 기분이 들면서 부끄러웠다.

이글 하우스에서 나는 상황극 시간이 오기를 기다렸다. 우리는 다섯 명 또는 여섯 명으로 그룹을 만들었고, 각각의 그룹에는 숙련된 사마리탄 한 명이 배정되었다. 사마리탄은 스테이플러로 찍은 A4 용지 한 묶음을 들고 있었다. 그 종이에는 실제로 힘든 상황에 있는 사람들이 걸었던 전화 통화를 바탕으로 구성한 대화가 적혀 있었다. 사마리탄이 즉흥적으로 살짝 수정하기도 했지만 우리 각자가 이런 실제 상황에 어떻게 대처하는지를 살펴보는 것이 핵심이었다.

나는 자기 차례가 된 다른 실습생이 연습하는 모습을 지켜보았다.

"따르릉 따르릉 따르릉." 자원봉사자가 전화기 흉내를 냈다. (사마리탄즈는 항상 전화벨이 세 번 울릴 때까지 기다린다. 그러면 전화를 건 사람이 흥분을 조금 가라앉히는 데 도움이 된다.)

"사마리탄즈입니다. 무엇을 도와드릴까요?" 실습생이 말했다(우리는 이렇게 전화를 받으라고 배웠다).

전화를 건 사람은 상사한테서 괴롭힘을 당하고 있었다. 다음에 전화를 건 사람은 자살 충동을 느끼는 과부였다. 나는 다른 사람들이 잘하고 있는지 비판의 시선으로 살펴보았지만 아직 내 차례가 오지 않아서 마음이 너그럽기도 했다.

"따르릉 따르릉 따르릉."

"사마리탄즈입니다. 무엇을 도와드릴까요?" 내가 말했다.

"안녕하세요."

그러고는 한동안 말이 없었다. 나는 조금 더 이대로 기다려줘야만 한다는 것을 알았다. 당황하지 말자. 전화를 건 사람이 할 말을 찾을 수 있는 여유를 줘야 한다.

한참 시간이 흐른 후에 내가 물었다. "오늘 전화를 거신 이유는 무엇인가요?"

"나도 모르겠어요." 그가 멍하니 대답했다.

다시 침묵이 흘렀다. 나는 다섯까지 센 다음에 다시 말을 꺼낼 생각이었다. 그런데 내가 넷까지 셌을 때 그가 이렇게 말했다.

"모르겠어요…. 내가 그냥 갇혀버린 것만 같아요."

"갇혔다고요?" 나는 영리하게 같은 단어로 되물었다는 생각에 왠지 우쭐했다.

"네, 갇혔다고요."

"왜 그런 기분이 드는지 혹시 이유를 아시나요?"

"나는 그냥… 내 삶이 싫어요. 내 아이들을 사랑하지만 내 삶은 싫어요. 그런 말을 하니 마음이 안 좋아요. 아이들을 정말 사랑하거든요. 하지만 나는 그냥 진짜로 갇혀 있어요."

"아이들은 몇 살인가요?" 나는 이렇게 묻고 나서 곧바로 후회했다. 여기는 자살 예방 핫라인이지 새로 온 동료와 담소를 나누는 곳이 아니니 말이다.

우리는 전화를 건 사람에 집중해야 한다고 배웠다. 다른 사람들의 감정에 초점을 맞추지 마라, 중요한 것은 전화를 걸어온 상대방이다.

그는 망설임이 없었다. 최소한 '갇힌 남자 1번'을 연기하는 그 사마리탄은 망설이지 않았다. 어쩌면 앞에 있는 종이에 할 말을 미리 적어두었는지도 모른다.

"열세 살, 열한 살이에요. 나는 아이들을 정말 사랑해요. 아이들은 문제가 없어요."

나는 조바심이 나기 시작했고 점점 불안해졌다. 침묵의 톤이 바뀌었고 그 사람도 나 때문에 조바심이 나는 것 같았다.

"아이들의 엄마는 어떤가요? 그러니까, 아이들 엄마와의 관계는 어떤지 여쭤봐도 될까요?"

"끔찍하죠. 떠나버리고 싶어요. 우리는 이제 서로를 사랑하지 않아요. 아시겠어요?"

"음." 내가 말했다.

그가 계속 말을 이어가기를 바랐지만 그는 말을 멈췄다.

"떠나고 싶나요?" 나는 말을 건넸다.

"네, 하지만 그럴 수가 없어요. 나는 교사인데 우리는 근근이 살아가고 있거든요. 그 사람은 일을 안 하고요."

"아, 그러면 부담이 많이 되겠네요."

"맞아요. 항상 돈 걱정뿐이죠. 너무 걱정돼서 잠도 안 와요."

나는 만약 그들이 별거하면 그녀가 일자리를 찾을지도 모른다고 말해볼까 머릿속으로 생각해봤다. 하지만 왠지 적절한 말이 아닌 것 같았다. 내가 생각하는 동안 자원봉사자는 종이를 내려다보더니 이런 말을 덧붙였다. "게다가 절대로 이루어질 수 없어요."

"그게 무슨 말이죠?"

"사실 나는 다른 사람을 사랑하고 있어요. 하지만 절대로 이루어질 수 없어요." 자원봉사자는 이제 나를 바라보고 있다.

나는 그와 눈을 마주치며 대답했다. "어째서 이루어질 수 없다고 확신하죠?"

"그냥 그럴 수가 없어요. 안 되니까요."

나는 다른 전략을 시도해보기로 했다. "그 여자분에 대해서 좀 더 말해줄 수 있나요?"

'젠장, 어쩌면 여자가 아닐 수도 있는데.' 갑자기 그런 생각이 들었다. 하지만 자원봉사자는 전혀 동요하지 않고 곧바로 대답한다. "그녀는 꽝

장해요. 정말 똑똑하고 다정해요. 나는 그런 사람은 지금껏 한 번도 만나본 적이 없어요."

다행히 젠더에 대한 추측이 맞아서 **휴,** 하고 속으로 안도의 한숨을 내쉬었다. 다시 대화를 따라가야만 했다.

"어….." 나는 다 들리게 말했다. (큰 실수를 범했다. 전화를 건 상대방에게 자신의 불안한 모습을 드러내면 통화의 역학관계가 변한다.) "그 사람을 어떻게 알게 되었나요?"

"직장에서요." 그가 대답했다.

'뻔한 대답이군.' 나는 속으로 이렇게 생각하며 다시 물었다. "지금하는 일을 좋아하나요?"

그 말에 남자는 이렇게 대답했다. "저기요, 솔직히 말하면 그녀는 내가 가르치는 학생이에요. 하지만 이상한 건 아니에요…. 그녀는 나의 소울메이트거든요."

내 눈이 휘둥그레졌다. 나는 입이 떡 벌어진 채로 둥글게 둘러앉은 사람들을 둘러봤다. 머릿속에서 나는 목소리를 높이고 이런 생각을 되뇌었다. **'제길 도대체 무슨 소리야? 안 그래, 수전? 세상에, 당신, 엄마 아니야? 분명히 집에 아기가 있을 것 같은데.'** 여전히 입을 벌린 채로 나는 자원봉사자를 다시 바라봤다. 중립적인 표정을 지은 채로 나의 대답을 기다리고 있었다.

"그게… 그녀는 몇 살이죠?"

자원봉사자는 잠시 멈췄다가 대답했다. "당신이 무슨 생각을 하는지 알아요. 하지만 그런 건 아니에요. 그녀는 열한 살이에요. 그녀도 나를 사랑해요. 나와 인생을 함께하고 싶어 해요."

상황극이 어떻게 끝났는지 기억이 나지 않는다. 공식적인 면접이 어떻게 진행되었는지도 기억이 나질 않는다. 작은 방에서 면접을 보았다는 것밖에는. 자원봉사자가 전화를 건 남자는 내가 그 사람을 함부로 재단한다는 생각이 들었을 거라고 말했던 기억이 난다. 나는 집까지 어떻게 갔는지, 내가 도착했을 때 집에 누가 있었는지도 기억이 나지 않는다.

그 후로 얼마 지나지 않아 나는 사마리탄즈로부터 '안타깝다'는 이메일을 받았다. 그 이메일에는 어떤 설명도 담겨 있지 않았고 나에게도 아무런 설명이 필요하지 않았다.

그 무렵 어느 날, 그 암울한 집에서 이사를 나오기 전에, 나는 거리에서 우연히 케피어와 마주쳤다.

"훈련은 마쳤나요?" 그가 나에게 물었다.

"아뇨. 그쪽에서는 저의 자질이 부족하다고 생각했나 봐요. 당신은 통과했겠죠? 그렇죠?"

"아니요. 당신은 합격했을 거라고 굳게 믿었는데." 그가 어깨를 으쓱하며 대답했다.

2018년 겨울에 한 남자가 쏟아지는 비를 뚫고 밖으로 나가서 나에게 아침거리를 사다 주었다. 우리는 네 번, 아니면 여섯 번쯤 데이트를 한 사이였다. 나는 그가 사 온 달걀, 빵, 라브네*가 담긴 플라스틱 용기를 뜯었다. 허겁지겁 음식을 먹다가 문득 고개를 드니 그는 천천히 전화기를 주방 조리

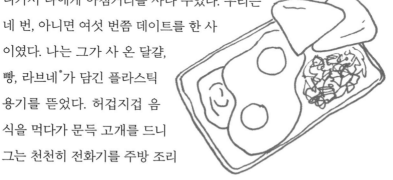

* 중동에서 즐겨 먹는 신선한 치즈.

대 위에 올려놓고 있었다.

"무슨 일 있어?" 내가 물었다.

그는 예전에 사귀었던 여자 친구 X가 프랑스에 살고 있는데 몸이 아프다고, 심각한 상태라 곧 죽을지도 모른다고 말했다.

나는 그가 안쓰러웠고 이해해주기로 했다. 며칠 후에 X가 뉴욕에 왔고 그는 X를 만났다. 그리고 며칠 후 그는 X의 악성 뇌종양이 더욱 심각해졌을 뿐만 아니라 X가 자신의 아이를 임신했다고 말했다.

내가 왜 떠나지 않고 남아 있었는지는 잘 모르겠다. X가 병원에 입원했다는 사실을 알게 되었을 때도 나는 그의 옆에 있었다. 우리는 저녁 식사를 하고 있었는데 X의 동생이 그에게 X가 그날 밤을 넘기지 못할 것 같다는 이메일을 보내왔다. 어느 날 밤, 그의 옆에 누워 있는데 문득 X가 거짓말을 하고 있을지도 모른다는 생각이 들었다.

그는 병원으로 전화를 걸었고 그곳에는 X라는 이름의 환자가 없었다. X는 그의 휴지통을 뒤지다가 콘돔을 발견했고 그의 전화기에서 내 이름을 찾아냈다. 나에게 메시지를 보내서 그와 사귀는 사이냐고 물었다. X의 동생은 절대로 전화 통화는 하지 않았고 이메일에 자기 이름도 두 번씩이나 잘못 적었다. 예전에 X는 자기 배를 찔러서 스스로 낙태를 했다고 말했는데 이제는 아직 임신한 상태라고 말했다. 그러더니 사실은 임신한 게 아니라고 말했다. X의 메시지는 점점 변덕스러워졌고 나는 X의 이메일이 아닌 그 이메일을 쳐다보고 있는 그 남자에게 더욱 신경을 쓰게 되었다.

나에게 아침 식사를 사다 준 남자는 X의 말이 사실이라고 단호하게 말했다. X가 12일 연속으로 이제 죽기까지 단 하루밖에 남지 않았다고 말했는데도. 구글에 검색만 해보아도 X가 입원하기는커녕 여전히 무용수로 일하고 있다는 사실을 알 수 있었다. X가 임신부의 이름이 표기된 부분은 싹둑 잘라낸 채로 태아의 초음파 사진을 보냈을 때도 그는 X를 믿었다.

그가 책상 위에 쌓인 업무 서류는 거들떠보지도 않고 X한테 보낸 문자 메시지들을 넘겨보는 모습을 지켜보다가 나는 사마리탄즈에서 훈련을 받았던 일이 떠올랐다.

나는 공감하는 것이 대단하고 인간적인 일이라고 생각했었다. 다른 사람의 고통이나 행복을 조금이라도 느껴보면 언제나 내 안의 옹졸하고 못된 심성이 상쇄되는 듯한 기분이 들었고 안도할 수 있었다. 나는 다른 사람들을 이해하고 싶다(그래서 사마리탄즈 훈련에서 탈락한 다음 해에 내가 저널리즘에 들어서게 되었는지도 모른다). 하지만 당사자가 나를 신뢰할 때만 내가 그들의 경험을 이해할 수 있다고 생각한다. 나는 그렇게 할 수 없었을 것 같다. 모든 사람은 각자 자신의 벤다이어그램의 한가운데에 있고 그 벤다이어그램은 수천 가지에 달하는 다양한 경험의 고리들로 이루어져 있다. 다른 사람의 동심원이 나의 동심원과 같을 확률이 얼마나 될까?

전화를 건 남자 1번과 무용수 X를 통해 나는 내가 꼭 공감을 할 필요가 있는지 의문이 들었다. 때로는 다른 사람의 현실을 이해하려는 노력이 그런 현실을 인정하고 지지하는 위험한 행동이 될 수도 있다. 어떤 경우는 공감하기가 불가능하기도 하고 정작 자신의 문제들에 집중하는 것을 방해하는 걸림돌이 될 수도 있다.

2011년 겨울, 사랑하는 사람이 서서히 고통스럽게 죽었고 나는 슬픔에 잠겼다. 또한 간절히 일자리를 찾고 있었고 (이메일로) 이별 통보를 받았다. 나는 나 자신을 경멸했다.

**내가 할 수 있는 공감에
한계가 있다는 사실을 인정했다면**
진짜로 도움이 필요한 사람들에게
내가 좀 더 의미 있는 일을
할 수 있었을지도 모른다.

어쩌면 현관에 서 있는 남자의 삶을 상상하려고 애쓰거나, 심지어 공감까지 할 필요는 없을지도 모른다. 그저 "안녕하세요? 잘 지내시죠?" 이렇게 인사를 건네고 그의 대답에 진심으로 귀를 기울이려는 마음이면 충분했을 것이다.

매슈 콜람쿨람 Mathew Kollamkulam | 샤우트 자원봉사자

적절한 말

나는 어느 파티에서 처음으로 친구가 나에게 자신의 정신건강과 관련된 문제를 털어놓았던 때를 또렷하게 기억한다. 발코니에서 오랜만에 만난 친구에게 그동안 어떻게 지냈는지 안부 인사를 나누던 중이었다. 그때 친구는 자기가 우울증을 앓고 있다는 말을 꺼냈다. 나는 천천히 고개를 끄덕이고 (내 딴에는) 걱정스러운 표정을 지으며, 갑자기 분주해진 머릿속을 내색하지 않으려고 애썼다. **'이런! 내가 무슨 말이라도 해 줘야 할 텐데. 제발 바보 같은 소리는 하지 마. 무심한 말이나 잘난 척하는 말도.'** 나는 말을 더듬었다. "음… 그건… 정말 안됐다. 모든 게 다 괜찮아지기를 바랄게."

지난 6월부터 나는 샤우트의 자원봉사자로 활동해왔다. 샤우트는 자살 충동, 스트레스, 불안에 시달리거나 지나치게 기분이 가라앉거나 즉시 도움이 필요한 심리적 위기에 처한 사람들을 위한 영국의 문자 서비스다. 그날 밤 발코니에서 만난 친구를 돕기 위해 내가 할 수 있는 일들이 훨씬 더 많았다는 사실을 이제는 안다. 하지만 당시에는 그게 무엇인지 전혀 생각이 나질 않았다.

국민보건서비스의 2009년 조사에 따르면 영국 인구 약 25퍼센트가 매년 정신건강과 관련된 문제를 경험한다(네 명 중 한 명꼴이다). 지금까지는 확률이 나에게 유리하게 작용한 편이었다. 현재 나는 그 나머지인 75퍼센트에 속한다. 좋을 때도, 나쁠 때도 있었지만 아직 나는 다른 사

람들처럼 정신적인 문제로 고생한 적은 없다.

내가 직접 그런 문제를 경험해본 적이 없어서 정신질환을 앓으며 살아간다는 것이 어떤 기분인지를 몰랐고, 그런 문제를 겪고 있는 사람을 도울 수 없다고 생각했다. 하지만 그건 사실이 아니다. 우리는 암을 비롯한 신체의 질병을 앓는 사람이나 팔다리가 부러져서 고통받는 사람의 상황에는 쉽게 공감할 수 있다.

꼭 정신질환을
직접 경험해야만
도움이 필요한 사람을
도와줄 수 있는 것은
아니다.

그날 발코니에서 내가 그랬던 것처럼, 초조해하며 어찌할 바를 모르고 '적절한' 말을 찾아내려고 더듬거리는 사람들이 훨씬 더 많을지도 모른다. 그런 사람들에게 이렇게 말하고 싶다. 일단, 적절한 말을 건네지 못할까 봐 걱정한다면 마음을 쓰고 있다는 뜻이다. 나는 나중에 누군가가 용기를 내서 자신의 마음과 관련된 이야기를 털어놓을 때를 대비해서 '무려' 526명이나 되는 내 인스타그램 계정 팔로워들과 샤우트 동료들에게 가장 우울한 순간 다른 사람들이 자신의 정신건강에 대해서 어떤 걸 알았더라면 좋았을지 물어보았다.

"그런 상황이 실제로 벌어지고 있다는 것을 알았으면 좋겠어요. 나는 과장하거나 관심을 받기 위해 그러는 게 아니에요." - 제이슨

"정신건강은 '진행 중인 일'이라는 사실을 깨달았으면 좋겠어요. 최종 목표나 '만능 해결책'은 없어요." - 트레버

"모든 사람이 똑같은 감정을 느끼는 건 아니에요. 그리고 누구에게나 이런 문제가 일어날 수 있어요."

"정신질환이 있다고 해서 내가 지적 능력이 떨어지는 것이 아니라는 점을 알았으면 좋겠어요." - 리

"그냥 약을 먹으면 금세 낫는 간단한 문제가 아니에요." - 앨리스

"내가 늘 그렇게 말한다고 하더라도 모든 게 다 '괜찮은' 건 아니라는 사실을 알아줬으면 좋겠어요."

"내가 수줍음을 타거나 어떤 일을 하고 싶지 않아서 그러는 게 아니라는 점을 알아줬으면 좋겠어요. 나는 할 수 없어서 못 하는 거예요." - 수재너

"'다 괜찮아질 거야'라는 말은 도움이 안 되고 좌절감을 준다는 사실을 알면 좋겠어요." - 나탈리아

"나는 잘 지낼 때도 있고 그러지 못할 때도 있어요. 그렇다고 해서 그 문제가 진짜가 아닌 건 아니에요."

"그녀의 도움 덕분에 내가 그 시간을 견뎌낼 수 있었다고, '괜찮아'라는 말은 진심에서 우러나는 '고마워'라는 뜻이었다고 말해주고 싶어요."

"겉으로 보기에 모든 게 좋아 보인다고 해서 내면까지 모든 게 좋은 건 아니에요." – 애덤

나는 샤우트에서
자원봉사자로 일하면서
깨달았다.
누군가가 마음을 열고
나에게 자신이 겪고 있는 문제를
털어놓는 일은
엄청난 용기가 필요하다는 사실을.

그 사람들은 (앞에서 언급한 다른 오해들을 포함해서) 나약하고 어리석고 관심을 갈구하고 가짜라고 비난받을 위험을 감수하면서까지 말할 결심을 하는 것이다. 도움을 청하기 위해서, 아니면 그저 자신의 이야기를 들어줄 누군가가 간절히 필요해서. 그건 그들이 나약한 것이 아니라 힘을 지니고 있다는 표시다.

고백을 결심한 누군가의 이야기를 듣는 사람이 되는 경험은 나를 겸허하게 만든다. 나는 세심하게 경청하고 그들이 느끼는 감정을 이해하려고 애쓴다. 내가 그런 상황에 있다면 어떤 기분이 들었을지와 상관없이 그들이 괴로워하는 문제는 진짜라는 사실을 알기 때문이다. 중요한 건 그들의 문제를 해결하는 것이 아니다. 가장 도움이 되는 대화는 대부분 문제 해결 단계까지도 가지 않는다. 때로는 그저 그들의 이야기에 귀를 기울이고 그들이 겪고 있는 감정을 인정해주는 게 최선이다.

샤우트에서 자원봉사활동을 하면서 나는 사람들이 놀랍도록 강하고 회복력이 있는 존재라는 사실을 깨달았다. 내가 문자로 대화를 나눈

사람들은 가장 힘겨운 상황도 버텨냈고, 매일 내면의 싸움을 견디며 점점 앞으로 나아가고 있다. 나는 이런 모습을 보며 희망을 느낀다. 내가 삶에서 정말 힘겨운 일들을 겪더라도 작은 도움을 받는다면 나도 이겨 낼 수 있으리라는 희망을 얻는다.

전쟁

전쟁, 죽음, 탈출…. 전쟁의 시작은 비밀로 남겠지만 나의 정신건강과 관련된 문제들의 시작은 그렇지 않다. 모든 건 내가 열세 살 때 시리아의 다마스쿠스에 있는 집에서 커다란 TV 화면으로 뉴스 속보를 보면서 시작됐다. 뉴스에서 "사람들이 자유를 원하고 있습니다!"라는 말이 흘러나왔다. 정부는 군중을 흩어지게 하려고 허공에 대고 총을 쏘았고 남자 두 명이 죽었다. 그저 유탄에 맞은 것이었을까? 이 일은 내 마음속에 두려움을 심어주었다. 인생 최초의 충격을 경험한 나는 처음으로 흰머리가 생겼다. 충격에 충격이 거듭될수록 내 갈색 머리카락에는 희끗희끗한 선이 늘어갔다.

첫 번째 충격으로부터 몇 주가 지나고 가정교사 선생님이 집에 오신 날에 나는 해가 쨍쨍 비치는 아침에 커다란 천둥소리를 들었다. 선생님은 깜짝 놀란 눈으로 벌떡 일어서더니 폭발이 일어났다고 했다. 다마스쿠스 중심 지역에 폭발이 일어났다. 이런 일이 있고 얼마 지나지 않아 학교에서 수업을 듣다가 실제로 폭발을 경험했다. 지하에 있는 교실에 있었는데(작은 창문은 있었던 것 같다), 갑자기 폭탄이 터져서 의자에 앉아 있던 모든 사람이 나동그라졌다. 작은 창문 사이로 먼지가 피어올랐지만, 태양은 여전히 빛나고 있었다. 나는 엄마에게 전화를 걸었고 엄마는 내가 폭격을 당한 걸 알고 우셨다. 나는 괜찮다고 말씀드렸다. 지하에 있어서 목숨을 건질 수 있었다고, 위층에 있던 사람들은 죽거나 다쳤다고 말했다. 운이 좋았다.

나는 (여기에 다 적을 수는 없지만) 트라우마가 남을 정도로 충격적인 상황들을 수없이 경험했다. 나는 지금 영국에 있고, 살아 있다. 내가 죽음을 피할 수 있었던 건 '타이밍' 때문이었다. 나는 단 몇 초 차이로 목숨을 건질 수 있었고 안전하게 살아가고 있다. 하지만 그 모든 힘겨운 상황들을 버텨내고 영국에 온 이후로도 나의 정신건강은 좋지 않았다. 나는 아무에게도 나의 감정을 말하고 싶지 않았다. 학교에서 응용과학 분야의 BTEC 레벨 3 과정을 이수한 3년 동안 나는 모든 생각과 감정을 마음속에만 담아두었다. 화학 선생님은 뭔가가 잘못되었다는 걸 알았고 나에게 도움이 필요한지 물어보았다. 선생님은 상담치료를 받는 것이 중요하다고 말했지만 나는 "아니요, 괜찮아요"라고 대답했다. 시리아에서는 정신건강 문제로 의사의 진료를 받으면 '미쳤다'는 소리를 들었다. 나는 그런 상황을 원하지 않았다.

나는 끝없는 플래시백을 경험했다. 외상 후 스트레스 장애였다. 나는 허약했고 공포로 얼어붙었다. 밥을 먹을 수도 없었다. 그러다가 어쩔 수 없이 진료를 받게 됐다. 나는 **내가 그런 문제를 겪는 유일한 사람이며 미쳤다**고 생각했다. 나의 예전 모습은 온데간데없었고, 지나치게 생각이 많고 일어나지 않은 일들을 머릿속에서 지어냈기 때문이다. 의사가 나에게 말했다. **"당신만 그런 게 아니에요. 당신은 나아질 거예요."** 의사는 자기 자신도 총격 소리 때문에 외상 후 스트레스 장애를 경험한 적이 있다고 했다. 나는 치료를 받기 시작했다.

진료를 받고 적절한 사람들에게 자신의 감정을 털어놓는 행위는 정말 중요하다. **모든 것을 마음속에만 담아두는 것은 그 자체가 전쟁이다.**

5

괜찮을 거야

자기 치유로서의 페미니즘

나보다 훨씬 똑똑한 학자들에 따르면 우리 고조할아버지가 '자기the self'라는 개념을 고안해낸 셈이라고 한다. 지크문트 프로이트는 모든 인간의 마음 깊은 곳에 숨겨진 원시적이며 성적이고 공격적인 힘들을 발견했다고 주장했고 우리 모두의 내면에 위험한 본능적 충동이 존재한다고 믿었다. 또한 우리는 원래 본능에 충실하며 내면의 두려움과 욕망에 휘둘린다고 생각했다. 이런 욕망을 통제하는 방법의 하나로 그는 '정신분석psychoanalysis'을 고안했다.

나는 프로이트를 연구하는 학자가 아니다. 사실 나는 음핵陰核 오르가슴이 '미숙하고' 여성의 자위가 히스테리의 상징이라고 여겼던 그 남자가 지은 죄를 만회하는 데 내 인생의 대부분을 바쳐왔다. 하지만 최근에는 그 남자가 '자기'에 대한 기존 관념을 바꾼 방법을 천착하고 있다.

프로이트의 이론들에 관한 글은 넘쳐난다. 한 남자의 장황하고 두서없는 이야기가 이렇게 자주 언급되는 것은 과한 측면도 있다. 하지만 온통 마음을 빼앗는 '자기'에 관한 그의 이론이 오늘날 우리가 살아가는 세상을 지배한다는 사실을 부정하기란 어렵다. '자기' 개념은 광고의 부상과 현대 서양 정치의 속성 및 초개인주의 개념에 영향을 주었고, 이 개념에서 비롯된 아이디어들이 지금도 상담치료사와 심리학자들 사이에서, 그리고 자기계발서에도 널리 쓰이고 있다.

이 책은 여러 가지가 될 수 있지만, 자기계발서는 아니다. 나는 살면서 그런 책을 (조금 걱정스러울 만큼, 살짝 강박적일 정도로) 수없이 많이 읽었다. 표지마다 '새로운 당신'을 약속하는 그 책들은 여전히 내 책장에 나란히 꽂혀 있지만, 오늘도 새로운 것 없는 나는 멍들고 지친 상태로 여기 앉아 있다. 그저 색깔에 맞춰서 정리해둔 책장의 빈자리를 채우기 위해 그 책들을 아직도 가지고 있을 뿐이다.

자기계발에 미친 듯이 빠져 있던 몇 년 동안 나는 매일 밤마다 할 일 목록을 작성했다. 소원과 명령으로 가득 찬 그 목록은 스스로를 꾸짖는 데 쓰였다. 내가 '해야만 할 것 같은' 일은 200개나 됐지만 그중에서 내가 실제로 할 수 있을 것 같은 일은 울기와 잠자기, 단 두 개뿐이었다. 목록의 첫 부분은 항상 이렇게 시작했다. '침대에서 일어나서 양치하고 심호흡하고 옷을 입고 디오더런트를 바른다.' 그다음에는 명상, 요가, 감정 보드 만들기, 마음속에 미래를 그려보기 등 자기계발서에서 추천하는 활동들을 적어보곤 했다. 나는 매일 실패했고 매일 다시 시도했다. 감정 보드도 만들었고 만트라도 잔뜩 만들어봤다. 어느 날 밤에는 집에 있는 물건 중에 과거를 떠올리게 하는 것들을 모두 태워버린 적도 있다. 하지만 그 어떤 것도 도움이 되지 않았고 내 기분은 나아지지 않았다. 엄마는 그때 내가 물건들을 불태웠던 일 때문에 여전히 화가 안 풀린 상태다.

아무리 명상을 하고 자아실현을 해보아도 왜 나는 공허함에서 빠져나올 수 없는 걸까. 이 문제에 대해서 오랫동안 고민한 끝에 얻은 결론은 내가 나아지는 것을 스스로 바라지 않는다는 것이었다. 나는 자기가치가 지독하게 낮아서 스칼릿 케이트 프로이트 커티스를 위해서 더욱 행복해지는 것을 그다지 매력적으로 느끼지 않았다. 나는 '자기'에 관심이 없었고 내가 더 나아지는 것에도 관심이 없었다. 사실 나는 살아 숨쉬는 것에 더는 관심이 없었다.

나는 암흑 속에서 어떻게든 빠져나갈 길을 찾아 헤매고 있었다. 수년간 상담을 받고 요가를 하고 마사지를 받고 수정 구슬을 들여다보고 침을 맞고 수많은 자기계발서를 읽었다. 그러다가 비가 내리는 추운 날에 런던에 있는 어느 서점의 먼지 쌓인 안쪽 서가에서 내 인생을 뒤바꿔놓은 자기계발서 한 권을 찾아냈다. 그 책은 바로 앤절라 데이비스Angela Davis의 『여성, 인종&계급Women, Race & Class』이었다. 물론 진짜 자기계발서는 아니었다.

이 책에서 나는 시도해볼 만한 일들을 발견했다. 나의 인생을 위해 싸우는 것은 내키지 않았지만, 다른 무언가를 위해 싸울 수는 있었다. 난생처음으로 나는 머릿속에서 들려오는 목소리들보다 더욱 크고 강한 무언가를 발견했다. 묘한 매력을 지닌 이 힘의 이름은 페미니즘이었다. 가장 매혹적인 연인을 만나면 그렇게 되듯이, 페미니즘을 알게 된 후에 나는 회복하고 싶어졌고 그 세상의 일부가 되고 싶어졌다.

나는 할 일 목록을 집어치우고 오로지 페미니즘 운동에 참여하기 위해서 더욱 강해지겠다고 맹세했다. 이 아름다운 페미니즘 운동은 사실 나랑 아무 상관이 없어 보였지만, 젠더와 상관없이 모든 사람에게 더 나은 세상을 만들기 위해 다른 사람들과 함께 힘을 합친다는 사실이 중요했다. 나에게는 싸워야 할 이유가 생겼다. 그건 나의 인생이나 나의 뇌, 또는 나의 자기감sense of self에 대한 것이 아니라 내가 합류할 수 있는 집단으로서의 '자기'였다. 7년간 정말 외로운 시간을 보낸 끝에 처음으로 소속감을 느꼈다.

마치 독수리를 잡는 임무를 맡은 털이 삐쭉삐쭉한 작은 고양이처럼, 나는 임무를 달성하기 위해서 조금씩 두려움을 극복했다. 뉴욕으로 이사했고, 지난 7년간 가족 이외의 사람과 대화를 나눌 때마다 식은땀을 흘리며 도망치곤 하던 내가 할렘의 어느 집 거실에서 열린 활동가 모임에 참석했다. 나는 멋진 친구들을 만났고, 그들을 통해서 페미니즘 운동이 모든 사람에게 다르게 보이며 때로는 경청과 배움이 유일한 싸움의 방식이라는 사실을 배웠다. 뉴욕에서 버스로 일곱 시간 거리에 위치한 워싱턴 D.C.까지 갔고, 변화를 요구하는 수천여 명의 다른 여성들 틈에 끼어서 여성 행진Women's March에 참여했다. 나는 읽고 또 읽고 공부하며 배웠고 특권과 평등과 해방의 진정한 의미에 관해 그때까지 내가 알고 있던 모든 것을 새롭게 다시 알아갔다.

우울증에 걸리면 혼자라는 기분이 들고 언제까지나 혼자일 거라는 생각이 든다. 내 마음이 감옥이라고 확신하고, 내 삶에 들어오는 사람도 나와 함께 감옥에 갇히니까 차라리 모든 사람을 밀어내는 편이 더 나을 거라 생각한다.

페미니즘으로 인해 나는 소속감을 느끼게 되었고 내가 기념비적인 역사의 작은 일부라는 생각이 들었다. 페미니즘 덕분에 친구들이 생기고 적도 생겼으며 이 세상에서 나의 자리에 대해 훨씬 더 깊이 이해할 수 있게 되었다. 페미니즘은 나의 치유 수단이다. 그리고 그건 '자기'와는 아무런 관련이 없다. 나는 인간이 그렇게 이기적인 존재라고 믿지 않는다. 우리는 이기적인 행동도 많이 하지만 완전히 사심 없는 멋진 행동들도 많이 한다. 다른 사람들의 권리를 옹호하는 사회 운동에 참여하고, 청원서에 서명하고, 시위에 참여하고, 서로의 집 거실과 지하실에서 모여서 법을 바꾸고 세상을 구할 계획을 세운다.

지크문트 프로이트는 우리가 모두 이기적인 이상과 이기적인 욕망의 지배를 받는다고 믿었을지도 모르겠다. 하지만 나는 프로이트가 세상을 떠난 지 거의 100년 후에 오드리 로드가 완벽하게 표현한 이 말을 그는 진정으로 이해하지 못했으리라 생각한다.

다른 여성이 자유롭지 못하면
그 어떤 여성도 자유로울 수 없다.
설령 그녀를 옭아매는 족쇄가
우리 자신의 족쇄와 다를지라도.

나는 자아실현을 이룬 개인주의적인 자기를 소유하고 싶은 욕망이
나 소원이 우리 인간의 행동을 이끄는 유일한 원동력이라고 생각하지 않
는다. 이 책에 실린 글들을 읽으면서 나는 연대과 이해를 통해서 동기를
얻는 사람들을 발견했다.

1659년에 철학자 존 로크John Locke는 「필수적인 행복을 추구하는
행위가 자유의 토대」라는 글을 썼다. 나는 인간에게 행복할 권리가 있
다고 믿지 않는다. 행복이라는 상태는 순식간에 사라지며, 기뻐해야 하
지만 기대해서는 안 되는 일시적인 순간이다. 우리에게 행복할 권리가
있는 것은 아니지만 목적을 가질 권리는 있다. 우리에게는 공동체를 가
질 권리가 있다. 우리에게는 삶이 살아갈 만한 가치가 있다고 느낄 권리
가 있다. **우리에게는 괜찮을 권리가 있다.**

간단히 말하자면 페미니즘 덕분에 나는 더 나아져야 할 이유를 얻
었다. 페미니즘을 만났다고 해서 나의 외상 후 스트레스 장애가 다 낫
거나 불안한 생각들이 모두 잠잠해진 것은 아니다. 하지만 **페미니즘**은
내가 7년 동안 갇혀 있었던 터널의 입구에 성냥불을 켜주었고 **그곳에
서 빠져나갈 수 있는 길을 나에게 보여주었다.**

다비나 맥콜 Davina McCall | 방송인

<hr>

고통과 동거하는 데 도움이 되는 도구들

낮은 자존감. 그게 내 문제였다. 마약에 손을 댄 것도, 이름을 날리고 싶은 욕망이 심해진 것도, 젊은 시절에 나를 괴롭혔던 것 모두가 낮은 자존감 때문이었다.

아직도 그 시절의 기억들이 문득 떠오를 때가 있다. 하지만 이제 나는 대체로 나 자신을 좋아한다고 말할 수 있다. 결점까지도 포함해서.

'세계 행복의 날'에 있었던 일이 기억난다. 우리가 즐기는 다른 모든 '특별한 날들'처럼 세계 행복의 날도 분명히 좋은 의도에서 비롯되었을 것이다. 그런데 왜 세계 행복의 날에 대한 글을 읽었을 때 나는 그렇게 머리끝까지 화가 났던 걸까? 짜증이 났고 공격적으로 변했고 심지어 반항하고 싶어지기까지 했다. 나는 이렇게 생각했다. **'좋아, 나는 온종일 부루퉁하게 지낼 테다.'**

나는 한참 동안 내 생각을 분석했다. 내가 그렇게까지 반감을 가진 이유는 무엇일까?

나는 인생이 고해라고 생각한다. 살아간다는 것은 힘겨운 일이다. 사람들은 매일 끔찍한 고난을 겪는다. 중독, 시련, 사별, 이혼, 가난, 학대.

그러나 우리는 역사상 가장 특권을 누리는 시대에 살고 있다. 수많은 사람이 건강과 장수를 누린다. 사회 전체로 볼 때 우리는 낮은 영유아 사망률, 백신, 편의시설 등 모든 것을 다 갖추고 있다! 카페, 식당, 체육관, 더 나은 근무 여건, 해외여행 등등. 100년 전만 하더라도 해외여행은 꿈도 못 꾸었을 것이다. 그런데도 우리는 여전히 고통받는다.

하지만 우리는 삶 속에서 때때로 완전하고 무한한 기쁨을 느낀다. 아이의 탄생, 사랑, 친구들과의 식사, 강아지와 고양이, 깊은 밤 클럽에서 조명이 켜지고 디제이가 진짜 신나는 음악을 크게 틀어주는 순간.

우리는 고통과 함께 살아가는 법을 찾아야 한다. **고통과 동거하면서 기쁨의 순간이 찾아오기를 기다리는 거다.**

그러니까 우리가 명령에 따라서 행복해야만 하는 날을 고른다는 생각은 정말 우스꽝스럽다. 우리에게 필요한 것은 '고통과 동거하는 데 도움이 되는 도구들의 날Tools to Help You Co-habit with Your Suffering Day'이다.

그런 날이 조만간 생길 것 같지는 않지만, 나에게 도움이 되는 도구들은 다음과 같다. 각자 자신의 경험을 공유하면 다른 사람들에게 도움이 될지도 모른다.

이야기하라. 혼자서만 끙끙 앓지 마라. 약물중독자 자조 집단에는 유명한 말이 있다. '혼자 있는 중독자는 나쁜 친구와 함께 있는 것이다.'

사람들을 받아들여라. 두렵고 때로는 잘못될 수도 있지만, 사람들과 교감을 나누면 마법 같은 일이 일어난다.

해로운 사람들을 떠나보내라. 그런 사람들은 알 필요가 없으니 피하라.

거절하는 법을 배워라. 나는 그동안 거절을 못 해서 고생했는데 거절하는 법을 배우자 가장 큰 해방감을 느꼈다.

수락하는 법을 배워라. 나는 나이가 들수록 상당히 '안전을 추구하는' 사람이 되었다. 나는 익숙하고 편안한 곳에서 벗어나기 위해 노력하고 있다.

목적을 찾아라. 자선활동, 자원봉사… 무엇이든 좋다.

인생은 롤러코스터라는 사실을 받아들여라. 오르막과 내리막이 뒤섞여 있다.

자기 자신을 받아들여라. 정말 마음에 안 드는 모습까지도. 그런 부분은 개선하기 위해 노력하면 된다. 이 세상에 완벽한 사람은 없다.

비난하지 않도록 노력하라. 다른 사람들을 함부로 재단하는 행위는 그 사람들이 아닌 내 위치를 말해준다. 그럴 때는 다른 사람들과 이야기를 나누어볼 필요가 있다.

음악은 기분전환에 도움이 되는 약이다. 어떤 노래를 들으면 눈물이 나지만 어떤 노래를 들으면 정말 행복해진다. 나는 보통 후자에 해당하는 노래를 듣는 편이다.

운동하라. 이건 과학적으로도 증명된 사실이다. 운동하면 금세 기분이 좋아진다.

무엇이든 돌보라. 당신이 있어야만 생존할 수 있는 것을 찾아라. 꼭 아이들이어야 할 필요는 없다. 반려동물이나 식물일 수도 있다. 무엇이든 괜찮다.

마지막으로 가장 중요한 것은…

믿음. 내가 무엇을 믿는지는 잘 모르겠지만, 기도를 하면 누군가가 그 기도를 들어준다는 느낌이 든다. 항상 기도에 응답하는 것은 아니지만 들어준다. 그것만으로도 충분하다.

완벽하진 않지만, 행복해

나는 어릴 때부터 사람들한테서 종종 "너는 내가 아는 사람 중에서 가장 행복한 사람이야"라거나 "너는 정말 활력이 넘치는구나"라는 말을 듣곤 했다. 사실은 그럴 때도 있지만, 아닐 때도 있다. 굉장한 행복을 느낄 때도 있지만 심하게 안 좋은 기분이 며칠에서 몇 주 동안 지속되거나 몇 분에서 몇 시간이면 지나갈 때도 있다. 우리의 정신건강은 예민하고 연약하고 예측할 수 없고 비이성적이다. 어떨 때는 회의에서나 다른 사람들 앞에서 또는 온라인에서의 내 모습이 내면의 현실과 동떨어져 있기도 하다. 몇 년 전에 이 문제에 관해 알아보았을 때 이런 일을 겪는 사람이 나 혼자가 아니라는 사실을 깨달았다. 다른 사람이 경험하는 정신건강 여정을 이해하기란 사실상 불가능하다. 정말 오래된 인용구 그대로다. '당신이 만나는 모든 사람은 당신이 전혀 알지 못하는 각자의 싸움을 하고 있다.'

내가 지난 2년 동안 했던 생각들을 여과 없이 전하기 위해 여기에 내 일기 일부분을 옮겨본다.

2017년 1월 1일
우리는 정체성 안에 갇혀 있다.
여러 해 전에 형성된 정체성은

단 몇 초 만에 우리에게 주어졌지만
그걸 떨쳐내는 데는 몇 년이 걸린다.
만약 우리가 1년 내내 자기 자신으로 살아가는 데 두려움이 없다면
인생이 어떨지 궁금하다.

나는 스물다섯 살 무렵에 완전히 바닥을 쳤다. 왜 그런 일이 일어났
는지를 헤아려보면 그리 놀랍지 않다. 나는 불안과 걱정, 극도의 완벽
주의 속에서 살았다. 나의 부정적인 자기 대화는 고장 난 레코드판처럼
끝없이 돌아갔고 나는 다른 사람들을 기쁘게 하려고 지나치게 애썼다.
내 눈에는 내가 한 모든 일이 성에 차지 않았고 내 외모가 괜찮아 보였
던 적도 결코 없었다. 나는 걸어 다니는 실망 덩어리였다. 자존감은 어
디에서도 찾을 수가 없었다. 언제나 타인의 인정을 갈망했다. 그러다가
내 안의 가장 어두운 공포를 자극하는 사람들과 일하게 되었다. 존경하
는 사람들이었지만 그들은 내게 극도로 부정적인 태도를 보이는 경향
이 있었고, 그들의 눈에는 내가 부족하다는 사실이 매우 분명했다. 내
마음은 산산이 부서졌다. 모든 부정적인 자기 확신이 내 안에서만 머무
르지 않고 나를 정면으로 마주했기 때문이다. 나는 사람들이 나를 원
하지 않거나 내가 괜찮은 사람이라고 생각하지 않는다는 가장 큰 두려
움에 직면하게 되었다.

2017년 9월 29일

오늘은 회의 내내 펑펑 울고 싶었다.

나는 새로운 동료의 인정을 받기 위해 트라우마에 시달리며 6개월
동안 피나는 노력을 기울였다. '잘했어', '해냈어'라는 말을 듣는 게 너무

나도 간절했지만, 그런 말은 결코 들을 수 없었고 나는 결국 무너졌다. 모든 사람의 근원에는 인정받고 사랑받고 싶은 마음이 있다. 이렇게 나를 무력하게 만드는 타인의 거부와 만성적인 스트레스, 불안, 수면 부족이 겹쳐져서 나는 완전히 바닥으로 떨어졌다. 어느 날 아침에는 침대에 누워 있는데 기운이 없고 몸을 움직일 수가 없었다. 배가 너무 부풀어서 꼭 임신한 사람처럼 보였다. 그날 나는 내 인생에서 가장 중요한 교훈 하나를 배우게 되었다. **마음이 건강하지 않으면 절대 건강할 수 없다.** 나는 정지 표지판에 부딪혔다. 몸과 마음이 나를 포기해버렸다. 지금 돌아보면 정말 감사한 일이다. 감정은 활력 넘치게 정보를 전달하는 신호인데 나는 걱정과 불안, 나 자신에게 관대하지 못한 상태를 너무 오랫동안 방치해왔다. 그래서 나의 모든 감정은 깊은 슬픔으로 변해갔다. 이것은 상황을 변화시켜야 한다는 분명한 메시지를 나에게 전해주었다.

2017년 6월 22일

불안한 기분이 드는데 그 이유를 모르겠다. 가슴과 배에 끔찍한 느낌이 들고 내일 음악 페스티벌에 가는 게 무섭다. 내가 실패자 같고 사회 부적응자 같은 기분이 들까 봐 미칠 듯이 두렵다. 예전에 쓸모없는 사람이나 눈치 없이 끼어든 사람 취급을 받았던 끔찍한 기억들이 떠오른다. 아… 진짜 끔찍했다. 요즘 나 혼자만의 공간에 틀어박힌 채로 지내서 도대체 다른 사람한테 무슨 말을 해야 할지 생각이 안 난다. 진짜 나는 일, 일, 또 일 얘기밖에는 할 수가 없다. 다들 지루해하겠지. 내가 너무 지루한 사람이 되어버린 것 같은 기분이 든다.

이처럼 신경쇠약을 겪은 후에 나는 새로운 방식으로 내 정신을 탐험하기 시작했다. 내가 겪은 고통을 다른 사람들은 피할 수 있기를 바라며, 뇌를 더욱 잘 이해하는 데 내 인생을 바치기로 했다. '해피 낫 퍼펙트'의 세상은 그렇게 시작되었고, 우리는 모든 사람의 정신건강에 도움이 되는 정보와 도구, 기술로 가득한 앱과 제품을 개발했다.

우리가 신체적 건강을 위해 평생 노력해야 하는 것처럼 정신적 건강도 마찬가지다. 나는 나의 마음을 우선순위에 두고, 내가 멈출 때는 그 신호를 바로 알아차린다.

사업을 한다는 것은 매일 뇌우를 경험하는 것과 같다. 내가 왜 이런 길을 택했는지 의문이 드는 날에는 우리가 모두를 위한 일을 하고 있음을 떠올린다. 모든 사람이 자신의 마음을 돌볼 수 있는 도구를 가질 수 있도록. 모든 사람이 우울한 날들을 견뎌내고 화창한 날들을 보낼 수 있도록.

우리가
누군가의 우울한 날을
화창하게 만드는 데 도움이 될 때
정말 보람을 느낀다.
이것 하나만으로도 나는
헤쳐나갈 힘을 얻는다.

리플리 파커 Ripley Parker | 작가, 아티스트, 학생

내가 하고 싶었던 말

너는 이제 갓 태어났어. 작디작은 손톱과 곧고 까만 머리카락을 지닌 채로. 너는 이제 갓 태어났어. 사실은 절대로 태어나지 말았어야 했는데. 너는 아직 모르겠지만 너의 아빠와 엄마가 만날 확률은 약 20,000분의 1이었을 거야. 거기에다 두 사람이 오래 사귀는 사이가 되고 결혼을 하고 아이를 낳기로 할 확률(2,000분의 1)을 곱해봐. 그러면 전체 숫자는 40,000,000까지 올라가지. 그런 다음에 평생 부모님이 생산하게 될 난자와 정자의 숫자를 생각해봐(그런 걸 알기에는 네 나이가 아직 너무 어리긴 하지만). 네 부모님이 만나고 사귀고 결혼한 후에 그 난자 하나가 정자 하나를 만날 확률은 400,000,000,000,000,000분의 1이야. 4 다음에 0이 열일곱 개나 달렸어. 그런데 이번에는 지난 40억 년 동안 살아온 조상들을 생각해. 그 사람들도 이렇게 똑같은 과정을 거쳐야만 태어날 수 있었을 텐데, 그러면 확률은 점점 더 미세할 정도로 작아지겠지. 그 세포들과 숫자들이 드디어 너의 탄생으로 막을 내리게 될 때까지. 이렇게 작디작은, 살아 숨 쉬는, 완벽한 존재가 태어났어. 이게 한 아이가 태어나서 앞으로 15만 세대 동안 각 세대를 재생산하게 될 확률이야. 이 숫자는 45,000의 10 거듭제곱 분의 1이야. 만약 입자 하나하나가 각자의 우주라면 우주의 모든 입자의 수보다 더 큰 숫자야. 하지만 15만 세대를 거치고 재생산하는 동안 바로 그 정자가 바로 그 난자를 만나서 결합해야만 해. 이런 일이 일어날 확률은 2,640,000의 10 거

듭제곱 분의 1이야. 자, 이제 이 모든 걸 더해보면… 존재하지 않는 거나 다름없어. 아무것도 없어. 1,000,000,000,000,000,000,000,000,000,000,000년 동안 한 명도 듣거나 신경 쓰지 않을 허공 속의 작디작은 쨱쨱 소리지. 결론적으로, 너의 부모님이 지금 막 처음으로 눈을 뜬 이 커다란 갈색 눈동자를 내려다볼 가능성은 아예 없었어.

너는 네 살이야. 이제 너는 언니가 됐지. 동생은 작디작은 손톱에 머리카락은 없고 지붕이 떠나가라 울어대지. 동생은 정말 아름다워. 26,000,000,000개의 세포 모두 다 아름답지. 그 아이는 언제까지나 아름다울 거야.

너는 여덟 살이야. 학교가 개똥 같다는 사실을 이제 막 알게 됐지. 이만 끝.

너는 열한 살이야. 숨을 쉴 수가 없어. 너는 방금 뛰쳐나온 교실 밖에 서 있어. 폐는 달아날 것만 같고, 팔다리는 불에 타는 것만 같고, 가슴은 덜컹거리고, 마음은 헤엄치고, 입은 도와달라는 말을 하고 싶은데 소리는 나오지 않고 입 모양으로만 각각의 음절을 정확히 전달해보려고 애쓰지. 너의 모든 것이 너무나도 잘못된 것만 같은 기분이 들어. 깜짝 놀란 정맥 안의 피가 심장으로 가서 쉬는 걸 거부했어. 몸 안쪽이 바깥쪽으로 뒤집힐 위험에 처해 있는 것만 같아. 너는 이해할 수가 없지. 열한 살 먹은 아이는 심장마비에 걸리지 않아야 하는데. 너는 어디선가 그 말을 들었다고 믿고 있지. 너에게 공황 발작이란 게 어떤 건지 말해준 사람은 아무도 없었어.

너는 열네 살이야. 물에 빠져 죽을 것만 같지. 다른 사람들은 차분하게 숨을 쉬고 있는데 너는 물에 빠져 죽게 생겼어. 숨이 차서 다른 사람들에게 어떻게 호흡을 하는 건지 물어볼 수도 없어. 사람들은 걱정스럽게 애써 웃음을 지으며 너에게 언젠가는 **상황**이 나아질 거라고 말하지. 언제나 **상황**이지 네가 아니야. 너는 이해할 수 없어. **상황**은 변하지 않았고 **네가** 변했으니까. 언제나 그래왔듯이 너의 구름 속에도 무지개가 있어. 하지만 문제는 구름 안에 들어가면 그 무지개는 잘 보이지 않는다는 거야. 잘 보이지 않는 이유는 이런 느낌이 너무 가까이에 있기 때문이기도 하지. 뭔가 잘못됐다는 이 느낌, 너의 꿈을 괴롭히는 이 지독한 막연함. 하지만 무지개가 잘 안 보이는 주된 이유는 네가 무지개를 원하지 않기 때문이야. (사람이건 장소건 물건이건 간에) 그 무지개들은 사격 연습용 심장에 또 다른 타격을 입힐 뿐이지. 그중 어느 것도 너를 구해줄 수 없다는 사실을 네가 알기 때문에 너는 그 아름다움과 마법과 사랑스러움을 원하지 않기로 했어.

너는 죽고 싶어. 상황이 나아지는 그 **언젠가**가 언제인지 아무도 정확히 알려주지 않아서 죽고 싶어. 너는 사람들이 그냥 지어낸 이야기를 한다고 생각하게 돼.

너는 열다섯 살이야. 숨 쉬러 물 밖으로 나오는 게 거의 불가능해. 그래도 이제는 좋은 순간들이 훨씬 더 많아. 어떨 때는 거의 폐에 가득히 숨을 채울 수도 있어. 네 마음속의 뭔가 잘못됐다는 느낌이 다시 너를 끌어내리고 침잠하게 하기 전까지는. 이건 훨씬 더 안 좋은 상황이야. 그럴 때는 조금만 더 손을 뻗으면 붙잡을 수 있을 듯한 기분이 들거든. 열매를 맺는 포도나무가 너의 갈라진 입술을 어루만지지만, 입을 벌려 베어 물려고 하는 순간에 도망가버리지. 커다랗고 둥근 바위가 언덕 위에서 곧 굴러떨어져서 너를 덮칠 거야. 너는 그때서야 중력이 얼마나 큰지 분명히 알게 될 거야.

하지만 너는 감사할 줄 모르는 사람이 아니야. 지금껏 그랬던 적이 없었지. 너의 인생에 가득한 경이로운 별자리들을 볼 수 있었어. 세상에, 사랑할 게 너무도 많아. 무대의 조명 아래에서 반짝이는 티끌 같은 먼지들, 책을 처음 펼쳤을 때 나는 삐걱거리는 소리, 목놓아 노래를 부르고 나서 목 뒤쪽이 뻐근한 기분, 방 안의 전등을 켰을 때 나는 윙윙거리는 소리, 추운 방 안에서 따뜻한 담요를 덮은 기분, 받고 보니 너에게 필요했다는 생각이 드는 키스, 짙은 연필, 킁킁거리며 냄새를 맡는 개의 축축한 콧등, 네가 재채기를 할 때 "당신에게 축복이 있기를"이라고 말해주는 낯선 이들, 마호가니, 비단결처럼 부드러운 꽃잎, 별로인 시의 좋은 구절, 저녁 하늘에 번지는 수채화 같은 노을, 눈, 액체 잉크 펜…. 그 밖에도 훨씬 더 많지. 네가 천 번을 살고 또 한 번을 더 살아도 셀 수 없을 정도로 무척 많아. 이 세상은 가슴이 뻐근해질 정도로 아주 작은 기적들로 가득 차 있어. 그래서 너는 네가 터져버릴 때까지 소리치고 울고 춤추고 그 모든 걸 하나씩 다 사랑하고 싶어져. 바로 그게 문제야. 사랑스러운 아이야, 네 마음속엔 사랑이 너무나도 많아. 사랑과 황홀과 한없는 다정함이 괴로울 정도로 넘쳐나지. 너의 세계가 지닌 무게가 그와 맞서 싸우고 있어. **그들이 이 마음을 알았더라면,** 너는 그런 생각을 하지.

내가 얼마나 보답하고 싶은지,
얼마나 그들에게 간절히 그 말을 하고 싶은지를
그들이 알았더라면.
숨이 멈추길 갈망하던 순간에도 나는
모든 숨결이 기적이었음을 알았다고.

너는 열여섯 살이야. 사랑에 빠졌어. 돌이킬 수 없을 만큼, 견딜 수 없을 만큼. 그 여자아이 때문에 너는 기타를 연주하고 싶고, 스페인어로 말하고 싶고, 리만의 가설Riemann Hypothesis을 증명하고 싶어지지. 그녀의 손목은 동화 속의 빗살치기 삽화 같고 그녀의 목소리는 웃음을 띤 독 같지. 너는 그녀의 피부만큼이나 그녀의 흉터들까지 사랑해. 하지만 아무도 알면 안 돼. 그녀의 입술이 하는 거짓말이나 그녀의 손바닥이 베푸는 용서는 아무도 알면 안 돼. 그녀의 심장박동 소리에 맞춰서 네 숨결이 멜로디가 된다는 사실을. 전화기에서 들려오는 그녀의 웃음소리가 알람 소리라면 매일 아침 신이 나서 벌떡 일어날 거라는 것도 아무도 알면 안 돼. 네가 그녀의 이야기를 꺼내려 할 때마다 그 어떤 말도 〈샐리 시나몬Sally Cinnamon〉*에서 드럼 소리가 흘러나오는 순간과 비교할 수 없으니까. 설령 그녀가 너를 사랑하지 않아서 네가 상처받고, 그녀에게 너는 그저 디딤돌일 뿐이라는 걸 알아도 사랑에는 이유가 없고 너의 사랑도 마찬가지니 상관없어. 그녀가 있기에 네가 살아 있어서 다행이라는 생각이 드니까. 그녀가 있어야 이 우주도 존재할 이유가 있으니까. 그래서 너는 **"그게 맞는 것 같아"**라는 말을 만 번이나 되뇌고 누군가가 웃는 모습을 볼 때마다 그녀의 웃음이 아니라서 실망하지. 네가 너의 순환계를 다 뻗어서 온 세상을 감싸더라도 모자를 거야. 그녀의 웃음 한 번이 너를 다 뒤덮을 테니까. 너의 세상은 결코 충분하지 않을 거야.

너는 열일곱 살이야. 거울을 무서워하지. 거울은 커다랗고 어디에나

---

* 영국 록 밴드 스톤 로지스의 노래.

존재하고 용서에는 인색해. 구석에 서 있는 키클롭스*처럼 언제나 너를 뚫어지게 응시하고 있어. 그건 네가 여자아이로 살아가는 걸 그리 잘 해내지 못한다는 사실을 최근에 깨달았기 때문이야. 물론 네가 방법을 알았더라면 더 애써보았겠지만, 학교에서 아름다워지는 법을 가르쳐준 날에 아마도 너는 아파서 결석했나 봐. 긴 머리카락과 섬세한 손과 고상한 몸가짐과 난소와 에스트로젠보다 훨씬 더 깊이까지 다다르는 무언가가 너한테는 없는 듯한 기분이 들어. 기본적이고 본질적인 건데 너의 뼈들은 어떻게 해야 할지를 모르나 봐. 너의 뼈들이 충분히 살아 있다는 느낌이 안 들지. 잘못된 순서로 쌓여 있고 끼워져 있어. 재미, 여성성, 섹스, 반짝임 아니면 그 강렬한 우아함이 없지. 우아함. 너한테 없는 게 바로 그거야. 머리카락과 굴곡진 엉덩이와 축축한 허벅지와 여기저기 긁힌 발바닥과 딱딱거리는 치아와 그 안에 숨겨진 날카로운 혀와 쭉 뻗은 목과 떨리는 손의 우아함.

그런데 비밀은 네가 진짜로, 진정으로, 간절하게 아름다워지고 싶다는 거야. 너는 꿈에도 인정하려 하지 않겠지만, 너는 이 세상에서 그 무엇보다도 더 아름다워지고 싶고, 그런 걸 원하는 너 자신을 혐오하지. 네가 아름다워지고 싶은 이유는 못나면 보호할 가치가 없다는 사실을 깨달았고, 지금껏 안전하지 않다는 생각이 든 적이 없어서야. 하지만 나는 네가 진짜로 원하는 게 무엇인지를 알아. 그동안 네가 진짜로 원했던 건 누군가가 관심을 보이는 목소리야. 누가 어디에 있든 하던 일을 멈추고 볼륨을 높이게 만드는 목소리. 너는 남들보다 더 매력적이고 진실해지고 싶어. 엠파이어 스테이트 빌딩에 올라가서 전투기들이 너를 향해 폭격하도록 만들고 싶지만 너는 두 손으로 약 443미터를 기

* 그리스 신화에 나오는 외눈박이 거인족.

어 올라갈 만큼 힘이 세지 않다는 걸 알고 있어. 그래서 할 수 없이 그보다 훨씬 작은 것에 만족하려고 하지. 철사로 된 덫 같은 미소를 짓고 있는 낯선 사람들로 가득 찬 방의 마루, 네가 독소를 쏟아붓는 일기장의 페이지들, 아니면 네가 더 잘 드러나 보였으면 좋겠다고 생각하는 흉곽의 연약한 뼈들 사이로 빠져나갈 수 있을 만큼 작은 것.

그렇게 하려면 음식은 멀리해야만 해. 너는 아직도 충분하게 작지 않아서 여전히 그 거울 속에 너의 모습이 비치지. 땅을 디딜 때마다 너의 발에서는 여전히 그 못난 소리가 나. 너의 잘못들을 구슬처럼 실에 꿰어서 잊어버리지 않도록 가까이 지니고 손가락으로 하나씩 헤아리면서 다니지. 그건 하늘의 무게이고, 너는 그걸 위해서 너의 몸에 자리를 비워두어야 한다는 걸 알아. 손은 우유처럼 창백한 거미가 되고, 손가락 관절은 뽑힌 이처럼 보이고, 죽음에 관한 생각은 이제 뱃속에 박혔어. 체중계에 나타나는 숫자는 점점 작아지지만 거울은 기억하고 있어. 마이너스 숫자가 되더라도 거울은 여전히 기억할 거야. 너는 마이너스 숫자가 되고 싶지. 그래서 요즘 들어 겁이 날 때마다 자주 목구멍의 무늬를 어루만지지. 하지만 이내 너의 몸은 음식을 놓아주고 싶어 하지 않아. 너의 몸은 때때로 너무나도 이기적이야.

너는 열여덟 살이야. 때때로 인생과 사랑에 빠졌지. 부드러움과 따뜻함과도. 첫 음이 울리기 전에 레코드판 위의 바늘이 지직거리는 소리와 춤출 때 흐르는 감상적인 음악과 손뼉 치고 환호하며 앙코르를 청한 뒤 손바닥의 떨림과 그녀의 웃음과도 사랑에 빠졌어. 일분일초를 특별한 순간으로 바꾸고 영원을 찰나의 순간처럼 만드는 웃음이야. 숨을 쉰다는 아름다움과 마법 같은 사랑스러움과도 사랑에 빠졌어. 강한 확신을 지닌 어린 소녀들의 힘과 그들의 가슴속 벌새의 날갯짓과도. 아직은 찾지 못했지만 언젠가는 분명히 찾을 평화와도. 네가 스스로를 방탄으로 만들려고 애쓰고, 너의 가장 부드러운 부분들을 주름지게 만들고, 너의 외골격을 얼리기 위해 애쓸 때는 너를 녹게 만드는 것을 들여보낼 수 없기 때문이지. 그렇지만 내 사랑, 너는 이미 녹고 있어. 아직 가장자리는 다소 거칠고 몇몇 곡선은 여전히 날카롭지만, 생존은 결코 완전히 쉬운 일이 아니지. 너는 부드럽고 따뜻해. 계속 살아 있다는 신화를 들이마시고, 너의 폐가 유물이 아니라는 걸 알려줘. 너는 계속 너에게 벌을 주겠지만, **결코 네가 살아남았다는 이유로 벌을 주지는 말기를.**

너는 **열여덟 살이야.** 거울은 여전히 너를 겁나게 하지. 언제까지나 그럴 거야. 하지만 그건 바다도 마찬가지야. 그래도 넌 헤엄칠 수 있어.

너는 **열여덟 살이야.** 더 나이가 들었으면 좋겠다고 생각하지. 그러면 모든 게 다 이해될 테니까.

너는 **열여덟 살이야.** 나이가 어려졌으면 좋겠다고 생각하지. 그러면 네가 이해하지 못한다는 사실을 신경 쓰지 않을 테니까.

너는 **열여덟 살이야.** 살아남기 위해서 네가 할 수 있는 건 면도날이 너의 피부에 남긴 희미한 상처들 위를 손끝으로 조용히 어루만지면서 '이런 것들이 너를 작아지게 만들지 않아'라고 끝없이 되뇌는 일뿐인 날들도 여전히 있어. 그런 날들이 금방 사라지지는 않겠지만 그래도 괜찮아. 네가 아직 여기 있잖아. 너를 이루는 37조 개의 세포들 모두가. 37조 개의 아주 작은 기적들 모두가.

너는 **열일곱 살이야**. 너는 아름다워. 너의 팔이 성냥개비가 될 필요는 없어. 너의 손톱에 이미 도화선이 있고, 세상은 유황에 흠뻑 젖어 있으니까.

너는 **열여섯 살이야**. 그 여자아이가 유일한 사람은 아닐 거야. 너는 디딤돌이 아니야. 여정 속의 1킬로미터에 불과하지도 않아. **너는 목적지야**.

너는 **열다섯 살이야**. 요즘 들어서 자주 이야기를 나누지 못해서 미안해. 내 안에 남아 있는 너를 느끼기에 내가 너무 괜찮아졌나 봐. 너는 몇 주, 몇 달, 몇 년이 지나도 내가 여기 남아 있을 거라는 사실을 정말 싫어했어. 하지만 나는 매일 네가 있어서 마음이 아플 정도로 고마워. 내가 약속할게. 물 위는 생각보다 그리 멀지 않아.

너는 **열네 살이야**. 안타깝지만 **언젠가**가 여전히 내일은 아닌 것 같아. 아마도 한동안은 언젠가가 내일이 되지 않겠지만 드디어 그날이 오면 그때까지 버티기를 잘했다는 생각이 들 거야. 내 말을 믿어봐.

너는 **열한 살이야**. 심장마비에 걸린 게 아니야. 이런 일도 있어. 사람들이 그런 이야기를 별로 하지 않지만 그런 일은 진짜로 일어나.

너는 **여덟 살이야**. 네 말이 맞아. 학교는 개똥 같지. 하지만 개똥 같은 게 나쁜 거라고 누가 그래? 어쨌든 식물이 자라는 데 도움을 주잖아.

너는 **네 살이야**. 이 기분을 놓지 마. 동생은 마치 네가 온 세상을 다 아우르는 것처럼 너를 바라봐. 그 세상을 안전하게 지켜줘. 그게 동생에

게 필요해. 그 아이가 이렇게 무사히 태어난 걸 네가 얼마나 자랑스러워
하는지 말해줘. 몇조에 몇조나 되는 다른 사람 중 하나일 수도 있었을
텐데, "네가 너여서 기뻐"라고 말해줘.

너는 이제 갓 태어났어. 나는 너를 사랑해.

리스트

이 책에는 분명히 수많은 고통스러운 이야기들이 담겨 있을 것이다. 우울증은 너무나도 많은 얼굴을 지니고 있고, 그중 몇몇은 악마처럼 악랄하다. 하지만 나의 우울증은 그렇지 않다. 그저 차갑고 축축한 담요를 뒤집어쓴 것 같은 단순하고 평범한 무쾌감증anhedonia이다.

그런 증상은 항상 그렇듯 셰익스피어가 제일 잘 표현한다. 『햄릿』의 한 구절을 보자.

나는 요즘 들어, 이유는 알 수 없지만, 즐거운 웃음을 모두 잃어버렸고 즐겨 하던 운동도 그만뒀네. 기분이 너무나도 가라앉은 나머지 나에게는 이 멋진 지구가 불모의 곳舟으로 보일 뿐이네. 그리고 이렇게 훌륭한 덮개인 대기, 우리 머리 위에 펼쳐진 저 하늘, 황금의 불이 새겨진 이 위풍당당한 지붕이 더럽고 해로운 증기의 무리로만 보일 지경이네.

그렇다.

이 중에서 나에게 특히 와 닿는 단어는 **불모**sterile다.

살아 있다는 것은 진정
특별한 선물이다.

하지만 모든 것이 공허한 불모처럼 여겨질 때는 그 사실을 깨닫지 못한다. 나는 지난 수년간 셰익스피어처럼 이미 세상을 떠난 시드니 스미스Sydney Smith의 추천 리스트를 활용해왔다. 그는 자신의 상태를 '무기력low spirits'이라는 말로 표현했는데, 이는 18세기와 19세기에 모든 종류의 정신적 상태를 묘사할 때 두루 쓰였던 말이다. 시드니에게 최대한 경의를 표하는 선에서 내 나름대로 그 놀랍도록 훌륭한 리스트를 다시 만들어보았다.

1. 경제적으로 적당한 한도 안에서 최대한 즐겁게 살라.

2. 욕조가 있다면 차가운 물을 3센티미터에서 5센티미터 정도 받은 후에 욕조 안에서 물장난을 쳐보라. 차가운 물로 샤워를 하는 일도 똑같이 기분 좋은 효과가 있을 것이다.

3. 절대로 연쇄살인범에 관한 넷플릭스 시리즈에 빠져서 밤을 새우지 마라.

4. 너무 먼 미래는 생각하지 마라.
   내일은 내일이 알아서 할 것이다.

5. 적당히 바쁘게 지내라.

6. 당신을 응원하고 웃게 해주는 친구들을 자주 만나라. 당신을 다른 사람들과 비교하고 재단하는 피곤한 친구들(누가 그런 사람인지 모르는 척하지 말 것)은 최대한 적게 만나라.

7. 지인들에게도 똑같은 규칙을 적용하라. 본능적으로 해로운 사람이라는 게 느껴진다면 곧장 떠나버리고 뒤돌아보지 마라.

8. 어려운 상황에 있으면서 아닌 척하지 마라. 그러면 상황이 더 나빠질 뿐이다.
   윗입술을 굳게 다물면 **턱만 아프다.**

9. 좋은 커피와 차는 정말 큰 도움이 된다.

10. 어떤 상황에서든,
    어떤 이유에서든,
    절대로 자기 자신을
    다른 사람과
    비교하지 마라.

11. 온화하고 건강한 비관주의를 길러라. 그러면 기분 좋게 놀라는 일이 더 많아질 것이다.

12. 세상의 심각한 문제들이 야기하는 극적인 상황들(웃기는 일들을 제외하고), 감정을 휘두르는 음악, 슬픔에 잠긴 다른 사람들, 당신을 불안하게 만들거나 당신이 잘하지 못하고 있는 듯한 기분이 들게 하는 일을 피하라.

13. 누구에게나 이유 없이 친절을 베푸는 행동은
    인간 항우울제 역할을 한다.

14. 동네에 있는 나무 한 그루와 가깝게 지내라.

15. 가장 좋아하는 방을 최대한 편안한 둥지처럼 만들어라.

16. 데이비드 애튼버러David Attenborough*의 이야기를 들어라.

17. 자신을 비난하지 마라.
    자신을 벌주지 마라.
    그건 당신의 잘못이 아니다.

18. 몸을 따뜻하게 하라.

19. 우주와 무한한 공간 저 너머에 대해 최대한 많이 생각하라. 자기
    자신보다 훨씬 거대한 무언가에 대해 생각하면 마음이 정말 편
    안해질 것이다.

20. 스스로를 믿어라.

*   다큐멘터리 영화 및 방송에 활발하게 참여하는 영국의 동물학자.

사바 아시프 Saba Asif | 청년 국회의원YOUTH MP, 활동가

내가 사랑하는 작은 것들

당신에게 쉬웠다고 말한다면 그건 거짓말일 것이다. 때때로 재미가 없었다고 말한다면 그것도 거짓말일 것이다. 사랑에 빠졌다는 말은 진짜다. 나는 사랑에 빠졌다. 이 비극적이고 의기양양하고 무시무시한 나의 사랑은 당신, 나를 아프게 하는 것들, 내가 대학교에 가는 길에 내 옆을 스쳐 지나가는 사람들, 내 조카, 메트로폴리탄 라인에 있는 터널들을 통과하는 멋진 분홍색 전선, 아무한테도 안 보이고 내 눈에만 보이는 그 전선을 향한다.

그 실없이 바보 같은 작은 분홍색 전선은 내가 바꾸고 싶지만 그러지 못할 것만 같은 일들에 관한 지루하고 기나긴 회의가 끝난 후 집으로 돌아오는 길에 나에게 얼마나 기운을 북돋아주는지 모른다. 이도 나지 않은 조카의 웃음이 내 존재의 모든 부분을 얼마나 사로잡는지 모른다. 조카를 위해서라면 나는 바보처럼 희망에 부풀어서 뭐든지 한다.

그리고 매일 내 옆을 스쳐 지나가는 사람들에게. 나는 당신이 누구인지, 어디에 다녀왔는지, 어디로 가는지, 어떤 사람이 되기를 꿈꾸는지 절대 알 수 없다. 하지만 나는 당신이 내 주변에서 살아 숨 쉬고 있다는 사실이 경이롭다. 그게 나한테는 큰 의미가 된다.

나에게 상처를 주는 것들을
사랑하는 건 쉽지 않지만,

그래도 불구하고 나는
사랑하는 법을 배웠다.

나이가 들어가면서 우리의 문제들은 더욱 많아지고 복잡해지지만, 우리는 그런 복잡한 문제들이 우리를 소모해버리도록 내버려 두지 않을 거라는 사실을 이제 깨닫게 되었다. 삶의 추한 아름다움은 다이아몬드로 된 우리의 마음을 결코 집어삼키지 못할 것이다.

내 가슴은 말과 행동, 사건, 심지어 한 사람 때문에 여러 번 부서졌다. 나는 좋은 마음으로 당신에게 마음이 아파보길 권한다. 그 덕분에 나는 더욱 좋은 글을 쓰고, 깊은 감정을 느끼고, 치열하게 생각하게 되었다. 또한 사랑이 존재했음에 감사할 수 있었고 훗날 다시 돌아올 사랑을 정중하게 기다리게 되었다.

정치처럼 이 사회를 조율하는 핵심 요소가 혹독하고 차갑기에 나는 감사한다. 그렇지 않았다면 나는 변화를 위해 싸우지 않았을 것이다. 이런 싸움을 통해서 나는 더욱 강해지고 친절해졌고 잘못과 속임수를 참을 수 없게 되었다. 정치는 스스로 초래한 고통에서 무사하지 못할 것이다. 그리고 우리를 위해서 싸우는 사람들에게 나는 예의와 품의를 갖춰서 수천 번이라도 감사를 표하고 싶다.

몇 년 전만 해도 그러지 않았겠지만 이제 나는 내 정체성 덕분에 삶이 더 파란만장해진 사실에 감사한다. 여성, 무슬림, 파키스탄계 영국인, 노동계급이기 때문에 나는 독특한 시각으로 삶을 바라볼 수 있게 되었고 사람들이 얼마나 추악해질 수 있는지 잘 알게 되었다. 울퉁불퉁하고 험난한 길이지만 내가 내딛는 모든 걸음을 즐기는 방법을 하루하루 배워가고 있다. 내가 통제할 수 없는 것들에 맞서 싸울 수 없음을 안다. **나는 성공하기 위해 태어난 것이 아니다.** 사실 어린 시절 나에게 주어진 모든 상황은 성공과는 정반대였다. **그래서 이제 나는 성공하기 위해서 싸워나간다.** 그건 나의 히잡과 문화, 종교, 사회경제적 빈곤을 이용해서 나에게 맞서는 사람들 앞에서 굴하지 않는 강인한 모습을 보여준다는 뜻이다. 그건 내가 더 열심히 밀어붙이고, 더 빨리 따라가고, 더 많이 읽고, 더 많이 듣고, 모든 권위에 도전하며 불가능한 일을 포기하지 않는다는 뜻이다. 연약한 면은 전혀 남아 있지 않은 놋쇠 황소처럼 순수하고 굳건한 의지로, 나는 누구든 간에 내가 나에게 수치심을 느끼도록 내버려 두지 않을 것이다.

그래서 나는 걷잡을 수 없을 정도로 나를 압도하는 슬픔이 밀려올 때, 정신이 나가버릴 것 같은 지경이 될 때, 아니면 정신이 너무나도 온전하다고 느낄 때, 내가 사랑하는 작은 것들을 떠올린다. 나를 아프게 하는 것들, 각자 바삐 움직이며 어떻게든 삶을 살아내는 당신과 나의 아름다운 모습, 내 조카, 그리고 멋지고 소박한 내 삶의 터널 속으로 나를 데려가는 그 엄숙하고 바보 같은 작은 분홍색 전선, 그 모두를.

친애하는 당신의 친구,
사바 ☺

가장 밝은 날은 아니어도

오늘은 가장 밝은 날은 아니다. 나는 그래도 괜찮다고 생각한다. 모든 것이 살짝 잿빛으로 보이고 구름에 가려진 것 같은 기분이 들더라도 괜찮다고 생각한다. 내가 조금만 덜 감정적일 수 있다면 좋겠다고 느낄 때가 있더라도 괜찮다고 생각한다. 지금 내가 여기 앉아서 정신건강에 관해서 뭔가 감동적인 글을 쓰고 싶지만, 사실은 조금 공허한 기분이 든다고 하더라도 완전히 괜찮다고 생각한다. 나는 예전에도 이런 기분이 들었던 적이 있다. 그리고 오늘 같은 날들을 잘 버텨내는 방법도 몇 가지 생각을 해두었다. 여러분도 필요할지 모르니 여기에 한번 적어보도록 하겠다.

오늘 같은 날에 해서는 안 되는 일
- '도대체 나는 왜 이 모양일까?'라는 생각의 소용돌이에 빠져들지 않도록 주의하라. 그 안에서는 더욱 온전한 기분이 드는 답을 찾은 적이 한 번도 없다.

- 문제를 축소하고 무시하거나 하찮게 여기는 목소리에 귀를 기울이지 마라. 진짜로 믿음이 생길 때까지 다음 부분을 계속해서 읽어라. **자신의 감정을 있는 그대로 느껴도 된다. 자신의 감정을 있는 그대로 느껴도 된다. 자신의 감정을 있는 그대로 느껴도 된다.**

- 절대로 자신의 몸을 비난하는 함정에 빠져져서는 안 된다. 그렇다, 당신이 더 날씬했다고 하더라도 이런 감정들을 똑같이 느꼈을 것이다. 몸무게가 당신이 생각하는 숫자에 가까워지더라도 잿빛은 사라지지 않을 것이다. 지금의 몸을 사랑하지는 않아도 된다. 다만 당신의 몸이 당신을 최대한 잘 담고 다니고 있다는 사실을 기억하라. 그 사실만으로도 당신의 몸은 존중받을 가치가 있다.

- 당신의 생산성을 당신의 가치와 동일시하지 마라. 때로는 끊임없이 어떤 일을 하기보다 그저 존재하는 게 더욱 중요하다.

오늘 같은 날에 해야 할 일

- 세상에서 가장 소중한 것을 대하듯이 자기 자신을 부드럽게 대하라. 그리고 더욱 부드럽게 대하라.

- 자신의 가장 진정한 모습을 보여줄 수 있는 관계들을 기억하라. 그리고 그런 관계들을 키워나가라.

- 아주 작은 기쁨을 주는 일이 있다면 그 일을 하라. 당신이 그 일을 잘하는지, 아니면 다른 누군가에게 가치 있는 일인지는 전혀 신경 쓰지 마라.

- 이런 기분이 영원히 지속되지는 않을 거라는 사실을 떠올려라. 빠져나오기 위해서 비명을 지르고 발버둥 칠 필요는 없다. 때가 되면 사라질 것이다.

- 오늘 같은 하루하루가 모여서 지금의 내 모습을 이루었다는 점을 기억하라.

- '왜 나는 이렇게 많은 감정을 느껴야 하는 거지?'를 '내가 이렇게 많은 감정을 느낄 수 있다니 정말 특별한걸!'로 재구성하라.

- 자신이 그저 존재할 수 있도록 두어라.

어쩌면 내일은 더 밝은 날이 될지도 모른다. 아닐 수도 있지만. 하지만 나는 지금까지 주로 잿빛인 날들에서 100퍼센트 살아남았고, 이번에도 잘 버텨내지 못할 거라고 믿을 이유가 전혀 없다.

곧 빛이 나타날 것이다.
거기서 만나자.

리나 더넘Lena Dunham | 작가, 배우, 감독

무도회를 앞두고

나는 내 인생에서 가장 힘겨웠던 날에 그림을 만났다. 아니면 그림이 나를 찾아왔다고 할 수도 있겠다.

어린 시절 나는 미친 듯이 그림을 그렸다. 글을 배우기 전까지는 그림이 내 이야기를 전할 수 있는 유일한 수단이었다. (아티스트였고 집에서 일하셨던) 부모님은 내가 그림을 그리느라 정신이 팔려서 바쁜 부모님의 눈앞에서 항상 윙윙거리며 날아다니는 각다귀처럼 굴지 않는 걸 반겼다. 나는 초상화를 그리곤 했다. 임신 중이라 배가 부른 엄마가 요지 야마모토Yohji Yamamoto*의 튜닉을 입은 모습을 그렸고, 낡은 테니스용 반바지 아래로 드러난 껑다리 아빠의 비쩍 마른 다리를 그렸다. 아빠랑 가장 친한 친구인 존 아저씨도 그렸다. 벗겨진 머리 양옆에 머리카락 몇 가닥이 듬성듬성 자라 있고 콜라병처럼 두꺼운 렌즈로 된 안경을 쓴 모습이었다. 요정과 인어, '패션 걸'도 즐겨 그렸다. 어릴 적에 자주 아팠기 때문에 소파는 나의 놀이공원이 되었다. 쿠션 사이에는 장난감이 파묻혀 있었고, 바닥에는 연필이 흩어져 있었다. 무더운 8월에 책을 읽을 때면 등 뒤에 시원한 가죽 베개를 받쳐두곤 했다.

그러다가 글을 쓰게 되면서 그림을 그만두게 되었다. 이 두 가지는 서로 어울리지 않아 보였다. 여섯 살 때부터 서른한 살이 될 때까지 나

• 일본의 패션 디자이너.

는 매일 글을 썼다. 글쓰기는 나의 도피처였고 놀이였고 재미였으며 결국 나의 직업이 되었다. 그러던 어느 날, 나는 글쓰기를 멈췄다.

그때까지 나는 한 번도 글을 쓰다가 막혀서 애먹은 적이 없었다. 그런데 이건 그저 글이 막힌 정도가 아니라 모든 언어를 다 잃어버린 수준이었다. 나는 아팠고 살이 빠지고 약에 중독되었다. 심지어 텍스트만 보아도 겁이 났다. 나는 내 고통을 직면하기 위해서 치료를 받으러 갔다. 온종일 상담치료를 받고 돌아와서 밤새도록 텅 빈 컴퓨터 화면 앞에 앉아 있었다.

하루는 동생 스파이크가 면회 시간이 시작되는 오전 11시에 나를 보러 왔다. 나는 마치 전학 온 학생처럼 고개를 숙이고 발끝을 쳐다보면서 새로 사귄 친구들에게 어색하게 동생을 소개했다. 그는 믿음직스러운 반려견 울프 팩을 데리고 왔고 스트랜드 서점Strand Bookstore* 가방에 필요한 물건들을 잔뜩 담아 왔다. 그 가방에 음식이나 속옷이나 콘돔은 들어 있지 않았다. 우리가 찾아낼 수 있는 유일한 사적인 공간(요가 스튜디오)에서 동생은 나에게 책 몇 권(『어린 왕자』, 릴케 등), 장난감(하모니카), 그리고 색연필과 종이 한 묶음을 내밀었다.

"글이 안 써지면 그림을 그려봐." 그가 말했다.

그래서 나는 그림을 그렸다. 나처럼 병원에서 같이 지내는 친구들의 엉망진창이고 신경이 곤두선 모습을 그렸다. 보라색 펜으로 몇 년 동안이나 괴롭힘을 당하고 나서 이제 회복하고 있는 여자아이를 그렸고 밑단이 해진 청바지가 컨버스 운동화에 스치는 모습을 그리기 위해서 특히 공을 들였다. 경계선 인격 장애를 지닌 남자가 자신의 키보드 옆에 서 있는 모습을 아름답게 스케치했다. (그가 방 안에서 포즈를 취하는

---

* 뉴욕의 유서 깊은 독립 서점.

362

동안 나는 복도에 앉아 있어야만 했다. 우리에겐 넘어서는 안 되는 장벽이 있었다.) 중독치료 도우미sober assistant 중 한 명을 두 가지 각도에서 그리기도 했다. 일자 단발머리에 여러 개의 코걸이를 한 모습이었다. 외박 나갔을 때 숙소에서 마지막 섹스 후 남자 친구가 침대에서 잠든 모습도 그렸다. 스케치를 하면서 그가 나를 놓아주지 않는다면 내가 산 채로 익사할 것이라는 사실을 깨달았다.

바깥세상에 나오고 나서는 그 노트에 대해 잊어버렸다. 콧구멍의 곡선을 관찰하거나 머리카락을 한 올 한 올 그릴 때 내가 느꼈던 평화도 잊어버렸다. 그러던 어느 날 나는 잊고 싶은 물건들을 모아둔 가방 안에서 그 노트를 찾았고, 다시 그림을 그려봐야겠다고 생각했다. 어린이용 수채화 팔레트까지 쓰면서 말이다.

그 후로 1년이 흘렀고 이제 우리 집은 팔레트와 물감 튜브, 접시까지 온갖 색깔들로 가득 차 있다. 나는 색상을 섞어서 새로운 색을 만들고 모든 크기의 붓을 사용한다. 작은 것도 그리고 큰 것도 그리고, 현실적인 모습도, 환상적인 모습도 그린다. 언제나 사람들에 관한, 대부분 여성에 관한 그림이다.

나는 변화의 벼랑 끝에 서 있는
사람들의 모습을 포착하고 싶다.
치유 과정 중의 모습을.
내가 그림과 사랑에 빠졌을 때
나 스스로가 그랬듯이.

내가 성대한 무도회에 참석하기 전에 찍었던 셀카 사진을 그린 그림을 여기에 싣는다. 그때 나는 약간 취해 있었고 굶어서 휘청거리고 있었다. 가슴은 축 처지고 머리는 듬성듬성한 모습이다. 이 그림을 그리면서 나는 나를 돌아볼 수 있었다. 이 그림은 이제는 내가 다시는 돌아가지 않겠지만 왠지 다녀오길 잘했다고 생각하는 곳을 떠올리게 한다.

나 자신과의 대화

'하고 싶지 않아. 그녀를 마주할 수 없을 것 같아. 오늘은 안 되겠어.'

'하지만 언젠가는 해야 하잖아. 영원히 숨을 수는 없어. 서성거리지 마. 네 침실 안에서만 살 수는 없어. 한없이 큰 스웨터 안에만 앉아 있을 수는 없어. 언젠가는 그 망할 옷을 너한테서 떼어내려면 수술을 해야 할걸.'

'더 좋은 생각이 떠올랐어. 우리 전화기를 끄고 온종일 침대에 누워서 탄수화물을 먹고 〈젊은이들The Young Ones〉*을 보자. 그리고 내일 기운이 나면 그녀를 마주할 거야. 약속할게.'

'아니야. 그러면 탄수화물을 먹은 너에게 화가 나서 내일은 계속 울 거라는 걸 너도 알잖아. 물론 탄수화물이 생존에 필요하기는 하지만 말이야. 그리고 너는 너를 사랑하는 사람들을 소홀히 대했다고 스스로에게 정신적으로 벌을 주게 될 거야. 나는 너를 사랑해.'

'나는 네가 왜 나를 사랑하는지 모르겠어. 내가 하는 일이라고는 끊임없이 하소연을 늘어놓는 것뿐인데.'

* 80년대에 방영된 영국의 시트콤.

'그건 사실이 아니야! 너는 항상 너보다 다른 사람들을 더욱 중요하게 생각하잖아. 너는 친절하고 재미있고 배려심이 넘친다고! 자기 비하는 당장 그만두고 얼른 준비해. 너는 할 수 있어. 오늘은 너의 날이야!'

'어쩌면 네 말이 맞을지도 몰라. 영원히 숨을 수는 없어. 입을 만한 괜찮은 옷 좀 골라줘. 내가 가장 좋아하는 무채색 코디는 어때? 나는 볼에 하이라이트를 넣고 매트한 빨간 립스틱을 바를 거야. 내가 이렇게 자신감이 넘치는 모습으로 나타나면 그녀는 나에 대해서 나쁜 말을 하지 못할 거야.'

'바로 그런 태도가 좋아! 이제 서두르자. 이러다가 늦겠어.'

두 시간 후.

'하 하 하! **세상에 이런**, 네 모습이 지금 어떤 줄 알아? 솔직히 말하자면 우스꽝스러워. 온라인에 사진이라도 올려볼래? 사람들도 분명 네가 진짜 뚱뚱하고 엉망진창이라고 생각할 거야.'

'거봐, 내가 그럴 줄 알았다니까. 내가 말했잖아. 나는 아직 그녀를 마주할 준비가 안 됐다고.'

'키가 150센티미터밖에 안 되고 과체중에다 엉망진창이야! 세상에, 저 엉덩이 크기 좀 봐. 도대체 그런 옷을 왜 입은 거야? 너는 TV에 출연하잖아. 그런데 지금 네 몰골을 좀 봐. 도대체 어떻게 그 직업으로 먹고사는 거지? 다른 사람들보다 네가 얼마나 뚱뚱하고 엉망진창인지 진짜 모르겠어? 아무리 붙임머리를 하고 화장을 해도 나아지지 않아. 그런 몸뚱어리를 하고 서는 바깥에 나가기까지 한다니 도저히 믿을 수가 없어. 가슴은 도대체 얼마나 처진 거야? 심지어 너는 아이를 낳은 적도 없는데! 스물여덟 살밖에 안 됐는데 가슴이 그런 꼴이면 안 되지. 사람들이 너랑 어울리는 이유는 아마도 네가 불쌍해서일 거야. 논리적으로 생각해봐. 그 이유가 아니라면 왜 너와 친해지고 싶겠어? 너는 항상 울기만 하고 생각만 많은데.'

그만, 그만, 그만!

'너는 나한테 이러면 안 돼. 적어도 매일 그러지는 마. 내가 가만두지 않을 테니까. 가족과 친구들, 지역 보건의한테도 얘기했어. 나한테 인지행동치료를 소개해준 사람한테도 얘기했고 나는 도움을 받고 있어. 이 사람들이 내가 매일 조금씩 노력하면 이런 생각들과 맞서 싸울 수 있다는 걸 깨닫게 해줬어.'

'**거울 그리고 뇌**, 너희들한테 일러두는데, 내가 오후 내내 나 자신과 나눈 이 대화는 진짜 말도 안 돼. 내가 나에게 최악의 적이 되어서는 안 돼. 나 자신을 그렇게 욕하고 괴롭혀서는 안 돼. **나는 나의 가장 좋은 친구가 되고 나를 사랑해야 해!**'

'그러니 거울아, 오늘은 너를 마주할 수 있어. 나는 너를 똑바로 볼 수 있어. 내 눈에 보이는 내 모습이 마음에 들어! 내 머릿속의 작고 못된 목소리야, 진짜라니까. 내 말 들려? 내가 즐거운 밤을 보내는 걸 네가 막을 수는 없다고. 그러니까 불안아, 나는 인제 그만 가볼게. 해볼 테면 한번 해봐. 나는 이렇게 꼭 맞는 옷차림으로 친구들이랑 차를 마시고 탄수화물로 볼을 빵빵하게 채울 거야.'

요미 아데고케 Yomi Adegoke | 저널리스트, 작가

검은 개가 나오는 악몽

다음 그림은 헨리 푸젤리Henry Fuseli의 작품 〈악몽The Nightmare〉 (1781)을 참고해서 그린 것이다.

이 작품의 일러스트레이터인 요미 아데고케가 검은 개를 만난 후 (극심한 우울삽화를 겪은 후)의 모습을 묘사하고 있다.

관점을 잃다

나는 기억력이 정말 안 좋다. 언젠가 친구에게 열여덟 살 이후의 일들만 기억난다는 농담을 한 적이 있다. 내가 대학으로 달아났던 날, 나는 내 인생을 스스로 책임지고 새로운 인생을 살아갈 기회를 얻었다는 사실을 깨달았다. 방에서 혼자 일기를 끼적이고, 데스티니스 차일드의 발라드 노래들을 틀어두고, 외롭고 우울하게 지낸 여러 해 동안의 긴 시간이 이제 결실을 보게 되리라고 생각했다.

나는 대가족의 일원이었지만 항상 외로웠고 아무도 날 이해하지 못한다는 기분이 들었다. 불안감과 절망감을 안겨준 나쁜 기억을 크면서 모두 떨쳐버리기 시작했다. 그저 나쁜 기억들을 하나씩 정리했고, 그런 기억들은 필요 없다고 스스로를 설득했다. 그렇게 몇 년이 흘렀고, 나의 기억에는 런던 남부의 번화가처럼 젠트리피케이션이 일어났다.

어쩌면 그게 나의 대응법이었는지도 모르겠다. 낡은 것은 없애버리고 새로운 것을 받아들이는 것. 간단하지만 효과적인 계획이었고 한동안 상당히 도움이 되었다.

하지만 그 과정에서 가장 좋았던 추억들도 잃어버렸다. 그런 기억들은 최근까지도 떠올리기 어려웠다.

나쁜 기억을 닫아버리면서 좋은 기억들도 닫아버렸다. 나는 내가 어떤 사람이고 엘리자베스라는 사람이 무엇으로 이루어졌는지 부분적으로 잊어버렸다. 나는 밀레니얼 핑크와 로즈 골드색으로 포장된, 28일이내 환불 정책이 제공되는, 반짝이는 새 상자에 담긴 제품이 아니었다.

바로 그게 문제였다. 내가 사연도 뿌리도, 좋은 것도 나쁜 것도 없이 열여덟 살에 마법처럼 지구에 착륙했다고 스스로를 속인 결과, 나는 20대 초반에 훨씬 더 심각한 외로움의 소용돌이에 빠져들었다. 삶에 대한 관점을 잃어버린 나는 매 순간에 집중해서 살아가기 위해 고군분투했다.

이런 일이 일어날 때 나는 사랑과 희망이 아니라 두려움과 불안에 휘둘린다. 그런 기분이 들면 나는 기억을 되살리는 데 도움이 될까 싶어서 90년대의 R&B와 팝송을 한참 동안 듣는다. 어린 시절 친구들을 만나기 위해 노력하고 내가 자랐던 동네에 가서 시간을 보내기도 한다. 한때 알았던 것들과 다시 친숙해질 수 있도록.

야심과 성공 아래 묻어두었던 내 정체성의 일부를 다시 찾아내고 기억하는 것은 **관점을 되찾는 데 도움이 되고 나에게 희망을 준다.** 이제는 그런 기억을 억누를 필요가 없다는 사실을 깨달았다. 대신에 그런 기억을 정면으로 맞서고 앞으로 더 나아갈 것이다.

친절

우리 중에는 어린 시절에 감정을 느낀다는 이유로 벌을 받은 사람들이 있다. 이런 경험은 버림받을까 두려워하거나, 자기 자신을 괴롭히거나, 좋지 않은 애착 관계를 형성하는 행동으로 드러난다. 이러한 행동들을 통해 우리는 우리가 어린 시절부터 줄기차게 하고 싶었던 말을 표현한다.

나는 그저
사랑받고 싶다.

사랑이 당연히 주어지는 게 아니라 노력해서 얻어야 한다고 생각하는 사람은 실수하고 고군분투하며 상대방에게 거절당할 때마다 '나는 사랑받을 자격이 없어'라고 결론짓게 된다. '나는 실수해도 괜찮아. 우리는 잘못을 통해서만 배울 수 있으니까. 실수한다고 해서 내가 사랑하는 방법을 모르거나 세상에 따스함을 전하고 사람들에게 영감을 불어넣어주는 역량이 부족하다는 뜻은 아니라는 걸 항상 명심해'라고 생각하지 못한다.

우리는 사람들이 우리에 대해 생각하는 모든 것을 내면화하지만, 그 중에서도 거짓되고 상처가 되는 것들을 가장 먼저 흡수한다. 실수를 도덕성과 연관 짓는 패턴을 반복하기 때문이다. 더 깊이 살펴보면 도덕성이라는 개념은 상당히 흥미롭다.

'좋은 사람 특성 지니기'는 모든 사람에게 일반적으로 요구되는 사회적 규칙이다. 하지만 세상이 진화하고 우리가 그 안에서 각자 맡은 역할을 알아가면서 서로에게 친절을 베푸는 일은 점점 줄어드는 것 같다. 우리가 좋은 사람이 되기 위해 노력하기보다 친절을 베풀기 위해 애쓰기 시작하면 우리의 삶이 어떻게 변할지 상상해보라.

'좋음'은 자의적이고 주관적이며 모호하다. **하지만 '친절'은 보편적이며 온화하고 순수하다.** 나는 좋은 사람으로 기억되기보다는 친절한 사람으로 기억되고 싶다.

내면의 목소리

나는 그가 그녀를 침묵하게 만들었는지, 아니면 내가 그녀를 모른 척한 건지 모르겠다. 어느 쪽이든 간에 나는 2년이라는 긴 시간 동안 그녀의 목소리를 듣지 못했다. 나한테 그녀가 가장 필요했을 때 나는 내 안에 존재하는 목소리를 잃어버렸다. 처음에 그녀는 나에게 이렇게 말해주려고 노력했다. **"이 관계는 옳지 않아. 너에게 피해를 주고 너를 망가뜨리고 있어."** 하지만 나는 그런 말이 듣고 싶지 않았다. 나와 그에 관한 그녀의 이야기를 들으면 무섭고 겁이 났다.

내가 그녀를 잃어버리기 전에도, 그녀가 조용해지고 외면당하기 전에도 나는 그녀의 말에 그다지 귀를 기울이지 않았다. 내면의 목소리에 귀를 기울이는 방법도 알지 못하는데, 누군가와의 관계가 어처구니없는 웃음거리가 되어버렸다는 사실을 아는 건 오로지 나 혼자뿐일 때 나는 대체 어떻게 해야 할까?

떠나버려야 할까? 아늑하지만 숨 막힐 것 같은 관계에서 서둘러 빠져나와야만 할까? 이 세상에 혼자 남겨지기는 너무나도 두렵다. 내면의 목소리가 과감하게 떠나버리라는 말을 하지만, 혼자 남겨진다는 게 무섭다. 그래서 마음속에 불행이 들끓는 이유는 그냥 불안해서 그런 거라고 스스로에게 말한다. 그런 말을 믿을 수 있다는 게 놀랍다.

불안은

처리할 수 없거나

처리하고 싶지 않은 것들에

붙이는 이름이다.

집에서는 잘 지낸다. 문제가 없는 커플은 없으니까. 늘 그런 식으로 나는 행복을 외면한다. 내면의 목소리를 모른 척하고, 그런 감정들이 단지 불안이라고 믿는다. 이보다 더 잘 할 수 있다고 생각할 이유가 없기 때문이다. 불안은 가치 있는 감정이 아니라고 생각하기 때문에 그리 어렵지 않게 내면의 목소리를 무시할 수 있다. 내면의 목소리를 듣지 않는 건 그리 어렵지 않다. 밖에서 그가 훨씬 더 큰 목소리로 내가 과민반응을 보인다고 말하기 때문이다. 하지만 그 보다 더 큰소리를 내는 것은 스크린과 책에서 보는 얼굴 없고 이름 없는 목소리들이다. 그 목소리들은 커플이어야만 인정을 받을 수 있고, 스스로 사랑받을 만한 가치가 있다고 말한다.

그래서.

그래서 심호흡을 하고 다른 사람들처럼 **'관계 속의 불안'**을 구글에 검색해본다. 이별에 관한 강박적인 생각들을 검색한다. 엄마한테 물어본다. "천생연분을 만났다는 건 어떻게 알 수 있어?"

구글에서 **관계강박장애**ROCD라는 단어가 튀어나온다. 엄마는 "너에게 옳은 일을 해"라고 말씀하신다. 하지만 어떤 것이 옳은 것인지 모르겠다. 그래서 모든 게 이렇게 엉망진창이다.

'관계강박장애를 앓는 사람들은 관계에 대한 의심과 의문에 사로잡혀 있다.'

대강 맞는 말 같다. 숨을 내쉰다. 내면의 목소리가 이 틈을 타서 말을 하려고 하지만, 시끄럽게 키보드를 두드리는 소리 때문에 들을 수가 없다. 그녀는 아마도 이런 말을 했을 것이다. **"너는 그 사람을 사랑하겠지만 그는 너에게 좋은 사람이 아니야. 그 두 가지는 공존할 수 있어. 그는 친절할지 모르지만 너를 웃게 만들 때보다 울게 만들 때가 더 많아. 그런데도 너는 그의 곁에 남아 있어."** 목소리가 다시 조용해진다.

물론 예전에는 내면의 목소리를 신뢰했고, 그래서 문제에 휘말린 적도 있었다. 충동적이고 이기적이고 우유부단했다. 내면의 목소리 때문에 생기는 소란이 무서웠다. 동시에 불안이 엄청나게 큰 소리로 비명을 질렀기 때문에 그녀에게 통찰력과 직관력이 있다는 사실을 기억하지 못했다. 그녀의 조용한 생각이 옳다는 사실을.

세상에. 올해는 결혼식의 해다. 내 결혼식은 아니지만. 친구들은 다들 멋진 사람을 만나서 결혼한다. 여름 내내 눈물이 멈추지 않고 펑펑 쏟아진다. 내가 진심으로 신랑 신부를 축하한다고 하는 말을 아무도 믿지 않는다. 밤 11시인데 그는 나를 쳐다보지도 않는다. 그 자리에 온 예전 남자 친구가 그보다 키가 커서라나. 불안하고 화가 나지만 내면의 목소리는 한마디도 하지 않는다.

일곱 번째 결혼식에 갔을 때 그는 진짜 최악이었다.

하지만 불안이 자기 탓을 하며 그의 나쁜 행동에 대한 책임을 지려 하기 전에, 갑자기 내면의 목소리가 바깥으로 튀어나와 고함을 친다. **"나가버려!"** 나는 호텔 화장실에서 울고, 울고 또 운다. 이번에는 도저히 그녀의 말을 듣지 않을 수가 없다. 나는 그에게 헤어지자고 말한다.

하지만 그는 일주일 후에 다시 나타나서 상담치료를 받겠다고 약속한다. 그러면 괜찮아질지도 모른다고 나는 생각한다. 거의 서른이 다 되어가고 다들 짝이 있는데 나만 다시 싱글이 될 수는 없다. 도저히 **그럴**

수는 없다. 달라진 모습을 보이겠다는 그의 맹세에 나는 내면의 목소리를 잠재워버린다. 만약 내 마음이 더 강하고, 내가 혼자였다면 내면의 목소리가 나를 돌봐주었을 것이다. 하지만 그녀는 길을 잃어버린 듯하고 다시 돌아오지 않는다.

나는 그녀 없이 그와 다시 잘 지내보기로 한다. 그를 만족시키려고 갖은 애를 다 쓴다. 불안해하고 의문을 가져서 미안하다고 끊임없이 사과한다. 어지럼증이 도지고, 그것도 미안하다고 사과한다. 나는 피로와 어지럼증과 손가락이 따끔거리는 증상과 눈물, 심각한 의문에 시달리며 살아간다. 내면의 목소리는 이제 사라져 버렸다.

그러다 어느 날, 작게 속삭이는 소리가 들려온다. 이유는 모르겠다. 〈닥터 포스터〉에서 남편의 불륜을 알게 된 슈란느 존스가 괴로워하는 장면을 보고 있는데 그녀의 속삭임이 들려온다. 어느 여성 축제에서 **가스라이팅**이라는 말을 알게 되었을 때 그녀는 한숨을 쉰다. 미술관 카페에서 베이글을 먹을 때, 지인과 이야기를 나누다가 "오랜 관계가 헤어지지 않는 이유가 될 순 없어"라는 말을 들었을 때, 그 목소리는 차분하고 조용하게 자신의 존재를 알린다. 그녀는 길을 잃은 것이 아니라 때를 기다린 것이었다. **"이게 너의 끝은 아니야."**

그리고 내가 브릭스턴에서 집으로 돌아오는 버스를 탈 때, 그녀가 다시 말을 걸어온다. 그 어느 때보다도 차분한 목소리로 나에게 말한다. **"계획이 다 있으니까 너는 괜찮을 거야."**

내가 집에 도착해서 열쇠로 자물쇠를 열고 현관문을 열 때 세상에, 그녀가 갑자기 **울부짖는다.** 귀청이 떨어질 정도로 큰 고함에 그가 나에게 "말도 안 되는 소리 하지 마. 같이 해결해보자"라고 말하는 소리가 들리지 않는다. 그녀는 가방을 싸고 택시를 부른다. 그녀는 나의 모든 부분에 스며들어서 비명을 지르고 비명을 지르고 또 비명을 지른다. 내가 다시는 이곳에 살지 않겠다고 그녀에게, 그에게 약속할 때까지 그 비명은 멈추지 않는다. 아니, 아니, 아니, 나는 돌아가지 않는다. 나는 이런 삶보다 더 나은 삶을 살아야 할 운명이다. 그녀는 내가 그녀를 숨겨두었던 내 뱃속 깊은 곳에서 갑자기 튀어나온다. 그녀의 목소리가 천둥소리처럼 쩌렁쩌렁 울리고 나는 그제야 그녀의 말을 듣는다. 그녀는 그 어느 때보다도 힘이 세다. **나는 그 어느 때보다도 힘이 세다.** 나는 내가 힘이 세다는 사실을 안다. 나는 숨을 헐떡이다가 갑자기 내가 더는 물속으로 가라앉고 있지 않다는 사실을 깨닫는다. 나는 내가 물속으로 가라앉고 있는 줄도 몰랐다. 그동안 마른 땅 위에 서 있는 줄로만 알았는데. 이제야 땅 위로 올라왔다.

앞일은 알 수 없지만 나는 절대 되돌아가지 않는다. 이제는 힘겨운 나날을 소리 없이 견디고 침대에서 조용히 눈물을 삼키지 않는다. 그런다고 해도 괜찮지만 이제 침대는 나만의 것이고 나는 마음껏 크게 목놓아 울 수 있다. 나는 다시 생기를 되찾는다. 나는 계속 울부짖는다. 나는 내면의 목소리이자 외면의 목소리다. 그녀가 나 자신이고 우리는 서로의 말에 귀를 기울이는 법을 배운다. 나는 혼자서도 잘 지내는 나를 보고 놀란다. 나는 진짜로 잘 지내고 있고 정말 완전 멋지다.

스티브 알리 Steve Ali | 작가, 은세공인

그랬던 적이 있는지?

당신은 갑작스런 행복을 느꼈던 적이 있는가? (무지개가 뜨고 나비들이 날아다니고) 인생이 멋있어 보이고 잠시나마 모든 게 너무나도 경이로워서 압도당할 것만 같은 기분이 든 적이 있는가? 색상이 고조되고, 포화상태여서 마치 청명한 여름날에 태양을 바라볼 때처럼 오로지 흰색만 눈에 들어오는 기분. 그러다 갑자기 공황 상태에 빠진다. 너무나도 오랫동안 당신은 슬픔과 고통만을 겪으며 살아왔기에 이 상황이 정상으로 느껴지고, 행복이 오히려 낯설다. 당신은 자기 자신을 행복 바깥으로 끄집어내서 더욱 친숙한 곳으로 데려가야 한다. 그곳에 있으면 고통스럽기는 하지만 편안하다. 당신은 평화를 누리는 것보다 고통에 빠져 있는 것에 더욱 익숙하다는 사실을 깨닫는다. 스스로가 행복할 자격이 없는 사람인 것만 같다. 당신이 아는 것과 지금껏 지켜봐온 것들을 생각하면 행복을 느끼는 것이 부당하게 느껴진다. 그럴 때면 당신은 안락함과 평온함보다도 괴로움과 고문이 더 편안하다는 사실을 깨닫는다.

다섯 살 먹은 나는 낡은 삼촌의 허리에 양팔을 두른 채로 자전거에 타서 희미한 불빛이 비치는 알레포의 오래된 자갈길 위를 덜컹덜컹 달린다. 삼촌의 작업장에 가는 길이다. 우리가 한밤중에 집을 나서자 엄마는 "이제 자야 할 시간이야!"라고 말했지만 우리는 밖으로 나왔고 아직 자기에는 이르다. 삼촌은 바닥에서 천장까지 닿는 아쿠아리움을 만

드는 일을 한다. 호화스러운 호텔의 현란한 로비에 있는 아쿠아리움 안에서는 물고기들이 천 가지 색으로 빛나는 별처럼 헤엄친다. 그런 걸 주문하는 고객들은 정말 부유하고 중요한 사람들이라서 적극적으로 시간과 가격을 흥정한다. 삼촌은 단호하다. 일을 해낼 수 있지만 비용이 많이 들고 오랜 시간이 걸린다. 삼촌은 사람들의 말을 거절하는 것을 즐긴다. 다른 아이들은 삼촌을 무서워한다. 삼촌의 이름만 들어도 허둥지둥 가구 뒤로 달려가서 숨어버린다. 삼촌과 나는 성향이 비슷해서 서로를 이해한다. 우리는 손가락으로 나무를 쓰다듬으며 충분한 인내심과 보살핌을 쏟으면 그 나무가 어떤 모습으로 변할지 상상하는 것을 좋아한다. 삼촌이 한밤중에 일할 때 작업장에 초대를 받는 사람은 오직 나뿐이다. 내가 특별한 존재가 된 듯한 기분이 든다. 나는 작업 과정을 지켜보면서 따라 하고 배우고 만든다. 집으로 돌아오는 길에 어둠이 내려앉은 알레포 구시가지의 모습을 바라보는 게 정말 좋다. 어른들이 그러는데 알레포는 내 고향 디마스쿠스를 제외하면 세계에서 가장 오래된 도시라고 한다. 알레포는 상상할 수 없을 만큼 오래전부터 여기에 있었고 우리가 세상을 떠난 후에도 오래도록 여기에 남을 것이다. 그렇게 상상할 수밖에 없다.

톱의 금속 그루브가 나무와 맞닿다. 격렬한 충돌처럼 보일지 모르겠지만 사실은 상상력이 가능성과 만나서 창조가 일어나는 장면이다. 엄청난 희열과 극도의 고통처럼 극심한 두 가지 감정이 충돌하는 순간. 소리는 들리지 않지만, 귀가 먹먹해지는 요란한 침묵의 방 안에 있는 것처럼 상당히 큰 반향이 울린다.

나는 스물세 살이고 프랑스 칼레에서 난민을 위한 임시 거처를 짓고 있다. 보호 장비를 착용하지 않은 채로 회전 톱을 들고 사다리 꼭대기에 서 있다. 난민 수용소에는 보건 및 안전 규정이 없고, 설령 있다 하더라도 그런 규정을 준수하는지 아무도 신경 쓰지 않는 것 같다. 이제 나는 특별하지 않다. 특별한 것과는 정반대다. 남들이 달가워하지 않은 수많은 사람 중의 하나일 뿐이다. 내가 살아갈 자격이 있는 유일한 나라는 내가 분명히 목숨을 잃게 될 장소다. 죽음을 받아들일 수는 있지만 죽임을 받아들일 수 없다. 내 나이면 군인이 될 수 있다. 당신은 난민이 된다는 건 다른 사람에게나 일어나는 일이라고 생각하겠지만 나에게는 실제로 일어난 일이다. 자신의 나라라고 부를 수 있는 곳이 없는 다른 사람들과 함께 나는 수용소에 있다. 이제 우리는 수조 안의 물고기 신세나 다름없다. 뱅글뱅글 돌면서 헤엄치고, 출구를 찾아 헤매면서 서로를 밀치며 지나가고, 너그러운 자원봉사자가 위에서 나누어주는 음식을 기다린다. 우리 중에는 밝은 바탕색에 'I ♥ London'이라고 적혀 있는, 기증받은 후드 티를 입은 사람들도 있다. 마치 금붕어처럼 반짝거린다. 나는 삼촌과 삼촌의 기술에 대해 생각한다. 내 손끝에 숨겨서 세계 너머까지 가져왔다.

내가 임시 거처를 짓는 동안 오래된 알레포에는 마치 성난 톱이 나무에 부딪히듯이 폭탄이 비처럼 쏟아진다. 오로지 파괴를 위해서다. 깎아낸 나무는 쓸모없는 백만 개의 조각이 되어 부서진다. 삼촌이 한밤중에 폭격을 피해서 작업장에 간다는 소식이 들려온다. 세계에서 두 번째로 오래된 도시의 가장 오래된 구시가지가 사라져 버리기 전에 작업장에 있는 물건을 건지기 위해서다. 삼촌은 사람들의 말을 거절하는 것을 즐긴다. 심지어 폭탄을 향해서도 "오늘 밤은 안 돼"라고 말하는 것을 즐긴다.

트라우마는 언제, 어디에 있을 때

찾아오는 것이 좋은지를 잘 모르는 것 같다. **트라우마는 가장 예상하지 못한 방식으로 덮쳐오기도 한다.**

이따금 다른 누군가와 함께 행복하고 친밀한 순간을 보내고 있거나 나의 트라우마에 대해서 아무것도 모르는 사람과 있을 때, 그토록 생생하게 기억할 수 있을 거라고 생각조차 하지 않았던 어린 시절과 청소년기의 플래시백이 슬로모션 영화처럼 눈앞에 펼쳐지거나 번갯불처럼 내리치기도 한다. 자갈 위를 굴러가는 자전거 바퀴의 소리가 들려오고, 다마스쿠스 하늘 위에서 펼쳐지는 불꽃놀이처럼 쏟아지던 포탄들, 사랑했던 사람들의 얼굴이 함께 떠올랐다가 한순간에 사라진다.

어째서 정말 행복한 순간에 순수했던 어린 시절의 희미한 기억이 목전의 죽음을 피하던 생생한 기억과 뒤섞여서 함께 떠오르는 걸까? 어쩌면 황홀한 순간에 나의 뇌가 흥분한 나머지 아무 서랍이나 마구잡이로 열어서 이것저것 공중에 던져버리는 건지도 모르겠다. 로큰롤 스타일로.

귀가 먹먹해질 정도로 시끄러운 나이트클럽에서 빠져나와 화장실 문 뒤에 주저앉아 손가락으로 귀를 막고 잠시 조용한 순간을 보내려 해도, 머릿속에서 들려오는 소음이 훨씬 더 요란하고 무섭다는 사실을 문득 깨닫는다. 마음속에 수많은 말들이 쏟아져 들어와서 알아듣기조차 어렵고, 그냥 그런 말들 때문에 드는 기분만 느낄 수 있다. 혼자만의 시간이 간절했지만 사실 혼자 있기로 한 건 크나큰 실수였고, 다시 바깥의 시끄러운 파티 속으로 들어가서 모든 것이 다 괜찮다며 좋은 척을 해야 한다는 사실을 깨닫는다. 그렇게 하지 않으면 미쳐버리고 말 것이다. 다시 밖으로 나가보지만 나는 구석에서 다른 사람들을 바라볼 뿐이다. 이상한 사람이 된 기분이다. 티를 내지 않기 위해 대화에 껴보려고 하지만, 머릿속에 수백만 가지나 되는 생각들이 스쳐 지나가서 도저히 집중할 수 없다. 잡음을 멈춰보려고 밖으로 나가서 누군가에게 다가간다. 흡연을 안 하는데도 담배 한 대를 청하며 말을 건넨다.

사실 나는 이런 상황이 나의 정신건강에 어떤 영향을 초래할지 모른다. 전쟁 지대에서 살았고 오랫동안 가족들을 만나지 못하고 난민 신세가 되어 삶의 터전을 등져야 했던 내 친구들 역시 마찬가지다. 트라우마를 처리하지 못하면 내가 무슨 영향을 받는지 알기 어렵다. '트라우마를 남기는, 평생 한 번 겪을까 말까 한 사건'이 계속해서 벌어지고 있기 때문이다. 뇌는 이런 모든 상황을 처리할 시간도 기력도 없다.

**어느 책에서 읽었는데
뇌에는 선반을 만들어서
기억을 한쪽으로 밀어두고 보류하는
메커니즘이 있다고 한다.**
나는 뇌에 구획을 나누어서
많은 것들을 담아두었다.
그럴 수밖에 없었고,
그런 방법이 지금까지 나의 생존에 도움이 되었다.
하지만 언젠가는 그 모든 것을
자세히 살펴보고 정리해야 할 날이 올 것이다.

나는 선반에 넣어두었던 것들을 꺼내서 점검하고 처리한 뒤에 다시 넣어두어야 할 것이다. 이야기를 꺼내기에 너무 끔찍한 일들, 심지어 아직은 떠올리는 것조차 힘겨운 일들이 있다.

칼레 정글의 난민 수용소에 일손을 도와주러 온 영국 자원봉사자
들은 늘 이렇게 말했다. "밴드가 없는 글래스톤베리Glastonbury 같아." 이
제 나는 글래스톤베리에 가봤기 때문에 그 말이 사실이 아니라는 것을
안다. 칼레의 이동식 화장실은 결코 그 정도로 나쁘지는 않았다.

더 킬러스의 피라미드 스테이지* 공연을 보던 즐거운 순간에 나는
인파 속에서 영국 국기를 흔드는 사람을 보면서 내가 안전하고 행복하
다는 사실을 기억했다. 이제는 갈 수 없는, 한때 내가 집이라고 부르던
곳을 기억했다. 그때 그곳이 진정한 집이었던 이유는 그곳에 있던 사람
들 때문이었다. 내가 사랑, 빵, 소금, 눈물을 함께 나눴던 사람들. 지금의
내가 있기까지 인생의 여러 해 동안 모든 아름답고 추한 일들을 함께
겪은 사람들. 한때는 지상의 천국이라 불리던 나라가 지옥 같은 상황에
빠졌을 때 불행히도 빠져나오지 못했던 사람들. 나처럼 살아남아서 새
로운 곳에서 새로운 삶을 살고 안전과 행복을 누릴 자격이 충분했던 사
람들. 그 사람들은 이제 그곳에 없다. 이 순간에 이곳에서 행복을 느낀
다는 것이 잘못된 일인 것만 같다. 이렇게 행복한 순간에 과거의 고통
을 놓아버리는 것은 내가 남겨두고 온 그 영혼들을 놓아버리는 것만 같
다. 농담과 순수한 미소, 구슬치기와 카드 게임. 하이킹을 하고 말을 타
고 달리던 푸른 숲은 고문과 뿌연 먼지만 남은 메마른 들판이 되어버
렸다.

새로운 삶을 살려면 앞으로 나아가야 한다. 어둠 속에 갇혀버리는
것보다 고통을 통해서 뭔가 좋은 것을 만들어내려면. 하지만 빛을 향해

---

* 글래스톤베리 페스티벌에서 가장 큰 무대.

서 앞으로 나아가는 것이 마치 죄를 짓는 일처럼 여겨진다. 배신하는 것처럼 여겨진다…. 나는 밝은 면을 보는 남자Mr Brightside *다.

트리거가 눌렸다는 사실을 어떻게 알까? 늦은 밤 지하실에서 열린 파티에서 디제이가 틀어준 음악의 시끄러운 사이렌 소리에 갑자기 심장이 터질 듯이 세차게 뛰어서 바로 그 자리를 떠나야 할 것 같은 느낌은 무엇일까? 트리거가 눌린 것일까? 아니면 내가 그냥 예민하게 반응하는 걸까? 나는 그 자리를 떠나고 싶지 않다. 만약 그런다면 나랑 같이 간 사람들이 무슨 일이 일어났는지 알게 되고, 그러면 즐거운 밤을 망치게 될지도 모른다. 나는 그냥 그곳에 남아 있어야 할까? 과민반응하지 말라고 스스로를 다독이면서? '너는 무사하게 런던의 파티에 와 있어! 제발! 진정해!' 내가 오버하는 건지, 진짜로 과거에 겪었던 일들의 영향을 받는 건지 내가 어떻게 알 수 있을까? 어떤 반응을 보이는 게 맞을까? 나는 그곳에 남아서 그런 감정이 나를 어떻게 하든지 그저 내버려둔다. 나는 그게 어떤 건지 모르겠다. 반응하지 않는다. 살아남기 위해서 나는 침착하고 차분한 태도를 유지하고 그냥 지켜본다.

"그리워?" 내가 다마스쿠스 출신임을 알게 된 그가 나에게 물었다. 내 친구들과 그의 친구들, 합쳐서 열 명이 모인 자리였다. 런던 북부의 괜찮은 인도 음식점에서 저녁 식사를 하는 중이었다. 그날 아침에 아버지한테서 걸려온 전화를 받고 나서 나는 종일 걱정에 사로잡혀 있었다. 고향의 상황이 안 좋았다. 온종일 신경이 곤두서 있었고 불안감에 시달렸다. 그날 하려던 일들을 아무것도 할 수가 없었다. 그저 방 안에 앉아

---

* 더 킬러스의 대표곡 제목이기도 하다.

서 어떻게 해야 할지 고민했고 내가 느끼는 감정들을 이해해보려고 애쓰며 불안의 원인을 찾아보려고 노력했다.

저녁 식사 약속을 취소하고 싶었지만 그럴 수가 없었다. 그래서 그런 생각들을 차단해버리고 그 생각들에서 빠져나와야만 했다. 사람들과 어울리고 싶은 기분은 아니었지만, 내 친구들이 즐거워 하는 모습을 보니 조금씩 기분이 나아졌다. 음식을 주문하고 음료를 따르고 전채 요리가 테이블에 놓이자 나도 분위기에 섞여서 대화에 참여했다.

치킨 비리야니*가 정말 맛있었다. 주위를 둘러보니 이런 생각이 들었다. '**기분 괜찮은데.**'

"스티브, 너는 어떻게 생계를 유지하니?" 그가 물었다.

"그냥 그때그때 되는 대로 해." 나는 구체적인 답변은 피하면서 물 한 모금을 마시며 말했다.

테이블 맞은편에 앉아 있던 친구가 몸을 굽히며 대화에 끼어들었다. "스티브는 은으로 된 장신구를 만드는 일을 해. 건축학을 공부하다가 중단했지. 시리아에서 온 난민이라서."

"세상에, 그러면 너 진짜 끔찍한 장면들을 많이 봤겠다. 나는 진짜 상상이 안 돼. 트라우마도 많겠다. 그 나라에선 무서운 일들이 벌어지고 있잖아. 안 그래?" 그가 물었다.

"글쎄, 여기 있어서 참 좋지. 이렇게 멋진 식당에서 즐거운 시간도 보내고." 심문처럼 느껴지는 연이은 질문에 담을 쌓으며 내가 대꾸했다.

"진짜 사연이 많겠다. 정말 듣고 싶어지는걸. 시리아 어디 출신이야?" 그가 쏘아붙였다.

"다마스쿠스." 내가 말했다.

---

* 생선, 고기, 채소 등과 쌀을 섞어서 찌는 인도 요리.

"그리워?"

"응." 나는 웃으며 다시 치킨 비리야니를 먹고 앞서 하던 얘기를 이어 갔다. 더는 먹고 싶지도, 대화를 나누고 싶지도 않았지만 즐거운 저녁을 보내고 있는 다른 사람들의 기분까지 망치고 싶지는 않았다.

그에게 나쁜 의도가 있는 건 아니었다. 그는 그저 관심을 보였을 뿐이다.

집으로 돌아가는 길에 다들 차 안에서 재잘거리며 이야기를 나누는데 갑자기 격한 감정이 몰려왔다. 잠깐의 침묵이라도 간절해진 나는 귀에 손가락을 쑤셔 넣어서 귀를 막아버렸고 지금 내가 느끼는 감정이 무엇인지 이해하려고 애썼다. 집에 도착한 후에 그때 느꼈던 감정들을 글로 적어보려고 했지만 뭐라고 써야 할지 알 수가 없었다.

누군가의 어머니가 방금 돌아가셨는데, "어머니가 그리워?"라고 물을 수 있을까?

가끔 삼촌의 작업장에 다시 돌아간 것 같은 기분이 든다. 나무토막으로 만들 조각을 기다리고 있다. 나는 손가락으로 나무를 쓰다듬으며 충분한 인내심과 보살핌을 받고 나서 그 나무가 어떤 모습이 될지 상상하는 게 좋다.

때때로 우리의 이야기를 만들고 가장 어두운 틈새들을 이해하기 위해서는 나무에 톱을 갖다 대야만 한다. 격렬한 충돌처럼 보일지 모르겠지만 사실은 상상력이 가능성과 만나서 창조가 일어나는 장면이다. 머릿속에서는 무섭고 불안한 목소리들이 들려오지만, 나는 그런 목소리들에다 대고 "아니요"라고 말하는 것을 즐긴다. 삼촌의 목소리로 그렇게 말할 수 있다. 그 목소리를 이미 잘 알고 있으니까.

우리의 마음속 깊은 곳에는 평화가 있다. 하지만 불행이 편할 때는 평화로 가는 게 두려울 수도 있다.

때로는 우리 자신에게
연민이라는 임시 거처를
만들어줄 필요가 있다.
우리는 기쁨을 피해서 떠나온 난민이며,
우리에게 여권을 제공해줄
자기애와 이해의 땅을 찾아
헤매고 있기 때문이다.

당신은 갑자기 행복을 느꼈던 적이 있는가? (무지개가 뜨고 나비들이 날아다니고) 인생이 멋있어 보이고 잠시나마 모든 게 너무나도 경이로워서 압도당할 것만 같은 기분이 든 적이 있는가?

제시 케이브 Jessie Cave | 코미디언, 배우, 작가

네가 나에게 잘 지내냐고 물어볼 때

에필로그 |
'괜찮아' 리스트

나는 열아홉 살 때 처음으로 이 리스트를 작성했다. 일종의 선언문이었다. 나는 이 리스트를 벽에 붙여두고 내 머릿속의 어둡고 비틀린 목소리들이 찾아올 때마다 보려고 노력했다. 지금 나는 그때보다 훨씬 더 괜찮아졌다. 거의 10년 동안 나를 괴롭혔던 무겁고 끈질긴 우울증은 20대 초반에 들어서자 조금씩 사라지기 시작했다. 지난 몇 년간 나는 오랜 시간이 걸리더라도 모든 게 진짜로 다 괜찮다는 사실을 나의 뇌가 분명히 깨달을 수 있도록 할 수 있는 모든 일을 다 했다.

인생이 늘 그렇듯이 회복도 내가 생각했던 것과는 전혀 달랐다. 내가 **더 나아지고**, 다 낫고, 고쳐지고, 고장 난 상태가 아닌 날이 기적처럼 오리라고 믿으며 몇 년간 내 모든 희망을 다 걸었다. 하지만 그런 날은 오지 않았고, 이제 나는 앞으로도 그런 날이 오지 않을 거라고 거의 확신한다. 나의 뇌에는 여전히 아름답고 고통스러운 광기가 존재한다.

진짜로 고장 나지는 않은 것을
결코 고칠 수는 없다.

나는 오랜 시간이 지나서야 그 사실을 깨달았다.

우리는 이 책을 통해서 우울증과 불안이 심해지는 날들에 대해 많은 이야기를 나누었지만, 때로는 그렇지 않은 날들에 관해서 잠시 이야기해보는 것도 가치가 있다. 삶이 정말 암울했을 때 나는 다 낫고 나면 등산, 마라톤, 새벽 여섯 시까지 클럽에서 놀기 등 **엄청나게 흥미진진한** 일들을 할 거라고 상상하곤 했다. 5년 쯤 지나자 나는 그런 일들을 하나도 하고 싶지 않다는 걸 깨달았다. 전혀, 절대 할 생각이 없다.

오늘 잠에서 깨니 폐 안에 남아 있는 숨이 느껴졌다. 정신이 혼미하고 피곤했지만 불안하거나 우울하지는 않았다. 나는 차를 준비하고 고양이를 쓰다듬어주고 소파에 앉아서 친구한테 전화를 하고 산책을 하고 이메일 몇 통을 쓰고 요가를 잠깐 하고 가족과 함께 저녁 식사를 하고 잠에 든다. 어쩌면 차가 담긴 머그잔을 들고 소파에 앉아서 친구들과 함께 시간을 보내는 게 내가 꿈꿀 수 있는 가장 엄청나게 흥미진진한 일인 것 같다. 한때는 이런 일을 내가 절대 할 수 없으리라고 생각했다. 내가 이런 하루를 보낸다는 것은 정말 기적 같은 일이다.

가끔은 그리울 때가 있다. 글로 쓰기는 어렵지만 가끔은 예전의 안 좋았던 상황이 그리울 때가 있다. 나는 상처 주변에 '자기'를 쌓았고 그 상처가 낫기 시작하자 내가 아는 유일한 모습의 나를 잃어버렸다. 정신 질환 없이는 내가 어떤 사람인지 잘 모르겠다. 가끔은 그게 무섭다. 가끔은 그게 흥미롭다. 가끔은 그런 것에 대해 생각하지 않으려고 애쓴다.

이 책을 읽고 나서 있는 그대로의 자기 모습이 괜찮다는 기분이 든다면 정말 좋겠다. 당신이 겪은 일들 중에는 괜찮지 않은 일들도 있을 것이고 그런 일에 대해서 당신의 뇌는 괜찮지 않다고 말할 것이다.

하지만 **진정으로 사랑하는 내 친구,**
당신은 혼자가 아니다.
지금까지 결코 혼자였던 적이 없었고
앞으로도 그런 일은 없을 것이다.

우리는 군대다.
당신을 비난하거나
수치심을 느끼게 하지 않고
당신의 뒤에 서 있는,
낯선 사람들로 이루어진 군대.

우리는 당신이 느끼는 감정이 정상이고, 당신이 정말 멋진 사람이라는 사실을 알려주고 싶다. 언젠가는 소파에 앉아서 웃게 될 날이 올 것이다. 잠시나마 아프지 않을 것이고, 잠시나마 괜찮은 곳에 다다르게 될 것이다. 그런 순간에는 잠시나마 삶이 괜찮게 여겨질 것이다. 그 순간을 위해서 버텨주기를 바란다. 만약 여러분이 자기 자신을 위해서 버틸 수 없다면, 나를 위해서 그렇게 해주길 바란다. 맹세하고, 맹세하고 또 맹세하건대, 정말 그럴 만한 가치가 있다.

'괜찮아' 리스트
- **괜찮아.** 아침에 눈을 떴는데 세상이 끝나버릴 것 같은 기분이 들어도. 앞날을 위해 세운 계획들을 모조리 취소해버리고 다시 침대 속으로 기어들어 가고 싶더라도.
- **괜찮아.** 이런 기분이 절대 끝나지 않을 거라는 생각이 들어도.
- **괜찮아.** 거의 매번 30분 후에는 그런 기분이 사라진다고 해도.
- **괜찮아.** 때로는 그런 기분이 사라지지 않는다고 해도.
- **괜찮아.** 여전히 며칠씩이나 정말 암울하더라도. 몇 주씩이나 암울하더라도. 뇌 안의 모든 게 바랐던 것만큼 완벽하지 않아도.
- **괜찮아.** 계획을 취소해도.
- 다음에 또 취소해도.

- 그다음에 또 취소해도.
- **괜찮아.** 파티에 참석했다가 5분 만에 자리를 뜨더라도. 사람들은 보통 상관 안 해. 설령 상관하더라도 신경 안 써도 괜찮아. 너를 안 좋아하는 사람들이 있어도 괜찮아. 모든 사람의 마음에 들 수는 없어. 자기 자신의 마음에만 들면 돼. 아니면 키우는 고양이나.
- **괜찮아.** 새벽 여섯 시에 집으로 굴러 들어오더라도.
- **괜찮아.** 그런 생각들이 안 들리도록 애써도.
- **괜찮아.** 온종일 침대에서 지내도.
- **괜찮아.** 누구를 만나기 전에 30분 동안 마음의 준비를 해야 하더라도.
- **괜찮아.** 혼자 있어도.
- **괜찮아.** 좀 조용히 지내도.
- **괜찮아.** 겁이 나더라도.
- **괜찮아.** 겁이 나는 게 싫더라도.
- **괜찮아.** 아무도 너를 좋아하지 않을 거라며 걱정해도.
- **괜찮아.** 사람들이 너를 정말 좋아한다는 사실을 알면 미칠 듯이 행복해져도.
- **괜찮아.** 진정할 시간이 필요하더라도. 혼자만의 시간이 필요하더라도. 시간이 좀 걸리더라도.
- **괜찮아.** 작은 일들에 뿌듯해하더라도. 가까스로 진정한 대화를 나눌 때마다 한 시간 동안 웃음을 짓더라도. 공황 발작 없이 하루를 넘겨서 기뻐하더라도.
- **괜찮아.** 〈4차원 가족 카다시안 따라잡기〉를 즐겨 보더라도. 그들이 겪는 문제들에 상당한 관심을 쏟아도 괜찮아. 연예인들이 머리 스타일을 바꾸는 것에 신경 써도 괜찮아.

– **괜찮아.** 강아지랑 대화를 나눠도.

– **괜찮아.** 자신의 몸을 싫어하더라도. 자신의 마음을 싫어하더라도 괜찮아.

– **괜찮아.** 실재하지 않는 것들에 대해 생각하더라도. 환청 같은 목소리들이 들리더라도 괜찮아. 그 목소리들을 모르는 척하더라도 괜찮아.

– **괜찮아.** 이야기해도.

– **괜찮아.** 이야기하지 않아도.

– **괜찮아.** 시도해도.

– **괜찮아.** 실패해도.

– **괜찮아.** 상담을 받아도.

– **괜찮아.** 약을 먹어도.

– **괜찮아.** 병원에 가도.

– **괜찮아.** 치유하는 데 시간이 걸리더라도.

– **괜찮아.** 그런 날이 절대 오지 않는다고 생각하더라도.

– **괜찮아.** 성공하고, 성공했다고 사람들에게 말하더라도. 자랑해도 괜찮아.

– **괜찮아.** 미술관을 싫어하더라도. 외국 영화를 싫어해도. 『해리 포터』 이후에 지금까지 소설을 한 권도 안 읽었더라도 괜찮아.

– **괜찮아.** 부모님이 가장 친한 친구라도.

– **괜찮아.** 가족들이 이해하지 못하더라도.

– **괜찮아.** 해야 할 일을 미루더라도. 끝내지 못해도 괜찮아. 포기해도 괜찮아.

– **괜찮아.** 이 모든 게 괜찮지 않다는 기분이 들더라도. 실패할 때마다, 휘청거릴 때마다 다 끝났다는 기분이 들더라도. 왜 아직도 괜

찮은 것보다 더 나은 상태가 아닌지 이해가 안 된다 해도.

– **괜찮아.** 계속 노력해도.

다 괜찮아.

감사의 말

나의 에디터이자 가장 친한 친구인 홀리 해리스에게 감사 인사를 전한다. 이 책에 믿음을 가져주고, 정신건강이 이야기할 만한 가치가 있는 주제라는 것을 믿어준 출판사 분들께 감사드린다.

지금, 이 순간에도 놀라운 일을 해내고 있는, 우리와 함께 손잡고 이 책을 만들어낸 샤우트에 감사한다.

이 책에 참여한 모든 기고자에게 감사드린다. 나도 여러분처럼 멋진 사람으로 성장하고 싶다.

〈그레이 아나토미〉를 만든 숀다 라임스에게 감사한다. 덕분에 가장 힘겨운 날들을 견딜 수 있었다.

마지막으로 엄마, 아빠, 제이크, 찰리, 스파이크에게 감사의 마음을 전하고 싶다.

나의 뇌가 어둠에 잠긴 동안에도 결코 단 한 번도 내가 부끄러운 기분이 들지 않도록 내 손을 잡아주어서, 내가 천천히 반대쪽으로 빠져나올 수 있도록 이끌어준 것에 감사한다.

이 책을 벨린다에게 바친다. 벨린다가 이 책을 읽을 수 있었더라면 얼마나 좋았을까.

지은이 스칼릿 커티스

영국의 작가, 저널리스트, 젊은 페미니즘 활동가다. 《선데이 타임스 스타일》 에디터로 일하고 있으며, 《가디언》, 《텔레그래프》, 《타임스》, 《보그》에 글을 연재했다. 스칼릿은 2017년 '핑크 프로테스트The Pink Protest'라는 단체를 설립했고, 활동가 님코 알리와 함께 영국 아동법에 여성 할례 금지를 포함하는 캠페인을 벌였다. 지크문트 프로이트의 대손녀인 문화비평가 어머니, 〈어바웃 타임〉과 〈러브 액츄얼리〉의 각본이자 감독인 아버지 아래서 자란 커티스는 사회를 바꿔나가는 데 자신의 재능과 열정을 기꺼이 사용하는 젊은 작가다. 전작 『나만 그런 게 아니었어』가 출간 즉시 베스트셀러가 되면서 실천하는 활동가로 주목받고 있다.

옮긴이 최경은

서울대학교 중문과와 한국외국어대학교 통번역대학원 한영과를 졸업했고 정부기관과 민간기업에서 일했다. 현재 번역에이전시 엔터스코리아에서 전문번역가로 활동하고 있다. 옮긴 책으로는 『인스타그램 파워』, 『소셜 네트워크 e혁명』, 『하우 투 랩』, 『사업의 감각』 등 다수가 있다.

우울할 때 곁에 두고 읽는 책 | 하루 한 장 내 마음을 관리하는 습관

펴낸날 초판 1쇄 2020년 12월 1일
　　　　초판 4쇄 2023년 2월 1일

지은이 스칼릿 커티스 외

옮긴이 최경은

펴낸이 이주애, 홍영완

편집 오경은, 양혜영, 백은영, 장종철, 문주영

디자인 김주연, 박아형

마케팅 김소연, 김태윤, 김애리, 박진희

경영지원 박소현

펴낸곳 (주)윌북 **출판등록** 제2006-000017호 **주소** 10881 경기도 파주시 광인사길 217

전자우편 willbooks@naver.com **전화** 031-955-3777 **팩스** 031-955-3778

블로그 blog.naver.com/willbooks **포스트** post.naver.com/willbooks

페이스북 @willbooks **트위터** @onwillbooks **인스타그램** @willbooks_pub

ISBN 979-11-5581-324-9 (03180)